Das bietet Ihnen die CD-RU...

 Haftungs-Check

Mit diesem Check sind Sie in der Lage,

- Ihr Haftungsrisiko als Prokurist zu überprüfen und
- die wichtigsten Haftungsfallen zu vermeiden.

 Vertragsmuster

Vertragsmuster für die rechtssichere Gestaltung von Arbeitsverhältnissen:

- Anstellungsvertrag für Prokuristen
- GmbH-Vertrag mit Kommentar
- Vereinbarungen zu Vergütung und
- Dienstwagenregelung

 Checklisten

Alles Wichtige zur Prokura in Check-listen und Übersichten:

- Prokura – Das Wichtigste auf einen Blick
- Vorgehen bei der Prokura-Erteilung

Formulare u. Übersichten

Praktische Musterformulare und Über-sichten zu Prokura und GmbH-Reform:

- GmbH-Reform – Alle Änderungen
- Vereinbarung zur Prokuraerteilung
- Prokura für eine Zweigniederlassung

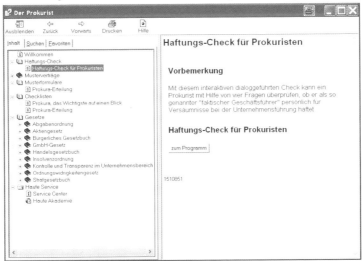

Screenshot der CD-ROM: Um den Haftungs-Check für Prokuristen zu nutzen, öffnen Sie die CD-ROM und klicken einfach auf den grauen Button.

Bibliographische Information Der Deutschen Bibliothek

Die Deutsche Bibliothek verzeichnet diese Publikation in der Deutschen National-
bibliographie; detaillierte bibliographische Daten sind im Internet über
http://dnb.ddb.de abrufbar.

ISBN 978-3-448-08931-8   Bestell-Nr. 06164-0002

2. überarbeitete Auflage 2009

© 2009, Rudolf Haufe Verlag GmbH & Co. KG
Niederlassung München
Redaktionsanschrift: Postfach, 82142 Planegg/München
Hausanschrift: Fraunhoferstraße 5, 82152 Planegg/München
Telefon: (089) 895 17-0
Telefax: (089) 895 17-290
www.haufe.de
online@haufe.de
Lektorat: Angela Unger

Redaktion und DTP: Peter Böke, Berlin
Umschlag: HERMANNKIENLE, Simone Kienle, Stuttgart
Druck: Bosch-Druck GmbH, 84030 Ergolding

Der Prokurist

Haftungsfallen kennen und vermeiden

2. Auflage

Prof. Dr. Peter Fissenewert
Dr. Robert Güther
Dr. Bert Howald
Astrid Reich

Haufe Mediengruppe
Freiburg · München · Berlin · Würzburg

Inhaltsverzeichnis

Vorwort

Vor Erscheinen der 1. Auflage dieses Buches gab es nur relativ wenig Literatur oder Fachbeiträge zu diesem Thema. Dies hat sich grundlegend geändert. Auch die Zahl der Angebote von Seminaren zu eben diesem Thema ist beachtenswert und zeigt das Interesse, wie wichtig die umfassende Beschäftigung mit der verantwortungsvollen Vollmacht der Prokura ist. Hieran hat auch das Gesetz zur Modernisierung des GmbH-Rechts und zur Bekämpfung von Missbräuchen (MoMiG) nichts geändert. Immerhin sind die meisten Prokuristen Mitarbeiter einer GmbH. Das MoMiG sieht erhebliche Haftungsverschärfungen vor und auch Ausschlusstatbestände. So kann künftig jemand, der u. a. wegen des Unterlassens der Stellung des Antrages auf Eröffnung des Insolvenzverfahrens zu einer Freiheitsstrafe von mindestens einem Jahr verurteilt worden ist, zukünftig nicht Geschäftsführer sein. Dies ist eine erhebliche Verschärfung gegenüber der alten Rechtslage. Zwar betrifft dies nicht in erster Linie den Prokuristen; handelt der Prokurist aber als so genannter faktischer Geschäftsführer – was häufig der Fall ist – dann kommt auch hier eine Verurteilung für ihn in Betracht mit der Folge, dass er in Zukunft eben nicht Geschäftsführer sein kann. Dies kann ganze Lebensplanungen durchkreuzen. Das Thema „Prokurist als faktischer Geschäftsführer" ist eines der zentralen Bereiche dieses Buches und zeigt anhand von Beispielen und Rechtsprechung die Risiken auf. Auch die neuere Rechtsprechung zu faktischen Geschäftsführern bestätigt die bisherige Einschätzung. Wir haben uns zwar mittlerweile an Begriffe wie „Managerhaftung" gewöhnt, nicht zuletzt durch das MoMiG wurde aber klar, dass sich der Trend zu einer schärferen Haftungsinanspruchnahme fortsetzt. Auch die 2. Auflage soll dem Prokuristen ein komplexes Handbuch sein, welches ihm bei der täglichen Arbeit zur Seite steht. Wie stets sind die Autoren für Anregungen, Fragen und Praxisbeispiele dankbar.

Weiterhin viel Erfolg im Beruf!

Prof. Dr. Peter Fissenewert

Das Wichtigste zur Prokura in 10 Punkten

Punkt 1: Die Prokura ist eine handelsrechtliche Vollmacht, deren Besonderheiten gesetzlich im HGB festgelegt sind.

Punkt 2: Die Prokura umfasst alle Geschäfte, die der Betrieb irgendeines Handelsgeschäftes mit sich bringt. Dazu gehört auch die Befugnis, Arbeitsverhältnisse zu kündigen.

Punkt 3: Eine sachliche Beschränkung der Prokura gegenüber Dritten ist unwirksam (§ 50 Abs. 1 HGB). Zulässige Beschränkungen sind die Erteilung an mehrere Personen (Gesamtprokura) und die Beschränkung der Prokura auf eine Niederlassung (Niederlassungsprokura).

Punkt 4: Die Erteilung, die Beschränkung, die Erweiterung und das Erlöschen der Prokura müssen zur Eintragung ins Handelsregister angemeldet werden.

Punkt 5: Der Handlungsbevollmächtigte ist wie der Prokurist auch der Vertreter und unterzeichnet mit „i. V." oder „für" statt mit „ppa" im Gegensatz zum Prokuristen.

Punkt 6: Der Prokurist ist leitender Angestellter im Sinne des Betriebsverfassungsgesetzes, wenn die Prokura auch im Verhältnis zum Arbeitgeber nicht unbedeutend ist. Sie ist nicht unbedeutend, wenn der Prokurist die in § 5 Abs. 3 Nr. 3 BetrVG beschriebenen Leitungsfunktionen wahrnimmt.

Punkt 7: Um die Haftungsrisiken als „faktischer" Geschäftsführer zu minimieren, sollten Sie sich als Prokurist vor allem in Krisenzeiten nicht in die Rolle eines faktischen Geschäftsführers drängen lassen. Wichtig ist dabei allein, ob der Prokurist nach außen wie ein Geschäftsführer auftritt.

Punkt 8: Der Prokurist kann seine Haftungsrisiken auch minimieren, indem er sich vor wichtigen Geschäften der Zustimmung der Vorstände vergewissert (Billigung) oder nachträglich von der Gesellschafterversammlung entlastet wird (Entlastung).

Punkt 9: Der Prokurist sollte prüfen, ob der Abschluss einer D&O-Versicherung zweckmäßig ist.

Punkt 10: Die Bindung der Prokura an die Mitwirkung eines gesetzlichen Vertreters im Außenverhältnis ist möglich. Man spricht dann von „unechter" Prokura.

9

1 Rechtliche Grundlagen: Die Prokura im Handelsverkehr

von Prof. Dr Peter Fissenewert und Dr. Robert Güther

1.1 Was versteht man unter einer Prokura?

Mit dem Begriff der Prokura werden im Wirtschaftsleben sehr unterschiedliche Vorstellungen verbunden. Dies beruht darauf, dass die Prokura zwar in den §§ 48 ff. HGB gesetzlich geregelt ist, jedoch in ihrer Ausgestaltung und ihrer Bedeutung für das Einzelunternehmen stark variiert. Während der Prokurist in vielen Fällen gemeinsam oder sogar anstelle des Geschäftsführers handelt und deshalb teilweise als „Alter Ego" des Geschäftsführers bezeichnet wird, sind die Befugnisse des Prokuristen teilweise sehr beschränkt, bis hin zum so genannten Titularprokuristen.

„Alter Ego" des Geschäftsführers

Wer sich mit der Prokura befasst, muss sich daher zunächst ihren Begriff, ihren Zweck im Wirtschaftsverkehr sowie ihre rechtlichen Grundlagen vergegenwärtigen.

1.1.1 Was heißt Prokura?

Der Begriff der Prokura ist aus dem Italienischen „procura", zu italienisch „procurare" = „Sorge tragen", „sich angelegen sein lassen", entlehnt und bezeichnet spätestens seit dem 17. Jahrhundert eine handelsrechtliche Geschäftsvollmacht.[1]

---

[1] Vgl. Kluge, Etymologisches Wörterbuch, Stichwort Prokura.

1.1.1 Welchen Zweck hat die Prokura?

Im Wirtschaftsverkehr sind täglich eine Vielzahl von Rechtshandlungen vorzunehmen. Erreicht der kaufmännisch eingerichtete Gewerbebetrieb einen bestimmten Schwellenwert, oberhalb dessen es dem Kaufmann nicht möglich ist, jede Rechtshandlung selbst vorzunehmen, ist es erforderlich, dass für den Kaufmann auch Dritte wirksame Rechtshandlungen vornehmen können. Dies betrifft nicht nur den Einzelkaufmann, sondern auch Personenhandelsgesellschaften und juristische Personen des privaten Rechts. Diese sind zwar rechtsfähig, können aber nicht selbst handeln. Für sie handeln ihre Organe, bei der GmbH also der Geschäftsführer. Auch dem oder den Geschäftsführern ist es aber nicht immer möglich, jede Rechtshandlung selbst vorzunehmen.

Benennung von Vertretern
Um handlungsfähig zu bleiben, müssen sowohl der Einzelkaufmann als auch die Personenhandelsgesellschaften und juristischen Personen des privaten Rechts weitere Vertreter benennen. Sie haben hierfür zwei Möglichkeiten:

- Sie können entweder weitere Organe, also gesetzliche Vertreter, bestellen oder
- für einzelne oder eine Mehrzahl von Rechtshandlungen einen rechtsgeschäftlichen Vertreter bestellen, also Einzel-, Art- oder Generalvollmacht erteilen.

Die erste Möglichkeit, weitere gesetzliche Vertreter zu bestellen, bedeutet häufig einen größeren finanziellen Aufwand und widerspricht nicht selten auch den Bedürfnissen der Gesellschafter, beispielsweise in einem personalistisch strukturierten Unternehmen. Die Erteilung einer rechtsgeschäftlichen Vertretungsmacht hat den Nachteil, dass diese, soweit sie für eine einzelne Rechtshandlung erteilt wird, nach Vornahme der Rechtshandlung erlischt und für jede neue Rechtshandlung auch eine neue Vollmacht erteilt werden muss. Zudem sind Inhalt und Umfang der Vollmacht dem Geschäftspartner nicht bekannt, so dass er nicht einschätzen kann, ob die von dem rechtsgeschäftlichen Vertreter vorgenommene Rechtshandlung wirksam ist.

Die Prokura nimmt zwischen diesen beiden Möglichkeiten eine Mittelstellung ein. Sie ist zwar eine rechtsgeschäftlich erteilte Vertretungsmacht, ihr Umfang ist jedoch für den Regelfall gesetzlich bestimmt. Sie trägt damit den Erfordernissen des Wirtschaftsverkehrs Rechnung, der vor allem durch die Schnelligkeit der Geschäftsabwicklung und die Klarheit der Rechtsverhältnisse geprägt ist. Sie vermeidet Unklarheiten über den Umfang der Vertretungsmacht und erleichtert damit den Geschäftsverkehr.

1.1.2   Wo ist die Prokura gesetzlich geregelt?

Rechtlich findet die Prokura ihre Grundlage einerseits in den allgemeinen Vorschriften des Zivilrechts (§§ 164 ff. BGB), andererseits im Handelsrecht (§§ 48 ff. HGB). Dies verdeutlicht bereits, dass es sich bei der Prokura um eine Vollmacht handelt, die allgemeinen Grundsätzen des bürgerlichen Rechts unterworfen ist, aber handelsrechtliche Besonderheiten aufweist.

Ferner ist zu beachten, dass zahlreiche gesellschafts-, arbeits- und sozialversicherungsrechtliche Vorschriften den Prokuristen zwar nicht ausdrücklich als Normadressaten benennen, gleichwohl aber für den Prokuristen Bedeutung entfalten können. Beispielsweise definiert § 5 Abs. 2 BetrVG den leitenden Angestellten. Hierzu kann auch der Prokurist zählen (siehe Kapitel 3.1). § 64 Abs. 2 GmbHG bestimmt, dass der Geschäftsführer einer GmbH ihren Gläubigern denjenigen Schaden zu ersetzen hat, der durch die verspätete Insolvenzantragstellung eingetreten ist. Ist der Prokurist faktischer Geschäftsführer, weil er wie ein solcher auftritt und handelt, so trifft auch ihn die Schadensersatzpflicht des § 64 Abs. 2 GmbHG (siehe Kapitel 2.3).

Um die Stellung der Prokura zwischen der rechtsgeschäftlichen Vertretungsmacht (BGB-Vollmacht) und der gesetzlichen Vertretungsmacht (beispielsweise Geschäftsführer) zu verdeutlichen, bietet sich eine Unterscheidung nach dem Rechtsgrund der Stellvertretung und dem Umfang der Vertretungsmacht an:

Rechtliche Einordnung der Prokura

Übersicht: Rechtsgrund und Umfang der Vertretungsmacht

	Geschäfts- führer	Prokura	BGB- Vollmacht
Rechtsgrund der Vertretungs- macht	Gesetz	Rechtsgeschäft	Rechtsgeschäft
Umfang der Vertretungs- macht	gesetzlich bestimmt	gesetzlich bestimmter Regelumfang	rechtsgeschäft- lich bestimmt

Die Prokura ist somit eine Vollmacht, die rechtsgeschäftlich erteilt wird, deren Regelumfang aber gesetzlich bestimmt ist.

Übersicht: Vor- und Nachteile der Prokura

Vorteile	Nachteile
Gegenüber der Organstellung	
	i.d.R. geringere Vergütung als bei der Bestellung zum Geschäftsführer
	Grundlagengeschäfte sind nicht möglich
Gegenüber der BGB-Vollmacht	
Regelumfang der Prokura ist gesetzlich bestimmt	erhöhter Vertrauensschutz des Geschäftsverkehrs durch Publizität
bei richtiger Eintragung und Bekannt- machung des Erlöschens geringere Rechtsscheinhaftung	BGB-Vollmacht kann weiter reichen als Prokura
geringere Anforderungen an den Vollmachtsnachweis	Kosten bei Prokuraerteilung und Widerruf

1.2 Wie wird eine Prokura erteilt?

Ausdrückliche
Erklärung

Gemäß § 48 Abs. 1 HGB kann die Prokura nur von dem Inhaber des Handelsgeschäftes oder seinem gesetzlichen Vertreter und nur mittels ausdrücklicher Erklärung erteilt werden. Die – recht knapp gefasste – Vorschrift erweckt kaum den Eindruck, als wären mit der Erteilung einer Prokura Probleme verbunden. Tatsächlich ist es jedoch notwendig, sich mit dieser Vorschrift näher zu befassen, um sie im Einzelnen zu verstehen. Dabei sind vor allem die folgenden 5 Fragen zu klären:

1. Wer ist Inhaber des Handelsgeschäftes?
2. Wem kann eine Prokura erteilt werden?
3. Wem gegenüber ist die Prokura zu erteilen?
4. In welcher Form muss die Prokura erteilt werden?
5. Wann wird die Prokura wirksam?

1.2.1 Wer ist Inhaber des Handelsgeschäftes?

Die Bezeichnung grenzt zunächst negativ ab, wer eine Prokura nicht erteilen kann. Das sind alle diejenigen, die zwar unternehmerisch tätig werden, jedoch kein Handelsgeschäft betreiben. Hierzu rechnen etwa Kleingewerbetreibende, deren Unternehmen einen kaufmännisch eingerichteten und ausgeübten Gewerbebetrieb nicht erfordern, Gesellschaften bürgerlichen Rechts, die Partnerschaftsgesellschaft sowie die Erbengemeinschaft.

Inhaber des Handelsgeschäftes ist der Unternehmer. Das bedeutet: Einem Einzelkaufmann ist das von ihm geführte Handelsgeschäft zuzurechnen, so dass er zur Prokuraerteilung befugt ist. Wird das Handelsgeschäft in der Rechtsform einer Personenhandelsgesellschaft oder einer juristischen Person betrieben, so ist diese Inhaber des Handelsgeschäftes. Da die Personenhandelsgesellschaft bzw. die juristische Person selbst jedoch nicht handelsfähig ist, sondern durch ihre gesetzlichen Vertreter handelt, sind ihre Geschäftsführer bzw. Vorstände zur Prokuraerteilung befugt.

Daraus ergibt sich, dass der Prokurist selbst Dritten keine Prokura erteilen darf. Im Gegensatz zu Geschäftsführern und Vorständen ist er nicht als gesetzlicher Vertreter berufen, sondern – wie oben gezeigt – nur rechtsgeschäftlich zum Vertreter bestellt. Der Prokurist ist also nicht der Inhaber des Handelsgeschäfts.

1.2.2 Wem kann Prokura erteilt werden?

Prokura kann grundsätzlich jeder Person erteilt werden. Beschränkungen ergeben sich im Allgemeinen aus der Rechtsstellung des Prokuristen und im Besonderen aus der Person des Prokuristen.

Allgemeine Beschränkungen der Prokuraerteilung

Beschränkungen
für Organe

Prokurist kann nicht sein, wer bereits aufgrund gesetzlicher Vertretungsmacht zur Vertretung des Unternehmens befugt ist. Geschäftsführer und Vorstände eines Unternehmens können daher nicht zugleich dessen Prokurist sein. Sie verfügen aufgrund ihrer Stellung als gesetzlicher Vertreter des Unternehmens bereits über weitreichende Befugnisse, die über diejenigen der Prokura hinausgehen. Sie bedürfen daher der Prokura nicht.

Eigen- bzw.
Fremd-
organschaft

In diesem Zusammenhang soll noch einmal auf die Grundsätze der Eigen- bzw. Fremdorganschaft hingewiesen werden. Der Gesetzgeber geht davon aus, dass für Personenhandelsgesellschaften der Grundsatz der Selbstorganschaft gilt, die Gesellschafter also selbst die Geschäftsführungsaufgaben wahrnehmen. Bei juristischen Personen dagegen geht der Gesetzgeber davon aus, dass die Gesellschafter nicht die Geschäftsführungsaufgaben wahrnehmen, sondern einen Fremdgeschäftsführer bestellen. Bedeutung erlangt diese Unterscheidung im Bereich der Personenhandelsgesellschaften, also der OHG und der KG. Gemäß § 125 Abs. 1 HGB – der über § 161 Abs. 2 HGB auch für die Kommanditgesellschaft gilt – ist zur Vertretung der Gesellschaft jeder Gesellschafter ermächtigt, wenn er nicht durch den Gesellschaftsvertrag von der Vertretung ausgeschlossen ist. Finden sich im Gesellschaftsvertrag keine von § 125 Abs. 1 HGB abweichende Regelungen, so kann ihren Gesellschaftern also keine Prokura erteilt werden. Eine dennoch erteilte Prokura ist unwirksam.

Besondere Beschränkungen der Prokuraerteilung

Ferner ergeben sich Beschränkungen aus der Person des Prokuristen. Diese sind im Vergleich zu den Beschränkungen, die für Geschäftsführer und Vorstände gelten, teils weiter, teils enger. Dies soll zunächst anhand der für Geschäftsführer und Vorstände geltenden Vorschriften verdeutlicht werden.

Gemäß § 6 Abs. 2 Satz 1 GmbHG kann Geschäftsführer nur eine natürliche, unbeschränkt geschäftsfähige Person sein. Ein Betreuer, der bei der Besorgung seiner Vermögensangelegenheiten ganz oder teilweise einem Einwilligungsvorbehalt unterliegt, kann nicht Geschäftsführer sein. Wer wegen einer Straftat nach den §§ 283 bis 283 d StGB verurteilt worden ist, kann auf die Dauer von 5 Jahren seit der Rechtskraft des Urteils nicht Geschäftsführer sein. Ebenso kann nicht Geschäftsführer sein, wem durch gerichtliches Urteil oder durch vollziehbare Entscheidung einer Verwaltungsbehörde die Ausübung eines Berufes, Berufszweiges, Gewerbes oder Gewerbezweiges untersagt worden ist, sofern der Unternehmensgegenstand ganz oder teilweise mit dem Gegenstand des Verbotes übereinstimmt. In der Anmeldung zum Handelsregister haben die Geschäftsführer gemäß § 8 Abs. 3 Satz 1 GmbHG zu versichern, dass keine Umstände vorliegen, die ihre Bestellung nach § 6 Abs. 2 Satz 3 und 4 GmbHG entgegenstehen. Entsprechendes gilt für die Vorstände einer Aktiengesellschaft gemäß den §§ 76 Abs. 3, 81 Abs. 3 AktG.

Derart weitreichende Beschränkungen finden sich für die Prokura im Gesetz nicht. Insbesondere kann auch eine Person zum Prokuristen bestellt werden, die in ihrer Geschäftsfähigkeit beschränkt ist, also das 18. Lebensjahr noch nicht vollendet hat. Dies folgt bereits aus § 165 BGB, wonach die Wirksamkeit einer von oder gegenüber einem Vertreter abgegebenen Willenserklärung nicht dadurch beeinträchtigt wird, dass der Vertreter in der Geschäftsfähigkeit beschränkt ist. Die vorgenannten Bestimmungen des GmbHG sowie des AktG stellen deshalb eine Ausnahme zu § 165 BGB dar, die mangels Erweiterungsfähigkeit auf den Prokuristen keine Anwendung findet. *Beschränkung in der Geschäftsfähigkeit*

Entgegen den vorgenannten Vorschriften des GmbHG und des AktG kann Prokurist auch eine Person sein, die nach den §§ 283 bis 283 d StGB verurteilt wurde. Bei diesen Strafnormen handelt es sich um die Delikte des Bankrotts, der Verletzung der Buchführungspflicht, der Gläubigerbegünstigung und der Schuldnerbegünstigung. Es liegt daher bereits im Interesse des Kaufmanns, eine solche Person nicht zum Prokuristen zu bestellen, selbst wenn dies möglich ist.

Gleiches gilt für den Fall, dass die Ausübung eines Berufes oder Berufszweiges dem Prokuristen kraft behördlicher oder gerichtlicher Entscheidung untersagt worden ist. Zwar kann die Betätigung als Prokurist nicht untersagt werden, da es sich hierbei – wie erörtert – nicht um einen eigenständigen Beruf handelt. Dem Prokuristen kann aber die Betätigung in einem bestimmten Berufsfeld untersagt werden, wobei es dann nicht darauf ankommt, in welcher Stellung *Beschränkungen bei Berufsverbot* er diesen Berufszweig ausübt. Insoweit ist der Hinweis in den Vorschriften des GmbHG und des AktG nur im Hinblick darauf verständlich, dass die Geschäftsführer und Vorstände das Nichtbestehen eines Berufsverbotes gegenüber dem Handelsregister versichern müssen, der Prokurist hingegen nicht.

Beschränkung für juristische Personen?

Fraglich ist, ob die Prokura nur natürlichen oder auch juristischen Personen erteilt werden kann. Die Regelungen über die Stellvertretung in den §§ 164 ff. BGB sehen insoweit keine Einschränkung vor, so dass eine rechtsgeschäftliche Vertretungsmacht – um die es sich ja auch bei der Prokura handelt – auch juristischen Personen erteilt werden könnte. Ausnahmen bedürfen, wie etwa in den vorgenannten Vorschriften des GmbHG und des AktG, einer gesetzlichen Regelung. Eine ausdrückliche Regelung hierzu findet sich in den §§ 48 ff. HGB nicht. Allein § 53 Abs. 2 HGB bestimmt, dass der Prokurist seine Namensunterschrift unter Angabe der Firma und eines die Prokura andeutenden Zusatzes zur Aufbewahrung bei dem Gericht zu zeichnen hat. Einen Namen können zwar gemäß § 12 BGB nicht nur natürliche, sondern auch juristische Personen führen. Der Name eines Unternehmens wird jedoch als Firma bezeichnet (vgl. § 17 HGB). Nimmt man diese Unterscheidung ernst, die auch in § 53 Abs. 2 HGB zum Ausdruck kommt, dürfen nur natürliche Personen zum Prokuristen bestellt werden.

> **Achtung:**
> Die Rechtsprechung geht davon aus, dass nur natürlichen Personen Prokura erteilt werden kann.[2] Nach der Vorstellung des Gesetzgebers beruhe die Erteilung der Prokura auf einem besonderen persönlichen Vertrauensverhältnis zwischen Unternehmen und Prokurist. Dies ergebe sich schon aus dem umfassenden, im Außenverhältnis nicht beschränkbaren Umfang der Vertretungsmacht.

Beschränkung bei Gesellschaftern

Nicht zur Geschäftsführung befugte Gesellschafter können grundsätzlich ebenfalls zum Prokuristen bestellt werden. Dies betrifft neben dem Kommanditisten auch den stillen Gesellschafter sowie die GmbH-Gesellschafter und die Aktionäre. Ob dies auch für den Gesellschafter einer OHG, der nach der Satzung von der Geschäfts-

---

[2] KG, Beschluss vom 23.10.2001 – 1 W 6157/00, in: DB 2001, 2707 f.

führung ausgeschlossen ist, gilt, ist fraglich. Es ist jedoch nicht einzusehen, weshalb damit das Verbot jeglicher Vertretung des Unternehmens einhergehen soll. Gesetzliche Vertretung und Prokura sind in ihrer Reichweite unterschiedlich, zudem bedarf die Prokura gesonderter Erteilung. Auch kann den Gesellschaftern nicht der Wille unterstellt werden, durch den Ausschluss von der Vertretung der Gesellschaft zugleich jegliche andere rechtsgeschäftliche Vertretung ausschließen zu wollen. Ein solch weitgehender Ausschluss müsste im Gesellschaftsvertrag wenigstens Anklang finden.

Angehörige beratender Berufe (Rechtsanwalt, Wirtschaftsprüfer, Steuerberater) können ebenfalls als Prokurist tätig sein. Beschränkungen ergeben sich hier aus den jeweils für die einzelnen Berufe geltenden berufsrechtlichen Vorschriften. Diese sehen vor, dass die Angehörigen beratender Berufe ihre Tätigkeit selbstständig und frei von der Einflussnahme Dritter ausüben. Die Betätigung als Prokurist ist nur unter diesen – berufsrechtlichen – Einschränkungen denkbar.

Beschränkungen für Angehörige beratender Berufe

Beschränkungen können sich aus den Berufsordnungen ergeben. So erachtete es das OLG Celle[3] für unzulässig, einer pharmazeutisch-technischen Assistentin Prokura für eine Apotheke zu erteilen. Denn nach den Bestimmungen des Apothekergesetzes und der Apothekerordnung übt der Apotheker seinen Beruf selbstständig und verantwortungsbewusst aus. Die wesentlichen Aufgaben seines Geschäftsbetriebes muss er deshalb selbst wahrnehmen. Gleiches gilt für die übrigen freien Berufe wie Rechtsanwalt, Notar, Steuerberater, Wirtschaftsprüfer oder Arzt.

1.2.3 Wem gegenüber ist die Prokura zu erteilen?

Hinsichtlich der Frage, wem gegenüber die Prokura erteilt werden kann, gelten die allgemeinen Vorschriften des BGB. Das bedeutet, dass die Prokura nicht notwendig gegenüber der Person erteilt werden muss, die zum Prokuristen bestellt werden soll. Eine Prokura ist somit auch dann wirksam erteilt, wenn diese etwa gegenüber dem Geschäftspartner oder nur gegenüber dem Handelsregister erklärt wird.

---

[3] OLG Celle, Beschluss vom 30.08.1988 – 1 W 20/88, in: NJW-RR 1989, 483.

1.2.4   In welcher Form ist die Prokura zu erteilen?

Die Prokura kann nur ausdrücklich erteilt werden. Dies ist in § 48 HGB bestimmt und Folge des weiten Regelumfanges der Prokura, der Klarheit erfordert, wann eine solche erteilt wurde. Die Prokuraerteilung durch schlüssiges Verhalten oder gar durch Duldung ist somit nicht möglich.

Abgrenzung zur BGB-Vollmacht

Dadurch unterscheidet sich die Prokura von der BGB-Vollmacht: Diese kann nicht nur ausdrücklich, sondern auch konkludent – also durch schlüssiges Verhalten – erteilt werden. Darüber hinaus ist es sogar möglich, dass der vermeintlich Vertretene für Rechtsgeschäfte haftet, wenn er zwar keine Vollmacht erteilt, das Handeln des vermeintlichen Vertreters jedoch gekannt und geduldet (so genannte Duldungsvollmacht) oder durch eigenes Verhalten den Anschein erweckt hat, dieser sei von ihm bevollmächtigt (so genannte Anscheinsvollmacht). Die Vorschrift des § 48 HGB stellt insofern eine Ausnahme zu den Vorschriften der §§ 164 ff. BGB dar.

Eine bestimmte Form der Prokuraerteilung ist nicht notwendig. Es reicht mithin die mündliche Erteilung. Es empfiehlt sich jedoch, die Prokura zu Beweiszwecken schriftlich zu erteilen. Dabei sollte auch festgehalten werden, welchen konkreten Umfang die Prokura hat, um Streitigkeiten zu vermeiden.

Siehe CD-ROM

Schriftliche Prokuraerteilung (Beispiel)

Herrn Anton Mustermann, geboren am 13.07.1958, wird Einzelprokura erteilt. Im Innenverhältnis bedürfen folgende Rechtshandlungen der vorherigen Zustimmung durch die Geschäftsführung:

- *die Aufnahme von Darlehen mit einem Nennbetrag von mehr als 500.000,00 € pro Kalenderjahr*
- *der Abschluss von Verträgen, aus denen das Unternehmen für einen längeren Zeitraum als zwei Jahre verpflichtet wird*
- *der Abschluss von Verträgen, aus denen das Unternehmen verpflichtet wird, Leistungen von mehr als 500.000,00 € jährlich zu erbringen*
- *die Bestellung von Sicherheiten für Verbindlichkeiten des Unternehmens, sofern sie den Umfang gemäß den vorgenannten Punkten oder die gesicherten Verbindlichkeiten um mehr als 20 v. H. übersteigen*
- *die Einstellung und die Entlassung von Arbeitnehmern, deren monatliches Bruttogehalt mehr als 5.000,00 € beträgt*

1.2.5 Wann wird die Prokura wirksam?

Wann eine Handlung wirksam wird, hängt von ihrer Rechtsnatur ab. Die Erteilung der Prokura ist ein einseitiges, empfangsbedürftiges Rechtsgeschäft. Das bedeutet zweierlei: Erstens ist die Erteilung kein Vertrag, bedarf also keiner Einigung zwischen dem Inhaber des Handelsgeschäftes und dem Prokuristen. Zweitens ist die Erteilung der Prokura bedingungs- und befristungsfeindlich. Was darunter zu verstehen ist, zeigen die folgenden Beispiele:

Prokura-erteilung ist kein Vertrag

Beispiel: Die Prokura wird „zurückgewiesen"
Der Geschäftsführer erteilt dem A Prokura.
Ob A tatsächlich Prokurist sein will oder die Prokura umgehend „zurückweist", ist unerheblich. Die Prokura ist wirksam erteilt und kann lediglich widerrufen werden. Da die Erteilung einer Prokura auch für den Inhaber des Handelsgeschäftes ein Risiko mit sich bringt und die Prokuraerteilung mit dem Arbeitnehmer im Vorfeld abgeklärt wird, sind die hier denkbaren Fallgestaltungen eher theoretischer Natur.

Beispiel: Die Prokura wird bedingt erteilt
Der Geschäftsführer erteilt dem A Prokura für den Fall, dass eine Niederlassung in B eröffnet wird. Hier liegt eine (aufschiebende) Bedingung vor, die zur Unwirksamkeit der Prokura führt. Ebenso ist es, wenn dem A anlässlich eines bestimmten Forschungsvorhabens Prokura erteilt wird unter der (auflösenden) Bedingung, dass die Prokura erlischt, wenn das Forschungsvorhaben endet.

Beispiel: Die Prokura wird befristet erteilt
Eine Befristung, die ebenfalls zur Unwirksamkeit führt, liegt vor, wenn dem A Prokura bis 30.06.2007 erteilt wird.

Die Prokura wird somit im Zeitpunkt ihrer Erteilung wirksam. Die nach § 53 Abs. 1 HGB notwendige Anmeldung und Eintragung der Prokura in das Handelsregister ist nur deklaratorisch, also für das Entstehen der Prokura ohne Bedeutung. Ausnahmsweise können Wirksamwerden der Prokura und deren Anmeldung zusammenfallen, wenn die Prokura nur gegenüber dem Handelsregister erklärt wird. In diesem Fall entsteht die Prokura mit dem Eingang der Anmeldung beim Handelsregister.

Innen- und Außenverhältnis

In der Aktiengesellschaft kann die Satzung bestimmen, dass die Erteilung der Prokura durch den Vorstand der Zustimmung des Aufsichtsrates bedarf (§§ 82 Abs. 2, 111 Abs. 4 AktG). Ist ein solcher Zustimmungsvorbehalt in der Satzung geregelt, führt dies jedoch nicht dazu, dass eine ohne Zustimmung des Aufsichtsrates erteilte Prokura unwirksam wäre. Denn der Zustimmungsvorbehalt bezieht sich nur auf das Innenverhältnis zwischen Vorstand und Gesellschaft (so genannte Geschäftsführungsbefugnis), nicht aber auf das Außenverhältnis zwischen Gesellschaft und Dritten (so genannte Vertretungsbefugnis), das nach § 82 Abs. 1 AktG nicht beschränkt werden kann. Die Erteilung einer Prokura durch den Vorstand ohne Zustimmung des Aufsichtsrates berechtigt den Aufsichtsrat allenfalls dazu, gemäß § 84 Abs. 3 AktG die Bestellung des Vorstandsmitgliedes zu widerrufen und das der Bestellung zu Grunde liegende Arbeitsverhältnis zu kündigen. Ferner kann der Vorstand der Gesellschaft zum Ersatz des Schadens verpflichtet sein, der aus der Bestellung des Prokuristen hervorgeht.

Gleiches gilt für die Rechtsformen der OHG, der KG, der GmbH und der Genossenschaft. Für die OHG und die KG folgt dies aus den §§ 164 Satz 2, 116 Abs. 3 Satz 1 HGB. Aus § 46 Nr. 7 GmbHG ergibt sich, dass die Befugnis zur Bestellung eines Prokuristen den Gesellschaftern zusteht. Nach § 42 Abs. 1 GenG kann die Prokuraerteilung (wie in der AG) durch Satzung an die Zustimmung des Aufsichtsrats gebunden sein. Die genannten Vorschriften regeln jedoch nur, wer im Innenverhältnis über die Prokuraerteilung entscheidet. Die Befugnis der Geschäftsführer, Prokura im Außenverhältnis wirksam zu erteilen, wird hierdurch nicht beschränkt. Eine solche Beschränkung der Vertretungsmacht wäre nach den §§ 126 Abs. 2 HGB, 37 Abs. 2 GmbHG unwirksam.

> **Achtung:**
> Unabhängig von der rechtlichen Trennung zwischen Innen- und Außenverhältnis des Unternehmens sollte der Geschäftsführer bzw. Vorstand stets nur nach Zustimmung der zuständigen Organe Prokura erteilen. Auf diese Weise kann er nicht nur Unstimmigkeiten, sondern auch seine Abberufung als Geschäftsführer bzw. Vorstand oder sonstige Folgen, wie die Kündigung seines Anstellungsvertrages oder Schadensersatzansprüche des Unternehmens, vermeiden.

Die Eintragung der Prokura teilt das Handelsregister dem Unternehmen mit (so genannte Eintragungsnachricht). **Eintragungs-nachricht**

Mit der nachfolgenden Checkliste können Sie die wichtigsten Schritte bei der Erteilung einer Prokura noch einmal prüfen und geeignete Maßnahmen ergreifen.

Checkliste: So gehen Sie bei der Prokuraerteilung vor

I. Vor Erteilung der Prokura	
1.	Ist die Erteilung der Prokura die beste Möglichkeit, die Handlungsfähigkeit des Unternehmens zu erweitern?
	Prüfen Sie die Alternativen: Bestellung zum Organ (Geschäftsführer, Vorstand); Erteilung einer Vollmacht (General-, Art-, Spezialvollmacht; Handlungsvollmacht etc.)
2.	Welchen Aufgabenbereich hat der künftige Prokurist? Stehen Umstrukturierungen bevor?
	Gestalten Sie den Arbeits- bzw. Dienstvertrag inhaltlich flexibel aus.
3.	Welche Haftungsgefahren bringt die Prokura mit sich?
	• gerichtliche Vertretung
	• Vertretung im Ausland
	• In-sich-Geschäfte
4.	Ist eine Erweiterung im Außenverhältnis notwendig?
	• Immobiliarklausel
	• Befreiung vom Verbot des In-sich-Geschäfts
5.	Ist eine Beschränkung im Außenverhältnis notwendig?
	• echte Gesamtprokura
	• unechte Gesamtprokura
	• Niederlassungsprokura

Siehe CD-ROM

6.	Ist eine Beschränkung im Innenverhältnis notwendig?
	Führen Sie eine Besprechung mit dem Prokuristen.
	schriftliche Fixierung der Ergebnisse im Arbeits- bzw. Dienstvertrag
7.	Ist der Prokurist über die Haftungsrisiken belehrt worden?
	schriftliche Belehrung und Unterzeichnung des Prokuristen
8.	Ergeben sich arbeitsvertragliche Änderungen aufgrund der Berufung zum Prokuristen?
	Wird der Prokurist zum leitenden Angestellten?
	Was geschieht bei Widerruf der Prokura?
	Fixieren Sie die Regelungen schriftlich.
9.	Liegt die im Innenverhältnis notwendige Zustimmung des Aufsichtsrates/der Gesellschafter vor?
	Liegt ein Beschluss vor?
	Ist der Beschluss wirksam zustande gekommen?
II. Bei Erteilung der Prokura	
1.	Ist die Prokura wirksam erteilt?
	Wurde die Prokura vom Geschäftsinhaber erteilt?
	Wurde die Prokura ausdrücklich erteilt?
	Ist der Prokurist hinreichend bestimmt bezeichnet?
	Ist die Erklärung dem Erklärungsempfänger (Prokurist, Geschäftspartner, Handelsregister) zugegangen?
	Enthält die Erteilung unzulässige Bedingungen oder Befristungen?
2.	Entspricht die Prokura dem Gewollten?
	Falls nein: Widerruf und Neubestellung oder Ergänzung der erteilten Prokura

1.3 Anmeldung und Eintragung der Prokura ins Handelsregister

Nach § 53 Abs. 1 S. 1 HGB ist die Erteilung der Prokura von dem Inhaber des Handelsgeschäftes zur Eintragung in das Handelsregister anzumelden. Gleiches gilt für den Fall des Erlöschens der Prokura (vgl. § 53 Abs. 3 HGB).

1.3.1 Gibt es eine Pflicht zur Anmeldung?

Die Vorschriften des Handelsgesetzbuches befassen sich zunächst nur mit der Frage, wer zur Anmeldung der Prokuraerteilung in das Handelsregister verpflichtet ist. Dies ist wiederum der Inhaber des Handelsgeschäftes, bzw. der Geschäftsführer oder Vorstand. Andere Personen, die zur Vertretung des Unternehmens durch rechtsgeschäftliche Vertretungsmacht befugt sind – etwa der Prokurist, der Handlungsbevollmächtigte oder der Ladenangestellte – sind zur Anmeldung der Prokuraerteilung nicht verpflichtet.

1.3.2 Wer ist zur Anmeldung befugt?

Wer zur Anmeldung befugt ist, regeln die §§ 48 ff. HGB nicht. Der Prokurist ist daher grundsätzlich befugt, bei der Handelsregisteranmeldung der Prokura mitzuwirken. Dies ist Ausdruck seiner weitreichenden Vertretungsmacht. Ausgenommen hiervon sind solche Anmeldungen, welche die Grundlagen des „eigenen" Handelsgeschäfts betreffen.[4] Bei der Anmeldung seiner eigenen Prokura darf der neu berufene Prokurist ebenfalls nicht mitwirken[5], und zwar selbst dann nicht, wenn er im Rahmen unechter Gesamtvertretung gemeinsam mit einem Geschäftsführer handelt.[6]

Mitwirkung des Prokuristen

---

[4] BGH, Beschluss vom 02.12.1991 – II ZB 13/91, in: WM 1992, 190 ff.
[5] OLG Frankfurt/Main, Beschluss vom 28.02.2005 – 20 W 451/04, in: BB 2005, 1244; BayObLG München, Beschluss vom 19.06.1973 – BReg 2 Z 21/73, in: NJW 1973, 2068; a. A. BayObLG München, Beschluss vom 14.04.1982 – BReg 3 Z 20/82, in: BayObLGZ 1982, 198.
[6] BayObLG, Beschluss vom 19.06.1973 – BReg 2 Z 21/73, in: NJW 1973, 2068.

1.3.3 In welcher Form ist die Prokura anzumelden?

Die Anmeldung muss die Erteilung bzw. das Erlöschen der Prokura umfassen. Darüber hinaus hat der Prokurist seine Namensunterschrift unter Angabe der Firma und eines die Prokura andeutenden Zusatzes zur Aufbewahrung bei dem Gericht zu zeichnen. Üblicher Zusatz bei der Zeichnung der Prokura ist die Abkürzung „ppa.". Sofern die Prokura als Gesamtprokura erteilt wurde, ist dies ebenfalls zur Eintragung in das Handelsregister anzumelden.

Hat das Unternehmen eine Niederlassungsprokura erteilt, ist diese im Handelsregister der Zweigniederlassung ohne einen Zusatz einzutragen, der diese Beschränkung vermerkt.[7] Das Register der Zweigniederlassung ist nach der Vorstellung des Gesetzgebers ausschließlich dazu bestimmt, Auskunft über die Rechtsverhältnisse der Zweigniederlassung, nicht aber über die Rechtsverhältnisse der Hauptniederlassung oder anderer Zweigniederlassungen zu erteilen. Weitere Zusätze sind weder eintragungspflichtig noch eintragungsfähig.

Anmeldungen zum Handelsregister sind in öffentlich beglaubigter Form vorzunehmen (§ 12 Abs. 1 HGB). Was unter einer öffentlichen Beglaubigung zu verstehen ist, bestimmt § 129 BGB. Danach muss die Anmeldung schriftlich – also eigenhändig unterzeichnet – abgefasst und die Unterschrift von einem Notar beglaubigt werden. Gegenstand der Beglaubigung ist also nur die Tatsache der Unterschriftsleistung, nicht der Abgabe einer Erklärung.

---

[7] BGH, Beschluss vom 21.03.1988 – II ZB 69/87, in: WM 1988, 819 ff.

Muster: Anmeldung zum Handelsregister

An das Amtsgericht Musterstadt
– Handelsregister –

Siehe CD-ROM

In der Handelsregistersache
HRB 12345

melden wir zur Eintragung in das Handelsregister an, dass Herrn
Anton Mustermann, Dipl.-Ingenieur, geboren am 13.07.1958,
wohnhaft ABC-Strasse 1, 12345 Berlin, Einzelprokura erteilt wurde.

Herr Anton Mustermann zeichnet seine Unterschrift wie folgt:

Anton Mustermann

....
Unterschrift des Geschäftsführers

....
Beglaubigungsvermerk des Notars

Siehe CD-ROM

Amtsgericht Musterstadt
Amtlicher Ausdruck Handelsregister A 6543 B (Muster)

Nr. der Eintragung	a) Firma b) Sitz, Niederlassung, Zweigniederlassungen c) Gegenstand des Unternehmens	a) Allgemeine Vertretungsregelung b) Inhaber, persönlich haftende Gesellschafter, Geschäftsführer, Vorstand, Vertretungsberechtigte und besondere Befugnis	Prokura	a) Rechtsform, Beginn und Satzung b) Sonstige Verhältnisse c) Kommanditisten, Mitglieder	a) Tag der Eintragung b) Bemerkungen
1	a) Muster GmbH & Co. KG b) Musterstadt	a) Jeder persönlich haftende Gesellschafter vertritt die Gesellschaft allein. b) Persönlich haftender Gesellschafter: Muster Verwaltungs-GmbH, Berlin (AG Musterstadt, HRB 1234 B)	1. Alfred Muster *03.07.1953 Musterheim Einzelprokura 2. Dieter Münster *20.04.1966, Land Muster Prokura gemeinsam mit einem Geschäftsführer oder einem weiteren Prokuristen. Die Prokura berechtigt zur Vornahme von Grundstücksgeschäften.	a) Kommanditgesellschaft c) Kommanditisten: 1. Muster, Knut, Musterstadt 950.000 € 2. Muster, Heinz, Musterstadt 300.000 € 3. Muster, Hans, Musterstadt 1.100.000 € 4. Muster, Horst, Musterstadt 375.000 €o	a) 01.02.2002 Müller b) Tag der ersten Eintragung 13.12.1946
2			Nicht mehr Prokurist: 3. Arne Muster 4. Doris Master *25.06.1965, Münstertal Prokura gemeinsam mit einem Geschäftsführer oder einem weiteren Prokuristen. Die Prokura berechtigt zur Vornahme von Grundstücksgeschäften.		a) 21.07.2005 Meier b) Bl.40
3			Die Eintragung laufende Nummer 2, betreffend die Löschung des Prokuristen Arne Müster ist mangels einer wesentlichen Voraussetzung gem. § 142 FGG von Amts wegen gelöscht.		a) 08.08.2005 Meier

1.3.4   Welche Bedeutung hat die Eintragung?

Die Bedeutung der Eintragung liegt darin, dass die wahre Rechtslage und die aus dem Handelsregister ersichtliche Rechtslage in Übereinstimmung gebracht werden müssen. Zweck des Handelsregisters ist es, über die wesentlichen Rechtsverhältnisse einer Gesellschaft Auskunft zu erteilen. Jede Gesellschaft ist an ihrem Sitz in das Handelsregister eingetragen, jeder kann hierin Einsicht nehmen. Rechtsstreitigkeiten darüber, ob der Prokurist zur Vornahme eines Rechtsgeschäfts befugt war, können vermieden werden, wenn die Prokura ordnungsgemäß eingetragen bzw. gelöscht ist. Der Kaufmann trägt die Verantwortung für die Folgen einer unterbliebenen oder unrichtigen Eintragung in das Handelsregister.

Auskunft über Rechtsverhältnisse einer Gesellschaft

Achtung:
Die Publizität des Handelsregisters begründet für den Geschäftsverkehr einen Vertrauensschutz. Die Prokuraerteilung ist eine eintragungspflichtige Tatsache. Achten Sie deshalb darauf, dass sämtliche Neu- und Änderungsanmeldungen unverzüglich erfolgen und richtig eingetragen werden.

Erteilt der Inhaber eines Handelsgeschäfts Prokura, ohne dies zum Handelsregister anzumelden, oder erfolgt die Eintragung unrichtig, so muss ein Dritter die Prokura nur gegen sich gelten lassen, wenn er sie kannte. Der Rechtsverkehr vertraut in die Richtigkeit des Handelsregisters. D. h.: Wenn im Handelsregister nichts eingetragen ist, gilt die Prokura als nicht erklärt, es sei denn, der Geschäftspartner kannte die Prokura. Ist die Prokura eingetragen und bekannt gemacht worden, muss jeder Kaufmann sie gegen sich gelten lassen, es sei denn, dass er die Prokura weder kannte noch kennen musste.

1.3.5   Was kosten Anmeldung und Eintragung der Prokura?

Die mit der Erteilung einer Prokura verbundenen Kosten fallen in der Regel nicht ins Gewicht. Die anfallenden Kosten werden daher nur knapp dargestellt. Kosten entstehen für die Anmeldung und die Eintragung der Prokura. Die Erteilung selbst ist kostenfrei, da weder

Notar noch Handelsregister daran beteiligt sein müssen. Die Erteilung der Prokura ist sodann in öffentlich beglaubigter Form zum Handelsregister anzumelden. Die öffentliche Beglaubigung erfolgt durch Beglaubigung der Unterschriftsleistung beim Notar. Zudem ist die Zeichnung des Prokuristen vor dem Notar zu vollziehen (§ 12 Abs. 1 HGB, § 41 BeurkG). Wird die Zeichnung der Namensunterschrift zugleich mit der Anmeldung beglaubigt, ist nach § 38 Abs. 2 Nr. 7 KostO nur eine Gebühr von 5/10 zu erheben. Der Geschäftswert der Anmeldung beträgt 1 % vom Stammkapital, mindestens 25.000,00 € (§ 41a KostO). Danach fällt eine Gebühr von 42,00 € zuzüglich Auslagen und Umsatzsteuer an (§ 38 Abs. 2 Nr. 7 KostO). Hinzu kommen die Gebühren für die Eintragung in das Handelsregister von 20,00 € nach Nr. 4000 der HRegGebV.

Checkliste: Eintragung der Prokura

1.	Ist die Prokura richtig eingetragen?
	falls nein: Antrag auf Löschung und erneute Eintragung
2.	Ist die Prokura richtig bekannt gemacht?
	falls nein: Antrag auf Löschung und erneute Eintragung
3.	Liegen alle Unterlagen über Erteilung, Anmeldung und Eintragung einschließlich der Rechnungen vor?
	Anforderung einer Abschrift, z. B. nach § 9 Abs. 2 Satz 1 HGB

1.4 Welchen Umfang hat die Prokura?

Nach § 49 Abs. 1 HGB ermächtigt die Prokura zu allen Arten von gerichtlichen und außergerichtlichen Geschäften und Rechtshandlungen, die der Betrieb eines Handelsgewerbes mit sich bringt. Die Vorschrift beschreibt damit den Regelumfang der aus der Prokura resultierenden Vertretungsmacht. In den §§ 48 Abs. 2, 49 Abs. 2, 50 HGB regelt das Gesetz verschiedene Beschränkungen und eine Erweiterung der Prokura.

1.4.1 Was darf der Prokurist in der Regel?

Das Gesetz definiert damit zunächst einen Umfang der Vertre- Reichweite der
tungsmacht, auf den der Geschäftsverkehr vertrauen darf. Deutlich Prokura
wird die Reichweite der Prokura erst, wenn man diese mit anderen,
im HGB geregelten Handelsvollmachten vergleicht. Zu diesen Handelsvollmachten zählen insbesondere die Handlungsvollmacht nach
§ 54 HGB sowie die Vollmacht des Ladenangestellten nach § 56
HGB. Die Vorschriften lauten wie folgt:

> **§ 54 HGB**
>
> *Ist jemand ohne Erteilung der Prokura zum Betrieb eines Handelsgewerbes oder zur Vornahme einer bestimmten zu einem Handelsgewerbe gehörigen Art von Geschäften oder zur Vornahme einzelner zu einem Handelsgewerbe gehöriger Geschäfte ermächtigt, so erstreckt sich die Vollmacht (Handlungsvollmacht) auf alle Geschäfte und Rechtshandlungen, die der Betrieb eines derartigen Handelsgewerbes oder die Vornahme derartiger Geschäfte gewöhnlich mit sich bringt. [...]*
>
> **§ 56 HGB**
>
> *Wer in einem Laden oder in einem offenen Warenlager angestellt ist, gilt als ermächtigt zu Verkäufen und Empfangnahmen, die in einem derartigen Laden oder Warenlager gewöhnlich geschehen.*

Bereits aus dem Wortlaut der zitierten Vorschriften folgt, dass die
Vollmacht des Ladenangestellten hinter denjenigen der Handlungsbevollmächtigten und der Prokuristen zurückbleibt. Die Vollmacht
erstreckt sich lediglich auf *Verkäufe und Empfangnahmen*, die in
einem *derartigen Laden oder Warenlager gewöhnlich* geschehen. Andere Rechtsgeschäfte als Verkäufe und Empfangnahmen sind von
der Vollmacht des Ladenangestellten nicht gedeckt. Darüber hinaus
müssen diese als gewöhnlich angesehen werden können und gerade
zu dem vom Inhaber des Handelsgeschäftes betriebenen Gewerbe
zählen.

Die Vollmacht des Handlungsbevollmächtigten geht über die des Abgrenzung
Ladenangestellten hinaus. Zwar verlangt das Gesetz auch hier, dass zum Ladendie Vornahme derartiger Geschäfte gewöhnlich ist. Die Gewöhn angestellten
lichkeit bezieht sich jedoch nicht auf das konkrete Handelsgewerbe,
sondern auf den Betrieb eines *derartigen Handelsgewerbes*. Die Vornahme von Rechtsgeschäften, die für das Handelsgewerbe, bei dem

der Handlungsbevollmächtigte tätig ist, nicht gewöhnlich sind, jedoch für Handelsgewerbe der gleichen Branche durchaus als üblich angesehen werden können, schadet daher nicht. Zudem darf der Handlungsbevollmächtigte nicht nur Waren in Empfang nehmen oder verkaufen, sondern alle Geschäfte und Rechtshandlungen vornehmen.

Abgrenzung vom Handlungsbevollmächtigten

Die Prokura reicht noch weiter als die Handlungsvollmacht. Auf das Merkmal der Gewöhnlichkeit des Rechtsgeschäftes verzichtet das Gesetz ebenso wie auf einen Bezug zu dem konkret betriebenen Handelsgewerbe. Der Prokurist ist vielmehr zu allen Geschäften und Rechtshandlungen ermächtigt, die der Betrieb (irgend-)eines Handelsgewerbes mit sich bringt. Das bedeutet, dass der Prokurist sogar Rechtsgeschäfte vornehmen darf, die in „seinem" Unternehmen nicht nur ungewöhnlich, sondern überhaupt nicht vorkommen.

1.4.2   Wie kann die Prokura beschränkt werden?

Zunächst stellt § 50 Abs. 2 HGB klar, dass Beschränkungen der Prokura Dritten gegenüber unwirksam sind. Das erklärt sich aus dem Sinn und Zweck der Prokura: Sie soll das Vertrauen des Handelsverkehrs in einem bestimmten, gesetzlich festgelegten Mindestumfang der Vertretungsmacht schaffen. Ausnahmen sind daher nur beschränkt möglich. Eine Beschränkung ist gegenüber Dritten – also Außenstehenden – unwirksam. Unwirksame Beschränkungen sind z. B., dass der Prokurist nur bestimmte Arten von Geschäften ausüben darf oder er die Prokura nur unter bestimmten Umständen oder an bestimmten Orten ausüben darf.

Das Handelsgesetzbuch sieht dennoch verschiedene, typisierte Beschränkungen der Prokura vor:

1. örtliche Beschränkung
2. persönliche Beschränkung

Örtliche Beschränkung

Niederlassungsprokura

Möglich ist es beispielsweise, die Prokura auf den Betrieb einer Niederlassung zu beschränken, wenn ein Unternehmen mehrere Niederlassungen unter verschiedenen Firmen betreibt (so genannte Niederlassungsprokura). Zur Verdeutlichung, dass dem Prokuristen nur eine Niederlassungsprokura erteilt wurde, muss dieser bei Unterschriftszeichnung einen Niederlassungszusatz beifügen, der dies verdeutlicht. Dies kann dadurch geschehen, dass der Prokurist mit dem Zusatz „ppa. Mustermann, Niederlassung Augsburg" unterzeichnet. Der sachliche Umfang der Niederlassungsprokura entspricht im Übrigen dem der unbeschränkten Prokura.

Persönliche Beschränkung

§ 48 Abs. 2 HGB eröffnet die Möglichkeit, die Prokura in persönlicher Hinsicht zu beschränken, indem die Prokura mehreren Personen gemeinsam erteilt wird (so genannte Gesamtprokura). Eine Gesamtprokura liegt vor, wenn der Prokurist nur gemeinsam mit einer anderen Person zur Vertretung berechtigt ist. Je nachdem, mit welcher Person gemeinsam der Prokurist zur Vertretung berechtigt ist, unterscheidet man die folgenden vier Gesamtprokuren:

Gesamtprokura

1. echte Gesamtprokura: Der Prokurist ist nur mit einem anderen Prokuristen gemeinsam vertretungsberechtigt.
2. unechte Gesamtprokura: Der Prokurist ist nur mit einem Mitglied der Geschäftsführung bzw. des Vorstandes gemeinsam vertretungsberechtigt.
3. allseitige Gesamtprokura: Sämtliche Prokuristen sind jeweils nur mit einer anderen Person gemeinsam vertretungsberechtigt.
4. halbseitige Gesamtprokura: Mindestens ein Prokurist ist nur mit einer anderen Person gemeinsam vertretungsberechtigt, während mindestens ein Prokurist allein vertretungsberechtigt ist.

Die Gesamtprokura ist in Unternehmen häufig anzutreffen. Sie bietet die Möglichkeit, Rechtshandlungen nicht nur von den Geschäftsführern bzw. Vorständen vornehmen zu lassen und reduziert das aus der Erweiterung der vertretungsberechtigten Personen folgende Risiko durch das „Vier-Augen-Prinzip".

„Vier-Augen-Prinzip".

Besonders interessant ist die Kombination der persönlichen und örtlichen Beschränkungen für Unternehmen, die mehrere Niederlassungen unterhalten und eine Rückbindung der Niederlassung an die Unternehmenszentrale für sinnvoll erachten.

Keine sachliche Beschränkung

Sachliche Beschränkungen sind dagegen nicht möglich. Diese wirken nur im Innenverhältnis zwischen Unternehmen und Prokuristen.

Schwierigkeiten ergeben sich bei der Anmeldung der Prokura zum Handelsregister, wenn diese im Innenverhältnis so stark beschränkt ist, dass eine effektive Wahrnehmung der Vertretungsmacht nicht möglich ist, oder wenn der Prokurist nur gemeinsam mit einer Person handeln darf, die ihrerseits auch ohne den Prokuristen allein handeln kann. Das ist beispielsweise der Fall, wenn der Prokurist nur gemeinsam mit dem Einzelkaufmann („Prinzipal") oder mit dem alleinvertretungsbefugten Geschäftsführer tätig werden darf. Ob eine solche Titularprokura in das Handelsregister einzutragen ist, ist bisher nicht abschließend geklärt.[8]

1.4.3 Wie kann die Prokura erweitert werden?

Grundstücks-
klausel

Neben den persönlichen und örtlichen Beschränkungen der Prokura ist auch eine sachliche Erweiterung der Prokura möglich. § 49 Abs. 2 HGB räumt dem Inhaber des Handelsgeschäftes die Möglichkeit ein, den Regelumfang der Prokura auf die Veräußerung und Belastung von Grundstücken zu erweitern (so genannte Grundstücksklausel). Die Befugnis zur Veräußerung und Belastung von Grundstücken ist dann Teil der Prokura. Das bedeutet, dass die Grundstücksklausel wie die Prokura selbst zur Eintragung in das Handelsregister anzumelden ist und die Grundstücksklausel der ausdrücklichen Erteilung bedarf.

Verbot von
In-sich-
Geschäften

Nicht im Handelsgesetzbuch geregelt ist eine sachliche Beschränkung der Prokura, die sich aus den allgemeinen Vorschriften (§ 181 BGB) ergibt. Danach kann ein Vertreter im Namen des Vertretenen mit sich im eigenen Namen (Fall 1) oder als Vertreter eines Dritten (Fall 2) ein Rechtsgeschäft nicht vornehmen, es sei denn, dass das Rechtsgeschäft ausschließlich in der Erfüllung einer Verbindlichkeit besteht. Gemeint sind hier die so genannten In-sich-Geschäfte, bei denen das Gesetz einen Interessenkonflikt vermutet. Bei der Bestellung von Geschäftsführern und Vorständen ist es üblich, diese von dem Verbot des § 181 BGB zu befreien. Es bietet sich jedoch an,

---

[8] Dagegen OLG Frankfurt/Main, Beschluss vom 16.11.2000 – 20 W 242/00 u. a., in: NJW-RR 2001, 178; BayObLG, Beschluss vom 23.09.1997 – 3 Z BR 329/97, in: BB 1997, 2396; a. A. OLG Hamm, Beschluss vom 19.05.1983 – 15 W 6424/82, in: BB 1983, 1303.

zwischen den beiden Fällen, die ein In-sich-Geschäft darstellen, zu unterscheiden. Im ersten Fall schließt der Prokurist als Vertreter des Unternehmens mit sich selbst (als Privatperson) ab. Im zweiten Fall schließt er als Vertreter des einen Unternehmens mit sich selbst als Vertreter eines anderen Unternehmens (dessen Geschäftsführer, Vorstand oder Prokurist er ist) ab. Nicht gewollt ist häufig nur der erste Fall, da hier der Verdacht einer „Vorteilsnahme" nahe liegt. Eine Befreiung vom zweiten Fall des verbotenen In-sich-Geschäftes ist vor allem dann sinnvoll, wenn der Prokurist gleichzeitig Vertreter einer anderen Gesellschaft im Konzernverbund ist.

1.4.4 Einzelfälle des Handelns eines Prokuristen

Die folgende Auflistung gibt eine Übersicht über die zulässigen und unzulässigen Fälle des Handelns eines Prokuristen. Eine vollständige Auflistung jeden Einzelfalls ist nicht möglich. Die Darstellung orientiert sich an dem Wortlaut des § 49 HGB, der den Prokuristen zu allen Arten einer gerichtlichen und außergerichtlichen Vertretung ermächtigt.

Gerichtliche Vertretung

Der Prokurist ist berechtigt, für das Unternehmen vor deutschen Gerichten aufzutreten. Auf die Gerichtsbarkeit (ordentliche Gerichte, Verwaltungsgericht, Sozialgericht, Finanzgericht, Arbeitsgericht) kommt es dabei nicht an.

Allerdings wird die Befugnis, vor Gericht aufzutreten, durch die einzelnen Prozessordnungen beschränkt. Dabei ergeben sich vor allem zwei Besonderheiten: Zum einen ist, anders als bei der materiellrechtlichen Vollmacht, zur Wahrnehmung der prozessrechtlichen Vollmacht die unbeschränkte Geschäftsfähigkeit erforderlich. Minderjährige und Betreute können also nicht vor Gericht auftreten. Zum anderen gibt es bei höheren Gerichten in der Regel einen Anwaltszwang, etwa bei Zivilrechtsstreitigkeiten vor dem Landgericht. Der Prokurist kann in diesem Fall aber einen Rechtsanwalt beauftragen, für das Unternehmen vor dem Landgericht aufzutreten. Die prozessuale Vertretungsmacht kann nicht weiter reichen als die materiellrechtliche Vertretungsmacht. Deshalb ist beispielsweise die Erteilung einer Vollmacht zur Klageerhebung durch einen Nieder-

Beschränkung durch Prozessordnungen

lassungsprokuristen für eine andere Niederlassung nicht möglich.[9] Dies ergibt sich aus der örtlichen Beschränkung einer Niederlassungsprokura.

Seine Vertretungsmacht hat der Bevollmächtigte grundsätzlich durch Vorlage einer schriftlichen Vollmacht nachzuweisen (§ 80 ZPO). Für den Prokuristen reicht es hingegen, wenn er einen Auszug aus dem Handelsregister vorlegt, einer besonderen Prozessvollmacht bedarf es nicht.

Aktive und passive Vertretung

Wie bei jeder Vertretung ist auch vor Gericht zwischen der aktiven und der passiven Vertretung zu unterscheiden. Besonderheiten ergeben sich für den Einzelprokuristen hier nicht. Gesamtprokuristen müssen Folgendes beachten: Zur Vornahme einer Prozesshandlung ist es notwendig, dass zwei zur gemeinsamen Vertretung Befugte übereinstimmende Erklärungen abgeben. Erklärt sich nur ein Prokurist oder sind sich die Prokuristen nicht einig, so kann keiner von beiden eine wirksame Prozesshandlung vornehmen. Das Unternehmen wird vom Gericht dann so behandelt, als wäre das Unternehmen nicht erschienen bzw. als hätte es keine Erklärung abgegeben.[10] Dagegen reicht es für die passive Vertretung – etwa die Entgegennahme von Prozesserklärungen – aus, wenn nur ein Prokurist die Erklärung vernimmt.

Ob die Prokura zur Vertretung vor ausländischen Gerichten berechtigt, entscheidet sich nach dem Prozessrecht des Staates, in dem das Gerichtsverfahren stattfindet. Allgemeine Aussagen hierüber können daher nicht getroffen werden.

Außergerichtliche Vertretung

Die Prokura ermächtigt zur Vornahme aller außergerichtlichen Rechtshandlungen, die ein Handelsbetrieb mit sich bringt. Das bedeutet aber nicht, dass die Prokura unbegrenzt ist. Beschränkungen ergeben sich vor allem aus dem Wesen der Prokura im Hinblick auf

- Grundlagengeschäfte,
- Grundstücksgeschäfte,

---

[9] Niedersächsisches FG, Urteil vom 14.11.2001 – 2 K 138/98 u. a., in: EFG 2002, 996 f.

[10] BGH, Urteil vom 23.10.2003 – IX ZR 324/01, in: NJW-RR 2004, 275 f.; ArbG Düsseldorf, Urteil vom 19.06.1991 – 6 Ca 1582/91, in: NJW-RR 1992, 366.

- die Rechtsform des Unternehmens,
- Rechtsgeschäfte im Ausland.

Die Prokura ermächtigt zu allen Arten von Rechtsgeschäften, die der *Betrieb* eines Handelsgewerbes mit sich bringt. Nicht zum Betrieb gehören so genannte Grundlagengeschäfte. Solche Maßnahmen zählen zum so genannten Organisationsrecht, das dem Inhaber des Handelsgeschäfts selbst zusteht. — *Grundlagengeschäfte*

Zu den Grundlagengeschäften zählen etwa:
- die Änderung der Satzung sowie des Kapitals
- die Umwandlung des Unternehmens in eine andere Rechtsform
- die Sitzverlegung
- die Änderung des Unternehmenszwecks
- die Aufnahme oder Kündigung von Gesellschaftern
- die Einstellung des Geschäftsbetriebs
- der Verkauf des gesamten Unternehmens oder betriebsnotwendigen Vermögens und
- die Firmenänderung.

Zur Veräußerung und Belastung von Grundstücken ist der Prokurist nur ermächtigt, wenn ihm eine solche Befugnis erteilt wurde (§ 49 Abs. 1 HGB). Ist eine solche Immobiliarklausel nicht Bestandteil der Prokura, kann der Prokurist dennoch zahlreiche Grundstücksgeschäfte für das Unternehmen vornehmen. Insbesondere kann er — *Grundstücksgeschäfte*

- Grundstücke erwerben,
- Grundstücke von Lasten befreien,
- Rechte an Grundstücken übertragen,
- Rangänderungen bewilligen.

Den Grundstücken gleich stehen die grundstücksgleichen Rechte, also das Erbbaurecht und das Wohnungseigentum.

Besonderheiten ergeben sich für den Prokuristen einer Aktiengesellschaft aus der Vorschrift des § 89 AktG. Sinn der Vorschrift ist es, bei persönlicher Verflechtung zwischen der Aktiengesellschaft und ihren vertretungsbefugten Personen eine Missbrauchskontrolle zu installieren. Die Vorschrift unterscheidet drei Fälle: — *Rechtsform des Unternehmens*

Erstens darf nach § 89 Abs. 2 Satz 1 AktG eine Aktiengesellschaft ihren Prokuristen Kredite nur mit Einwilligung des Aufsichtsrates gewähren. Liegt eine ordnungsgemäße Einwilligung nicht vor, ist der Kreditvertrag nicht nichtig (also von Anfang an unwirksam), sondern der Kreditbetrag nur unverzüglich an die Aktiengesellschaft zurückzugewähren. Will das Unternehmen diese Rechtsfolge vermeiden, ist Folgendes zu beachten:

Die Einwilligung des Aufsichtsrates kann nur für bestimmte Kreditverträge oder Arten von Kreditverträgen erteilt werden. Auch die Rückzahlung des Kredits und die Verzinsung des kreditierten Betrages ist zu bestimmen. Die Einwilligung gilt maximal drei Monate. Binnen dieser Zeitspanne muss nicht nur der Kreditvertrag geschlossen, sondern auch der Kredit an den Prokuristen ausgezahlt werden.

Achtung:

Unter einer Einwilligung versteht das Gesetz die vorherige Zustimmung (§ 183 Satz 1 BGB). Die nachträgliche Zustimmung wird als Genehmigung bezeichnet (§ 184 Abs. 1 BGB). Das ist bei der Kreditgewährung an den Prokuristen zu beachten, weil die Genehmigung ausdrücklich ausgeschlossen ist.

Formulierungs-
vorschlag

Einwilligung zur Kreditgewährung (Beispiel)

Der Aufsichtsrat willigt ein, dass die Aktiengesellschaft ihrem Prokuristen Anton Mustermann, geboren am 13.07.1958, ein Darlehen über 50.000,00 € gewährt. Das Darlehen ist mit 2,5 % jährlich zu verzinsen und am 31.12.2007 zur Rückzahlung fällig. Die Einwilligung erlischt, sofern der Abschluss des Darlehensvertrages und die Auszahlung des Darlehens nicht bis spätestens 30.09.2006 erfolgt sind.

Berlin, den 30.06.2006

Zweitens darf nach § 89 Abs. 2 Satz 2 AktG eine herrschende Aktiengesellschaft an Prokuristen eines abhängigen Unternehmens Kredite ebenfalls nur mit Einwilligung des Aufsichtsrates vergeben. Gleiches gilt umgekehrt, also bei der Kreditgewährung durch die abhängige Gesellschaft an den Prokuristen der herrschenden Aktiengesellschaft.

Achtung:

Das Einwilligungserfordernis des § 89 Abs. 2 AktG erfasst nicht nur den Prokuristen selbst, sondern nach § 89 Abs. 3 AktG auch ihm nahestehende Personen. Hierzu zählen sein Ehegatte, sein Lebenspartner, sein minderjähriges Kind sowie Dritte, die für seine Rechnung handeln.

Drittens darf nach § 89 Abs. 4 Satz 1 AktG einer juristischen Person oder einer Personenhandelsgesellschaft nur mit Einwilligung des Aufsichtsrates Kredit gewähren, wenn ein Prokurist der Aktiengesellschaft zugleich gesetzlicher Vertreter oder Mitglied des Aufsichtsrates einer anderen juristischen Person oder Gesellschafter einer Personenhandelsgesellschaft ist. Dies gilt ausnahmsweise nicht, wenn die Aktiengesellschaft Kredit für die Bezahlung der von ihr gelieferten Waren einräumt oder es sich bei der Darlehensnehmerin um eine verbundene Gesellschaft handelt.

Beispiel:

A ist Prokurist der Taifun AG und zugleich Gesellschafter der Sturm OHG. Die beiden Gesellschaften sind nicht miteinander verbunden und stehen auch nicht in Lieferbeziehungen zueinander. Will die Taifun AG der Sturm OHG ein Darlehen gewähren, bedarf sie der Einwilligung des Aufsichtsrates.

Die Prokura ist im Ausland weitgehend unbekannt. Zwar gibt es typisierte Handelsvollmachten, mit diesen sind jedoch nicht so weitreichende Befugnisse wie mit der Prokura verbunden. Bekannt ist die Prokura etwa in Tschechien, Ungarn und der Türkei. Es ist daher nicht selbstverständlich, dass ausländische Geschäftspartner vorbehaltlos mit einem Prokuristen Rechtsgeschäfte schließen.

Rechtsgeschäfte im Ausland

Die Wirkung der Prokura hängt davon ab, welches materielle Recht auf das Rechtsgeschäft Anwendung findet. Haben die Parteien hierüber keine Vereinbarung getroffen, findet das so genannte Kollisionsrecht Anwendung. Der Zweck des Kollisionsrechts ist es, möglicherweise gegensätzliche Regelungen zweier Staaten auszugleichen. Das deutsche Kollisionsrecht regelt Folgendes:

Bei einer gesetzlichen Vertretungsmacht, wie sie beispielsweise Geschäftsführer und Vorstände innehaben, gilt das so genannte Personalstatut. Danach gilt das Recht der Niederlassung, an der die Geschäftsführer und Vorstände geschäftsansässig sind. Bei einer rechtsgeschäftlichen Vertretungsmacht gilt hingegen das so genannte Vertragsstatut. Danach gilt das Recht des Staates, in dem der Bevollmächtigte von seiner Vollmacht Gebrauch macht.

Welcher dieser beiden Vertretungsbefugnisse die Prokura zuzuordnen ist, ist noch nicht abschließend geklärt. Die Beantwortung der

Frage hängt davon ab, ob man die Prokura als rechtsgeschäftliche oder als gesetzliche Vertretungsmacht begreift. Wie bereits erörtert (Kapitel 1.2), handelt es sich bei der Prokura um eine rechtsgeschäftlich erteilte Vertretungsmacht. Das bedeutet, dass nach dem so genannten Vertragsstatut das Recht desjenigen Staates Anwendung findet, in dem das Rechtsgeschäft vorgenommen wurde. Gleichwohl geht die wohl überwiegende Meinung davon aus, dass die Prokura in diesem Fall wie eine gesetzliche Vertretungsmacht zu behandeln ist. Voraussetzung hierfür ist, dass für den Geschäftspartner erkennbar ist, dass der Prokurist für das von ihm vertretene Unternehmen handelt.

Achtung:

Bei Rechtsgeschäften im Ausland ist es aufgrund der verbleibenden Ungewissheit über die Einordnung der Prokura ratsam, dass die Parteien eine Vereinbarung über die Anwendung deutschen materiellen Rechts treffen. Ebenso sicher ist es, wenn Rechtshandlungen im Ausland nur von der Geschäftsführung bzw. dem Vorstand vorgenommen werden.

1.5 Ausübung der Prokura im Geschäftsverkehr

Wenig thematisiert wird die Frage, wie der Prokurist im Geschäftsverkehr auftritt. Hierzu zählen etwa der Nachweis seiner Vertretungsmacht gegenüber Geschäftspartnern oder die Zeichnung. Gegenstand der Betrachtung sind meist lediglich die Ausübung der Gesamtprokura, bei der sich tatsächlich Besonderheiten gegenüber der Einzelprokura ergeben.

Aktive und passive Vertretung

Wichtig ist es zunächst, sich die beiden Seiten jeder Vertretungsmacht zu verdeutlichen, nämlich die aktive und die passive Vertretung. Von aktiver Vertretung wird gesprochen, sofern der Vertreter gegenüber einem Dritten handelt. Die passive Vertretung bezeichnet hingegen die Willens- und Wissensvertretung durch den Vertreter.

1.5.1 Aktive Vertretung durch den Prokuristen

Die aktive Vertretung ist der häufigste Anwendungsfall der Prokura. Der Grund hierfür liegt darin, dass es häufig Aufgabe des Prokuristen ist, Verhandlungen zu führen und Rechtsgeschäfte abzuschließen. Die Entgegennahme von Willenserklärungen, insbesondere von Mängelrügen, Mahnungen etc., steht nach der Vorstellung der Beteiligten nicht im Vordergrund derjenigen Handlungen, die das Bild des Prokuristen zeichnen.

Nachweispflicht

Ein Nachweis der Prokura gegenüber dem Geschäftspartner ist grundsätzlich nicht erforderlich. Der Prokurist kann den Nachweis der Prokura jedoch durch Vorlage eines Zeugnisses über die Eintragung erbringen (vgl. § 9 Abs. 3 HGB). Das Zeugnis ist dem Geschäftspartner im Original vorzulegen; Ablichtungen oder beglaubigte Abschriften reichen nicht aus.[11]

Ausnahmen können sich bei einseitigen empfangsbedürftigen Rechtsgeschäften ergeben, bei denen ein Nachweis der Vollmacht erbracht werden muss. Hierzu rechnen insbesondere die Kündigung, der Rücktritt und die Anfechtung. Nach § 174 BGB ist ein einseitiges Rechtsgeschäft, das ein Bevollmächtigter vornimmt, unwirksam, wenn der Bevollmächtigte eine Vollmachtsurkunde nicht im Original vorlegt und der andere das Rechtsgeschäft aus diesem Grund unverzüglich zurückweist. Die Zurückweisung ist jedoch ausgeschlossen, wenn der Vollmachtgeber den anderen von der Bevollmächtigung in Kenntnis gesetzt hatte. Folge einer nicht ordnungsgemäß vorgelegten Vollmacht und der deswegen erfolgten Zurückweisung ist die Unwirksamkeit des vom Prokuristen vorgenommenen Rechtsgeschäftes.

Zurückweisung nach § 174 BGB

> **Achtung:**
> Der Anwendungsbereich des § 174 BGB erfährt im Handelsrecht durch die Vorschrift des § 15 HGB erhebliche Einschränkungen. So muss ein Kaufmann eine Tatsache, die in das Handelsregister eingetragen und bekannt gemacht wurde, gegen sich gelten lassen. Ist die Prokura richtig eingetragen und bekannt gemacht, so können sich Kaufleute auf einen fehlenden Vollmachtsnachweis bei der Vornahme von einseitigen empfangsbedürftigen Rechtsgeschäften nicht berufen.

---

[11] BGH, Urteil vom 10.02.1994 – IX ZR 109/93, in: NJW 1994, 1472.

Rechtsverkehr
mit Nicht-
kaufleuten
Bedeutung erlangt die Vorschrift des § 174 BGB für den Prokuristen deshalb vor allem im Rechtsverkehr mit Nichtkaufleuten. Hierzu rechnen nicht nur diejenigen natürlichen Personen, die ein Rechtsgeschäft zu einem Zweck abschließen, der weder ihrer gewerblichen noch ihrer selbstständigen beruflichen Tätigkeit zugerechnet werden kann (so genannte Verbraucher, § 13 BGB), sondern auch ein Teil derjenigen Personen, die § 14 BGB als Unternehmer definiert, etwa der freiberuflich tätige Arzt oder die Grundstücksverwaltungs-GbR. Ob ein vom Prokuristen vorgenommenes Rechtsgeschäft wegen Verstoßes gegen § 174 BGB unwirksam ist, bedarf in jedem Einzelfall einer besonderen Prüfung. Dabei sind insbesondere folgende Prüfungsschritte zu beachten:

• Handelte der Prokurist aufgrund rechtsgeschäftlicher Vollmacht?
• Bedurfte es des Vollmachtsnachweises?
• Hat der Prokurist seine Vollmacht ordnungsgemäß nachgewiesen?
• Wurde das Rechtsgeschäft unverzüglich zurückgewiesen?
• Wurde das Rechtsgeschäft gerade aufgrund des fehlenden Vollmachtsnachweises zurückgewiesen?

Handeln
aufgrund
Vollmacht
Voraussetzung für die Anwendung des § 174 BGB ist zunächst, dass der Prokurist aufgrund rechtsgeschäftlicher Vertretungsmacht gehandelt hat. Das wird meistens der Fall sein. Handelt der Prokurist jedoch gemeinsam mit einem Geschäftsführer oder Vorstand – liegt also ein Fall der unechten Gesamtvertretung vor – so beruht die gemeinsame Vertretungsmacht auf derjenigen des Geschäftsführers bzw. des Vorstandes. Das bedeutet, dass anders als bei der Vornahme eines Rechtsgeschäftes durch zwei Prokuristen, die aufgrund rechtsgeschäftlicher Vertretungsmacht handeln, hier ein Handeln aufgrund gesetzlicher Vertretungsmacht vorliegt. Auf diese ist die Vorschrift des § 174 BGB nicht anwendbar.

Beispiel:

Der zur unechten Gesamtvertretung befugte Prokurist A kündigt gemeinsam mit dem zur unechten Gesamtvertretung befugten Geschäftsführer einen Versicherungsvertrag im Namen des Unternehmens. Die Kündigung ist wirksam, eines Vollmachtsnachweises bedarf es nicht.[12]

---

[12] LG München, Urteil vom 23.11.1977 – 34 S 4055/77, in: ZfSch 1982, 144.

Ferner ist zu prüfen, ob der Erklärungsempfänger überhaupt schutzbedürftig ist. Sinn und Zweck des § 174 BGB ist es, den Erklärungsempfänger nicht im Ungewissen darüber zu lassen, ob die Willenserklärung des rechtsgeschäftlichen Vertreters wirksam ist. Sofern er hieran Zweifel hat, bleibt ihm die Möglichkeit, die Vornahme des Rechtsgeschäftes unter Hinweis auf den fehlenden Vollmachtsnachweis zurückzuweisen. Für ein Zurückweisungsrecht besteht kein Bedürfnis, wenn dem Erklärungsempfänger bereits bekannt ist, dass der Prokurist als eben solcher für ein Unternehmen handelt. Dies ist insbesondere bei ständigen Geschäftsbeziehungen zwischen Unternehmen der Fall.

margin note: Schutzbedürftigkeit

Beispiel:

Die Prokura des A ist im Handelsregister eingetragen und vom Registergericht ordnungsgemäß bekannt gemacht. Prokurist A erklärt namens des Unternehmens gegenüber dem Arbeitnehmer B die Kündigung seines Arbeitsvertrages, wobei er ohne einen die Prokura andeutenden Zusatz unterzeichnet. Die Kündigung ist dennoch wirksam. Das Bundesarbeitsgericht[13] nimmt an, das Unternehmen habe seine Belegschaft in einem solchen Fall im Sinne des § 174 Abs. 2 BGB über die von der Prokura umfasste Kündigungsberechtigung in Kenntnis gesetzt; der Arbeitnehmer muss die Prokura gegen sich gelten lassen. Dies gilt mangels der Schutzbedürftigkeit des Arbeitnehmers sogar dann, wenn der Prokurist ohne einen die Prokura andeutenden Zusatz zeichnet.

Schließlich werden an die Zurückweisung selbst Anforderungen gestellt, die es auf Seiten des Erklärungsempfängers zu wahren gilt. Wenn der Prokurist nur aufgrund rechtsgeschäftlicher Vertretungsmacht gehandelt und seine Vollmacht weder nachgewiesen hat noch diese dem Erklärungsempfänger bekannt war, ist es im Interesse des Rechtsverkehrs, eine frühzeitige Klärung der Wirksamkeit herbeizuführen. Der Erklärungsempfänger hat daher nicht beliebig viel Zeit, um das vom Prokuristen vorgenommene Rechtsgeschäft zurückzuweisen. Vielmehr ist das Zurückweisungsrecht nach dem Wortlaut des § 174 BGB „unverzüglich" auszuüben, also ohne schuldhaftes Zögern (vgl. § 121 Abs. 2 BGB). Wann eine solche Zurückweisung unverzüglich erfolgt ist, hängt von den Umständen

margin note: Anforderungen an die Zurückweisung

---

[13] BAG, 11.07.1991 – 2 AZR 107/91, in: DB 1992, 895 f.

des Einzelfalles ab; eine allgemein gültige Aussage lässt sich hier allenfalls dahin treffen, dass ein unverzügliches Handeln in der Regel innerhalb von 3 Tagen vorliegen wird. Macht der Erklärungsempfänger von der Möglichkeit der Zurückweisung Gebrauch, so hat er die Zurückweisung ausdrücklich auf die fehlende Vollmacht zu stützen. Weist der Erklärungsempfänger das Rechtsgeschäft aus einem anderen Grunde zurück, findet § 174 BGB keine Anwendung.

Beispiel:

Prokurist A erklärt gegenüber der B & C-GbR die Anfechtung eines erst kurz zuvor geschlossenen Kaufvertrages, weil er sich über die Eigenschaften der erworbenen Dreh- und Fräsanlage getäuscht fühlt. Der Geschäftsführer der B & C-GbR weist die Anfechtung unverzüglich zurück, da er keinesfalls getäuscht habe und der Kaufpreis ja auch schon gezahlt sei. Die Zurückweisung geht ins Leere. Denn der Geschäftsführer der B & C-GbR hat seine Zurückweisung nicht auf die fehlende Vollmacht gestützt.

Fazit

Zusammenfassend ist festzuhalten: Notwendig ist der Nachweis einer Vollmacht im Original nur, wenn der Prokurist (gegebenenfalls mit weiteren Prokuristen) ein einseitiges empfangsbedürftiges Rechtsgeschäft gegenüber einer Privatperson vornimmt und diese von der Prokura keine Kenntnis hat.[14] Der Nachweis der Vollmacht ist somit keine Wirksamkeitsvoraussetzung für die Vornahme eines einseitigen empfangsbedürftigen Rechtsgeschäftes. Erst das Verhalten des Erklärungsempfängers entscheidet über dessen Wirksamkeit.

Zeichnung des Prokuristen

Gemäß § 51 HGB hat der Prokurist in der Weise zu zeichnen, dass er der Firma seinen Namen mit einem die Prokura andeutenden Zusatz beifügt. Allgemein üblich ist die Zeichnung des Prokuristen mit dem Zusatz „ppa.". Probleme ergeben sich hieraus selten, zumal die Vorschrift des § 51 HGB überwiegend als Ordnungsvorschrift verstanden wird.

Zeichnung als Einzelprokurist

Besonderheiten für den Einzelprokuristen ergeben sich nicht. Die Anforderungen im Einzelfall werden von Gerichten unterschiedlich

---

[14] Hofmann, Der Prokurist, Seite 102 f.; LG München I, Urteil vom 14.11.1973 – 25 O 246/73, in: RuS 1977, 23 f.

bewertet. So erachtete es das AG München[15] sogar als zulässig, wenn eine verheiratete Prokuristin nicht mit ihrem Familiennamen, sondern mit ihrem Geburtsnamen zeichnet.

> **Achtung:**
> Aufmerksamkeit verdient in diesem Zusammenhang ein Urteil des Landesarbeitsgerichtes Hamm vom 10.01.2005.[16] Danach wird das gesetzliche Schriftformerfordernis des § 574 Abs. 1 HGB i.V.m. § 126 Abs. 1 BGB nur über den Vertretungszusatz „ppa." gewahrt, wenn ein nachvertragliches Wettbewerbsverbot für eine Kommanditgesellschaft „nur" durch einen Prokuristen unterschrieben werden soll. Unterzeichnet ein Einzelprokurist das nachvertragliche Wettbewerbsverbot seitens des Arbeitgebers ohne den Zusatz „ppa.", so ist seine Erklärung unwirksam.

Das Urteil vermag nicht zu überzeugen, da es Sinn und Zweck der Vorschrift des § 51 HGB überbewertet und die Wirkung des § 15 Abs. 2 HGB negiert. Dennoch ist den Prokuristen zu raten, vorsorglich stets mit dem Zusatz „ppa." zu unterzeichnen. Dabei genügt für die Firma – die vollständig wiederzugeben ist – maschinenschriftliche oder sonstige Form (z. B. Stempel), die Unterschrift ist dagegen handschriftlich zu leisten.

Gesamtprokuristen müssen, falls die Schriftform gesetzlich vorgeschrieben ist, darauf achten, dass ihre Unterschriften auf derselben Urkunde enthalten sind (vgl. § 126 Abs. 2 BGB). Dabei ist es nicht notwendig, dass die Prokuristen auf der gleichen Seite eines Blattes unterzeichnen. Sie können auch auf verschiedenen Blättern unterzeichnen, wenn die Urkunde aus mehreren Blättern oder Texten besteht, solange deren Zusammengehörigkeit erkennbar ist. Dafür ist keine körperliche Verbindung erforderlich (Klammerung, Heftung, Bindung etc.). Ausreichend ist es, wenn sich die Einheitlichkeit der Urkunde aus fortlaufender Paginierung, einheitlicher graphischer Gestaltung, durchgehender Paraphierung, dem inhaltlichen Zusammenhang des Textes oder anderem ergibt.

Zeichnung als Gesamtprokurist

---

[15] AG München, Beschluss vom 27.03.1991 – HRB 86384, in: MittBayNot 1991, 176 f.

[16] JurisPR-ArbR 15/2005 Anmerkung 5.

1.5.2 Passive Vertretung durch den Prokuristen

Empfangnahme
von Willens-
erklärungen

Der Prokurist ist ferner passiver Vertreter der Gesellschaft. Er ist zur Empfangnahme von Willenserklärungen befugt, die gegenüber der Gesellschaft abzugeben sind.

Beispiel:

Der Lieferant kündigt den Liefervertrag durch Erklärung gegenüber dem Prokuristen. Die Kündigung ist dem Unternehmen in dem Moment zugegangen, wenn der Prokurist die Erklärung vernimmt, und nicht erst, wenn er sie an den Vorstand übermittelt oder der Lieferant diese gegenüber dem Vorstand (erneut) erklärt.

Zu beachten ist, dass dies auch dann gilt, wenn der Prokurist gemeinsam mit einer weiteren Person vertretungsberechtigt ist (so genannte Gesamtprokura). Einzelprokura und Gesamtprokura unterscheiden sich somit zwar bei der aktiven Vertretung eines Unternehmens, nicht jedoch bei der passiven Vertretung. Der Gesamtprokurist kann also eine Kündigung nicht unter Hinweis darauf, dass er nur Gesamtprokurist ist, „zurückweisen". Sachlich erstreckt sich die passive Vertretung nicht nur auf Willenserklärungen (Kündigung, Rücktritt, Anfechtung etc.), sondern auch auf rechtsgeschäftsähnliche Handlungen (Mahnung, Mängelrüge, Behinderungsanzeige etc.).

Achtung:

Das Unternehmen muss sich auch ein Verschulden des Prokuristen zurechnen lassen, wenn dieser es versäumt, rechtzeitig Einspruch gegen einen Steuerbescheid für die von ihm vertretene Wirtschafts- und Steuerberatungs-GmbH einzulegen. Auf ein Verschulden des Geschäftsführers bei der Auswahl und Beaufsichtigung des Prokuristen kommt es dabei nicht an.[17]

---

[17] FG Münster, Urteil vom 22.11.1990 – V 5386/86 U, in: EFG 1991, 440; FG Baden-Württemberg, Beschluss vom 12.11.1987 – XII V 32/86, in: EFG 1988, 147.

1.6 Erlöschen der Prokura

Die Prokura kann durch verschiedene Ereignisse erlöschen. Dabei kann zwischen Umständen unterschieden werden, die kraft Gesetzes zum Erlöschen der Prokura führen, und solchen, die eine rechtliche Erklärung voraussetzen. Die größte Bedeutung erlangt hierbei der Widerruf der Prokura, also das Erlöschen der Prokura durch Rechtsgeschäft.

1.6.1 Wann erlischt die Prokura kraft Rechtsgeschäftes?

§ 52 Abs. 1 HGB bestimmt, dass die Prokura ohne Rücksicht auf das der Erteilung zugrunde liegende Rechtsverhältnis jederzeit widerruflich ist, unbeschadet des Anspruches auf die vertragsmäßige Vergütung.

Grundsatz der freien Widerruflichkeit

Diese Vorschrift mutet seltsam an, da nicht unmittelbar verständlich ist, welches „der Erteilung zugrunde liegende Rechtsverhältnis" gemeint ist. Verständlich wird die Vorschrift, wenn man die allgemeine Vorschrift des § 168 BGB, von dem § 52 Abs. 1 HGB eine Ausnahme statuiert, liest. § 168 BGB lautet wie folgt:

---

§ 168 BGB

Das Erlöschen der Vollmacht bestimmt sich nach dem ihrer Erteilung zugrunde liegenden Rechtsverhältnis. Die Vollmacht ist auch bei dem Fortbestehen des Rechtsverhältnisses widerruflich, sofern sich nicht aus diesem ein anderes ergibt.

Der Prokura liegt regelmäßig ein Arbeitsverhältnis mit dem Unternehmen (angestellter Prokurist), ein Dienstvertrag oder ein Auftrag des Unternehmens (freier Mitarbeiter) zugrunde. Wird dieses Rechtsverhältnis beendet, erlischt nach der Zweifelsregelung des § 168 Satz 1 BGB auch die Prokura. Das ist verständlich, da das Unternehmen bei Beendigung des Arbeitsverhältnisses bzw. des Auftrages regelmäßig kein Interesse daran hat, die Prokura aufrechtzuerhalten. Unabhängig von dem zugrunde liegenden Arbeitsver-

Beendigung des Arbeitsverhältnisses

hältnis bzw. Auftrag kann die Vollmacht jederzeit widerrufen werden. Die Vorschrift des § 168 Satz 2 BGB schränkt dies für die BGB-Vollmacht ein, wenn sich aus dem Arbeitsverhältnis bzw. dem Auftrag selbst etwas anderes ergibt. Das bedeutet, dass die BGB-Vollmacht nicht frei widerrufen werden kann, wenn die Parteien etwas anderes vereinbart haben. Eine solche unwiderrufliche Vollmacht wird dem Inhaber eines Handelsgeschäftes aufgrund der hiermit verbundenen Risiken nicht zugemutet. § 52 Abs. 1 HGB stellt daher als Ausnahme zu § 168 Satz 2 BGB klar, dass die Prokura – auch entgegen anderweitiger Verpflichtung gegenüber dem Prokuristen im Arbeitsvertrag, im Dienstvertrag oder im Auftrag – jederzeit widerrufen werden kann.

Beispiel:

Der Geschäftsführer erteilt dem Angestellten A Prokura. Dies wird in seinem Arbeitsvertrag festgehalten. Die Prokura wird in das Handelsregister eingetragen. Nach einiger Zeit widerruft der Geschäftsführer die Prokura, obgleich der Widerruf vertraglich ausgeschlossen ist. Der Widerruf ist dennoch wirksam. Soweit A weiter für das Unternehmen als Prokurist auftritt, macht er sich gegebenenfalls schadensersatzpflichtig. Der Widerruf der Prokura kann A allenfalls zur Kündigung berechtigen und gegebenenfalls einen Schadensersatzanspruch gegen die Gesellschaft begründen.

Widerruf trotz Vorzugs- oder Sonderrecht? Der Grundsatz der freien Widerruflichkeit gilt sogar dann, wenn die Prokura nicht nur im Arbeitsvertrag bzw. Auftrag festgehalten wurde, sondern auch im Gesellschaftsvertrag. Auch hier ist der Widerruf der Prokura zunächst wirksam. Das Widerrufsrecht kann allenfalls auf das Vorliegen wichtiger Gründe beschränkt werden.[18]

Wird dem Prokuristen als Gesellschafter die Prokuristenstellung als so genanntes Vorzugs- oder Sonderrecht im Gesellschaftsvertrag eingeräumt, kann ihm jedoch ein Anspruch auf (Neu-)Erteilung einer Prokura zustehen. Derartige Vorzugs- oder Sonderrechte werden jedoch nur selten vereinbart.

---

[18] OLG Celle, Urteil vom 07.08.1985 – 9 U 236/84, in: EWiR 1986, 79 f.

Erklärung des Widerrufs

Die Erklärung des Widerrufes ist unabhängig von der Form ihrer Erteilung. Das bedeutet, dass der Widerruf der Prokura gegenüber dem Prokuristen selbst, gegenüber einem Dritten oder durch Anmeldung zum Handelsregister erfolgen kann. Insbesondere muss der Widerruf nicht in der gleichen Weise erfolgen wie die Erteilung. Wirksam wird der Widerruf mit Zugang der Erklärung beim Empfänger. Regelmäßig wird die Prokura gegenüber dem Prokuristen widerrufen, um ihn von seiner fehlenden Vertretungsbefugnis rechtzeitig zu informieren und ein weiteres Handeln für das Unternehmen zu verhindern. Gegenüber einem Dritten oder gegenüber dem Handelsregister erfolgt der Widerruf, wenn „Gefahr im Verzug" ist und das Vertrauen des Rechtsverkehrs in das Fortbestehen der Prokura schnellstmöglich zerstört werden soll.

Überwiegend wird angenommen, dass der Widerruf ebenso wie die Erteilung der Prokura ausdrücklich erfolgen muss. Aus der Erklärung muss deshalb deutlich hervorgehen, dass die Prokura widerrufen werden soll. Auch aus Gründen der Rechtssicherheit ist eine ausdrückliche Erklärung des Widerrufs zu empfehlen. Eine bestimmte Form ist nicht erforderlich.

Keine Niederlegung der Prokura

Da die Prokura eine handelsrechtliche Vertretungsmacht ist, kann sie nicht vom Prokuristen „niedergelegt" werden. Er kann lediglich auf die Ausübung der Prokura verzichten, also tatsächlich keinen Gebrauch von der Vertretungsbefugnis machen. Dies hat gegebenenfalls arbeitsrechtliche Konsequenzen, wenn der Gebrauch der Prokura zu den arbeitsvertraglichen Aufgaben gehört. Dem Prokuristen bleibt nur die Möglichkeit, die Prokura durch Beendigung des zugrunde liegenden Rechtsverhältnisses zum Erlöschen zu bringen.

Keine Niederlegung der Prokura

1.6.2 Wann erlischt die Prokura kraft Gesetzes?

Die weiteren Erlöschensgründe, die sich unmittelbar aus dem Gesetz ergeben, sind vielfältig. In der Praxis kommt ihnen keine große Bedeutung zu.

Erlöschensgründe

Verlust der Kaufmannseigenschaft

Zunächst erlischt die Prokura, wenn der Geschäftsherr die Eigenschaft als Kaufmann verliert. Das ist der Fall, wenn der Geschäftsbetrieb des Einzelkaufmanns oder der Personenhandelsgesellschaft (z. B. KG, OHG) nicht mehr in kaufmännischer Weise ausgeübt wird. Die Gründe hierfür können zahlreich sein, beispielsweise starker Umsatzrückgang, Entlassung aller Mitarbeiter etc. Juristische Personen (z. B. GmbH, AG) sind hingegen kraft Gesetzes Kaufleute, so dass sie ihre Kaufmannseigenschaft während der Fortführung ihres Geschäftsbetriebs – gleich in welchem Umfang – nicht verlieren.

Veräußerung des Geschäftsbetriebs

Gleiches gilt, wenn der Geschäftsherr seinen Geschäftsbetrieb veräußert. In diesem Fall tritt ein Wechsel in der Person des Geschäftsherrn ein, wobei die nach allgemeiner Auffassung auf dem persönlichen Vertrauensverhältnis beruhende Prokura nicht übertragbar ist. Will der Erwerber des Geschäftsbetriebs den Prokuristen weiterhin in dieser Funktion belassen, muss er ihm erneut Prokura erteilen. Die vom Veräußerer erteilte Prokura ist zum Handelsregister als erloschen zur Eintragung anzumelden.

Zu beachten ist, dass auch die Einbringung eines Geschäftsbetriebs in eine Personenhandelsgesellschaft eine Veräußerung darstellt wie – umgekehrt – den Eintritt eines Dritten in den einzelkaufmännisch geführten Geschäftsbetrieb. In letzterem Fall soll es nach teilweise vertretener Ansicht ausreichen, wenn zum Handelsregister angemeldet wird, dass die Prokura „bestehen bleibt". Richtigerweise erlischt auch hier die bisherige Prokura, so dass deren Erlöschen und die Neuerteilung der Prokura anzumelden sind.

„Tod" des Unternehmens

Liquidation

Die Prokura erlischt, wenn das Unternehmen aufgelöst wird. Das ist etwa der Fall, wenn die Gesellschafter die Liquidation beschließen, die Gesellschaft von Amts wegen im Handelsregister gelöscht (§ 141a FGG) oder über ihr Vermögen das Insolvenzverfahren eröffnet wird (§ 117 InsO). Die Auflösungsgründe im Einzelnen sind in § 131 HGB geregelt und gelten für alle Unternehmen.

Der „Tod" eines Unternehmens führt also zum Erlöschen der Prokura. Allerdings wird meist nicht hinreichend zwischen der Auflösung und der so genannten Vollbeendigung des Unternehmens unterschieden. Die Vollbeendigung eines Unternehmens tritt ein, wenn das Unternehmen nicht nur im Handelsregister als aufgelöst eingetragen ist, sondern wenn es auch über keinerlei Vermögen mehr verfügt. Stellt sich beispielsweise bei einem bereits im Handelsregister gelöschten Unternehmen heraus, dass noch Vermögenswerte vorhanden sind, gilt das Unternehmen als fortbestehend.[19]

> **Achtung:**
> Bei der Beendigung eines Unternehmens – gleich, ob durch Liquidation oder durch Insolvenz – ist zwischen der Beendigung und der Vollbeendigung zu unterscheiden. Das Unternehmen wird durch Auflösung beendet, die Vollbeendigung tritt erst mit Vermögenslosigkeit des Unternehmens und seiner Löschung im Handelsregister ein.

Der Liquidationsbeschluss führt zunächst zur Beendigung des Unternehmens, nicht zu seiner Vollbeendigung. Die Prokura bleibt daher bestehen, wenngleich sich ihr Inhalt nunmehr am Liquidationszweck ausrichtet. Ebenso kann eine neue Prokura von den Liquidatoren erteilt werden. Inhaltlich beschränkt ist die Prokura zudem durch diejenigen Rechtsgeschäfte, die von den Liquidatoren höchstpersönlich vorzunehmen sind, etwa die Anmeldung des Erlöschens nach § 157 Abs. 1 HGB.

Anderes gilt im Falle der Insolvenz. § 117 InsO ordnet hier ausdrücklich an, dass sämtliche Vollmachten erlöschen. Ob der Insolvenzverwalter erneut Prokura erteilen kann, ist bisher nicht abschließend geklärt. Für die Konkursordnung, die zum 01.01.1999 durch die Insolvenzordnung abgelöst wurde, ging die überwiegende Auffassung davon aus, dass der Konkursverwalter nicht berechtigt war, Prokura zu erteilen. Für die Insolvenzordnung wird diese Auffassung nunmehr überwiegend abgelehnt, weil der Insolvenzverwalter wirksam handeln kann, solange sein Handeln nicht offensichtlich gegen den Insolvenzzweck verstößt. Führt der Insolvenzverwalter den Geschäftsbetrieb trotz Eröffnung des Insolvenzverfahrens

Insolvenz

---

[19] BGH, Urteil vom 21.06.1979 – IX ZR 69/75, in: NJW 1979, 1987.

fort, spricht nichts dagegen, dass er erneut Prokura erteilt. Inhaltlich beschränkt sich die Prokura in diesem Fall auf diejenigen Rechtsgeschäfte, die der Insolvenzverwalter nicht persönlich vornehmen muss, wie die Ausübung des Wahlrechts nach § 103 InsO und die Insolvenzanfechtung nach den §§ 129 ff. InsO.

Tod und Geschäftsunfähigkeit des Einzelkaufmanns

Der Tod des Einzelkaufmanns beendet die Prokura nicht, wie § 52 Abs. 3 HGB ausdrücklich bestimmt. Zweck dieser Vorschrift ist es, den Erben des Einzelkaufmanns die Fortführung des Handelsgeschäfts zu ermöglichen, ohne hierzu eine neue Prokura erteilen zu müssen. Möglich ist es allenfalls, die Ausübung der Prokura im Innenverhältnis zwischen Unternehmen und Prokuristen zu untersagen. Verliert der Einzelkaufmann dagegen seine Geschäftsfähigkeit, erlischt die Prokura nicht.

Tod und Geschäftsunfähigkeit des Prokuristen

Die Prokura erlischt, wenn der Prokurist stirbt oder geschäftsunfähig wird. Wird der Prokurist dagegen in seiner Geschäftsfähigkeit nur beschränkt, erlischt die Prokura nicht.

Vermögensverfall des Prokuristen

Gerät der Prokurist in Vermögensverfall oder wird über sein Vermögen das Insolvenzverfahren eröffnet, erlischt die Prokura nicht.

Wegfall einer Gesamtprokura

Ebenso wenig wird die Prokura eines Gesamtprokuristen in ihrem Bestand durch den Wegfall der Vertretungsmacht eines anderen zur Gesamtvertretung berechtigten Prokuristen, Geschäftsführers oder Vorstands berührt. Der Gesamtprokurist kann von seiner Vertretungsmacht jedoch nicht Gebrauch machen.

> **Beispiel:**
> Die Prokuristen A und B sind berechtigt, für das Unternehmen gemeinsam zu handeln. Eine unechte Gesamtvertretung – also gemeinsam mit einem Geschäftsführer oder Vorstand – ist dagegen nicht zulässig. Die Prokura des A wird widerrufen. B ist zwar weiterhin Prokurist, kann von dieser aber keinen Gebrauch machen, bis das Unternehmen einen neuen Prokuristen berufen hat.

Kündigung des zugrunde liegenden Rechtsverhältnisses

Infolge der Abhängigkeit von Vollmacht und zugrunde liegendem Arbeitsverhältnis (§ 168 BGB) ergibt sich, dass der Prokurist sein Arbeitsverhältnis bzw. seine freie Mitarbeit kündigen kann, wodurch zugleich – sofern nicht Abweichendes vereinbart ist – die Prokura erlischt.

1.6.3 Ist das Erlöschen der Prokura anzumelden?

Werden die Prokuren mehrerer Personen widerrufen, muss das Erlöschen jeder einzelnen Prokura zur Eintragung angemeldet werden. Eine Anmeldung mit dem Inhalt, dass „die eingetragenen Prokuren erloschen sind", ist inhaltlich zu unbestimmt.[20] Die betroffenen Prokuristen sind mit Namen und Wohnanschrift zu benennen.

Die Pflicht zur Anmeldung der Prokura entfällt, wenn der Rechtsverkehr keiner Klarheit über die Vertretungsverhältnisse des Unternehmens bedarf. Das ist etwa bei der Eröffnung des Insolvenzverfahrens über das Vermögen eines Unternehmens der Fall. Denn mit Auflösung des Unternehmens erlöschen die Prokuren. Allein die gesetzlichen Vertretungsbefugnisse bleiben bestehen, also die Berufung zum Geschäftsführer bzw. Vorstand. Deshalb ist das Erlöschen der Prokura weder vom Insolvenzverwalter anzumelden noch von Amts wegen einzutragen.[21]

Siehe CD-ROM

> An das Amtsgericht Musterstadt
> – Handelsregister –
>
> In der Handelsregistersache
> HRB 12345
>
> melden wir zur Eintragung in das Handelsregister an, dass die Herrn Anton Mustermann, Dipl.-Ingenieur, geboren am 13.07.1958, wohnhaft ABC-Strasse 1, 12345 Berlin, erteilte Einzelprokura erloschen ist.
>
> ....
> Unterschrift des Geschäftsführers
>
> ....
> Beglaubigungsvermerk des Notars

---

[20] OLG Düsseldorf, Urteil vom 06.05.1994 – 3 Wx 302/94, in: WM 1994, 1443.
[21] LG Halle/Saale, Beschluss vom 01.09.2004 – 11 T 8/04, in: ZIP 2004, 2294 f.

2 Die Haftung des Prokuristen

von Prof. Dr. Peter Fissenewert und Dr. Robert Güther

2.1 Woraus ergeben sich Haftungsrisiken?

Haftungsrisiken für den Prokuristen ergeben sich aus verschiedenen Rechtsgebieten:
1. Zivilrecht
2. Öffentliches Recht
3. Strafrecht

Die Unterscheidung nach dem jeweils betroffenen Rechtsgebiet ist zweckmäßig, um sich einen Überblick über die verschiedenen Haftungstatbestände zu verschaffen und die jeweiligen Rechtsfolgen (z. B. Zahlungsanspruch, Haftungsbescheid, Ordnungswidrigkeiten oder Strafverfahren) zu vergegenwärtigen. Die Darstellung der Haftungstatbestände verdeutlicht dies, orientiert sich aber an besser verständlichen „Schlagworten". Nach einem kurzen Überblick über die Haftungstatbestände werden diese näher dargestellt.

Überblick über Haftungstatbestände

Zivilrechtliche Haftung

Eine zivilrechtliche Haftung des Prokuristen kann sich insbesondere aus der Verletzung von arbeits- oder dienstvertraglichen Pflichten gegenüber dem Unternehmen, (vor)vertraglicher Pflichten gegenüber Dritten oder allgemeiner zivilrechtlicher Vorschriften ergeben.

Öffentlichrechtliche Haftung

Eine öffentlichrechtliche Haftung des Prokuristen kann sich insbesondere im Hinblick auf Steuern und soziale Abgaben ergeben. Schuldner öffentlicher Lasten ist grundsätzlich das Unternehmen. Oft werden aber die Organe mit in die Verantwortlichkeit für die Erbringung der Leistungen genommen. Dabei wird im Öffentlichen Recht weniger mit der Begrifflichkeit des faktischen Geschäftsführers gearbeitet. Vielmehr sind Adressaten der Regelungen z. B. der Verfügungsberechtigte (§ 35 AO), der Arbeitgeber (§ 28 e SGB IV) oder der Inhaber der tatsächlichen Gewalt (§ 4 BBodSchG).

Strafrecht

Aufgrund seiner herausragenden Stellung ist der Prokurist mehr als andere Arbeitnehmer der Gefahr ausgesetzt, sich im Zusammenhang mit seiner Tätigkeit *strafbar* zu machen. In Betracht kommen vor allem hier die Tatbestände der Untreue (§ 266 StGB), des Betruges (§ 263 StGB) und der Insolvenzverschleppung (§ 84 Abs. 1 Nr. 2 GmbHG). Betrug und Untreue sind mit Freiheitsstrafe bis zu 5 Jahren oder Geldstrafe, die Insolvenzverschleppung ist mit bis zu 3 Jahren Freiheitsstrafe oder Geldstrafe bedroht.

Voraussetzung für strafrechtliche Haftung des Prokuristen

Allgemeine Voraussetzung für das Eingreifen der Haftung des Prokuristen ist zunächst, dass aufgrund seines Verhaltens (Handlung oder Unterlassen) ein Schaden entweder bei dem Unternehmen oder bei Dritten entstanden ist. Des Weiteren muss sich der Prokurist hierbei in der Regel vorsätzlich oder fahrlässig verhalten haben. Je nachdem, welche Ansprüche geltend gemacht werden, stehen diese dem Unternehmen oder Dritten zu.

2.2 Haftung des Prokuristen gegenüber dem Unternehmen

2.2.1 Haftung aus Vertrag und Delikt

Das Unternehmen kann Schadensersatz aus der Verletzung des Arbeits- oder Dienstvertrages vom Prokuristen verlangen, wenn dieser zwar seine vertraglichen Hauptleistungspflichten ordnungsgemäß erfüllt, dem Unternehmen aber durch die Verletzung von Nebenpflichten Schaden zufügt.

Das Unternehmen kann vom Prokuristen alle Schäden nach § 823 Abs. 1 BGB ersetzt verlangen, die es aufgrund vorsätzlicher oder fahrlässiger Handlungen des Prokuristen an seinem Vermögen erleidet. Nach § 823 Abs. 2 BGB sind dem Unternehmen die Schäden zu ersetzen, die ihm der Prokurist z. B. durch strafbare Handlungen zufügt. Gleiches gilt nach § 826 BGB für Schäden durch sittenwidrige Handlungen. Die Regeln des innerbetrieblichen Schadensausgleiches, die sogleich dargestellt werden, gelten in diesen Fällen.

Beispiel:

Der Prokurist schlägt nach einer Diskussion mit dem Geschäftsführer beim Verlassen des Büros die Tür hinter sich zu, wodurch die Glasscheibe in der Tür zu Bruch geht. Das Unternehmen kann dem Grunde nach Ersatz für die zerstörte Schreibe verlangen.

Regeln des innerbetrieblichen Schadensausgleiches

Für Prokuristen, die aufgrund eines Arbeitsverhältnisses für das Unternehmen tätig werden, ist zu berücksichtigen, dass ihnen je nach Aufgabenfeld ein besonders hohes Maß an Sorgfalt abverlangt werden kann. Als Arbeitnehmer mit Leitungsfunktion unterliegt der Prokurist einer gesteigerten Sorgfaltspflicht gegenüber dem Unternehmen im Vergleich zu normalen Arbeitnehmern. *Besondere Sorgfaltspflicht für Prokuristen*

Aber auch für den Prokuristen gilt die Haftungserleichterung des innerbetrieblichen Schadensausgleiches. Für die Klärung der Haftungsfrage muss man deshalb zwischen Außen- und Innenverhältnis unterscheiden. Das Außenverhältnis meint das Verhältnis zwischen Prokurist und geschädigtem Dritten; Innenverhältnis ist die Beziehung zwischen Unternehmen und Prokurist. Soweit Dritte durch den Prokuristen als Arbeitnehmer geschädigt werden, haftet dieser nach außen voll, während er im Innenverhältnis einen Freistellungsanspruch gegen das Unternehmen hat. Die Haftungsprivilegierung gilt für alle Arbeitnehmer, sofern ihre Tätigkeit betrieblich veranlasst ist. *Haftungsprivilegierung*

Achtung:

Die Grundsätze der Arbeitnehmerhaftung führen nur im Innenverhältnis zu einer Freistellung von der Haftung, nicht gegenüber dem geschädigten Dritten.

Kernfrage der Haftungsprivilegierung des Arbeitnehmers ist die Intensität seines Verschuldens. Verursacht der Prokurist vorsätzlich einen Schaden, hat er diesen voll zu erstatten. Eine Freistellung erfolgt nicht. *Verschuldungsgrade*

Bei grober Fahrlässigkeit haftet der Prokurist grundsätzlich auch in voller Höhe. Grob fahrlässig ist ein Handeln, wenn das betreffende Verhalten allgemein als vorwerfbar nachlässig beurteilt werden kann und wenn die Nachlässigkeit den Rahmen dessen, mit dem man häufiger rechnen muss, wesentlich überschreitet. Nur dann, wenn diese Haftungsverteilung grob unbillig wäre, lässt die Rechtsprechung Ausnahmen zu. Das ist etwa der Fall, wenn der verursachte Schaden in einem groben Missverhältnis zu der dem Prokuristen gezahlten Vergütung steht oder wenn der Arbeitgeber sich gegen das verwirklichte Risiko hätte versichern können.

Bei „mittlerer" Fahrlässigkeit, also einem nicht besonders schwerwiegenden Verschulden, wird der Schaden zwischen dem Arbeitnehmer und dem Arbeitgeber im Innenverhältnis nach dem Grad des individuellen Verschuldens geteilt. Bei „leichter" Fahrlässigkeit muss das Unternehmen dagegen den gesamten Schaden zahlen. Leichte Fahrlässigkeit bedeutet, dass es sich um einen geringfügigen Sorgfaltsverstoß handeln muss.

Übersicht: Verschuldensgrade und Schadensersatzpflicht

Vorsatz, grobe Fahrlässigkeit	Mittlere Fahrlässigkeit	Leichte Fahrlässigkeit
volle Haftung, in Ausnahmefällen bei grober Fahrlässigkeit Schadensteilung	Schadensteilung	Unternehmen hat Schaden voll zu tragen

Übersicht: Haftungsprivilegierung des Arbeitnehmers

Arbeitnehmereigenschaft	Der Prokurist ist Arbeitnehmer, wenn er im Rahmen eines Vertragsverhältnisses mit dem Arbeitgeber abhängige Arbeit leistet und weisungsgebunden ist.
Verhalten des Arbeitnehmers	Es muss sich um eine Handlung, ein Dulden oder ein Unterlassen handeln.
betrieblich veranlasste Tätigkeit	nicht nur die gefahrgeneigte Arbeit, sondern jede Tätigkeit, die mit dem Betrieb in Zusammenhang steht
Rechtswidrigkeit	Das Verhalten des Prokuristen muss rechtswidrig gewesen sein.

Verschulden	Die Beweislast für ein Verschulden des Prokuristen liegt beim Unternehmen.
hierdurch verursachter Schaden	Personen- oder Sach- und Vermögensschaden
ggf. Haftungsquotelung je nach Verschuldensgrad	Es wird unterschieden zwischen leichter, mittlerer sowie grober Fahrlässigkeit/Vorsatz.
Mitverschulden des Unternehmens	Die Berücksichtigung des Mitverschuldens erfolgt durch die Gerichte

2.2.2 Missbrauch der Prokura

Handelt der Prokurist im Rahmen seiner ihm im Innenverhältnis zustehenden Befugnisse, haftet er in der Regel nicht. Eine Gefahr ergibt sich für den Prokuristen, wenn er von der ihm im Außenverhältnis eingeräumten Vertretungsmacht Gebrauch macht, obgleich seine Befugnisse im Innenverhältnis beschränkt sind. Gerade weil die Prokura im Außenverhältnis unbeschränkbar ist (siehe Kapitel 1.4), kann das rechtliche Können (im Außenverhältnis) über das rechtliche Dürfen (im Innenverhältnis) hinausgehen. In diesem Fall liegt ein so genannter Missbrauch der Vertretungsmacht vor, für den die Grundsätze der soeben beschriebenen Haftungsprivilegien nicht greifen.

Der Schaden für das Unternehmen liegt darin, dass der Prokurist zur Vornahme des Rechtsgeschäfts nicht befugt sein sollte. Da das Rechtsgeschäft in der Regel aber wirksam ist, belastet das Handeln des Prokuristen das Unternehmen mit einer Verbindlichkeit.

Nur ausnahmsweise ist das vom Prokuristen vorgenommene Rechtsgeschäft unwirksam. Handelt der Prokurist willentlich gemeinsam mit einem Dritten zu Lasten des Unternehmens, liegt ein so genanntes kollusives Handeln, also eine sittenwidrige Absprache mit Wissen des Dritten, vor. In diesem Fall verhindern die §§ 138, 242 BGB die Wirksamkeit des Rechtsgeschäftes, so dass das Unternehmen weder Rechte noch Pflichten aus dem Rechtsgeschäft treffen. Das Rechtsgeschäft bindet nach den §§ 177 ff. BGB aber den Prokuristen selbst, mit anderen Worten: es liegt ein Eigengeschäft vor.

Kollusives Handeln

Nicht eindeutig durch die Rechtsprechung geklärt ist, welche subjektiven Voraussetzungen beim Prokuristen vorliegen müssen, um vom Missbrauch seiner Vertretungsmacht zu sprechen. Unstreitig ist Missbrauch anzunehmen, wenn er bewusst seine Befugnisse zum Nachteil des Unternehmens überschreitet. Auf das Bewusstsein der Nachteiligkeit des Geschäftes für das Unternehmen hat der BGH für die normale Vollmacht bereits auch schon verzichtet. Für den Fall der Prokura wurde dies aber explizit noch nicht entschieden.

Anforderungen an das Wissen des Dritten

Ebenfalls umstritten ist allerdings, welche Anforderungen an das Wissen des Dritten zu stellen sind, um von einem kollusiven Handeln auszugehen. Neben positiver Kenntnis des Geschäftsgegners vom Missbrauch durch den Prokuristen wird überwiegend auch grobe Fahrlässigkeit als ausreichend angesehen. Das ist der Fall, wenn der Prokurist in ersichtlich verdächtiger Weise von der Prokura Gebrauch macht, so dass sich dem Dritten der Verdacht einer Treupflichtverletzung durch den Prokuristen aufdrängen muss (so genannter offensichtlicher Missbrauch). Weiß der Dritte jedoch nichts von der Überschreitung der Befugnisse des Prokuristen, und muss sich ihm solches auch nicht aufdrängen, so wird das Rechtsgeschäft wirksam für das Unternehmen.

Fazit

Der Prokurist haftet dem Unternehmen für den Schaden, der durch den Missbrauch der Vertretungsmacht entstanden ist. Zudem kann der Missbrauch der Vertretungsmacht eine außerordentliche oder ordentliche verhaltensbedingte Kündigung des Prokuristen rechtfertigen.

Die Grafik auf der folgenden Seite verdeutlicht, wann neben dem korrekten Gebrauch der Prokura ein Missbrauch der Vertretungsmacht und ein kollusives Handeln vorliegen:

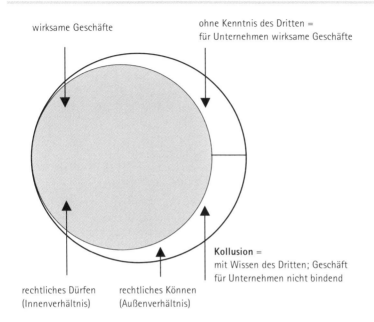

wirksame Geschäfte

ohne Kenntnis des Dritten =
für Unternehmen wirksame Geschäfte

Kollusion =
mit Wissen des Dritten; Geschäft
für Unternehmen nicht bindend

rechtliches Dürfen
(Innenverhältnis)

rechtliches Können
(Außenverhältnis)

Achtung:

Ein Missbrauch der Prokura liegt vor, wenn der Prokurist ein Rechtsgeschäft vornimmt, das im Außenverhältnis wirksam, ihm aber im Innenverhältnis untersagt ist. Das Rechtsgeschäft bindet das Unternehmen.

Ein kollusives Handeln liegt vor, wenn zum Missbrauch der Prokura die Kenntnis des Dritten vom Missbrauch hinzutritt. Das Rechtsgeschäft bindet das Unternehmen nicht.

2.3 Haftung des Prokuristen gegenüber Dritten

Grundsätzlich trifft die Organe des Unternehmens, also z. B. Geschäftsführer, Vorstand oder Aufsichtsrat für deren Fehlverhalten eine Haftung für Schäden von Unternehmensgläubigern (z. B. § 130 a HGB, § 64 II GmbHG, § 93 AktG).

> **Achtung:**
> Der Bundestag hat am 26.06.2008 das Gesetz zur Modernisierung des GmbH-Rechts und zur Bekämpfung von Missständen (MoMiG) beschlossen. Das MoMiG wird im Oktober/November 2008 in Kraft treten. Das MoMiG beschränkt und/oder erweitert die vorgenannten Haftungsnormen für die Organe des Unternehmens. Entsprechende Haftungsnormen für Prokuristen kennt das Gesetz nicht.

Vom Grundsatz abweichend kann sich für den Prokuristen eine Haftung ergeben, wenn er wie ein Geschäftsführer auftritt („faktischer" Geschäftsführer), er bei Vertragsverhandlungen eine herausragende Stellung einnimmt und hierdurch beim Vertragspartner ein besonderes Vertrauen erweckt oder er aus deliktischen Handlungen haftbar ist.

2.3.1 Haftung wegen faktischer Geschäftsführung

Siehe CD-ROM

Besonders bedeutsam ist die Haftung als faktischer Geschäftsführer. Für den Fall, dass

- ein Prokurist im Geschäftsverkehr auftritt und für das Unternehmen handelt, als sei er Geschäftsführer, oder
- ein Prokurist, um die Haftungsrisiken als Geschäftsführer zu vermeiden, bewusst nicht zum Geschäftsführer bestellt wird,

hat die Rechtsprechung Grundsätze entwickelt, nach denen der Prokurist auch wie ein Geschäftsführer haften soll.

Wann wird der Prokurist wie ein Geschäftsführer behandelt?

Eine Haftung für Schäden von Gesellschaftsgläubigern trifft den Prokuristen dann, wenn er als so genannter faktischer Geschäftsführer nach außen für das Unternehmen im Rechtsverkehr aufgetreten ist. So soll vermieden werden, dass sich der Prokurist der Haftung durch den Einwand entzieht, „nur" Prokurist zu sein, gleichwohl aber wie ein Geschäftsführer auftritt.

Faktische
Geschäfts-
führung

„Faktische Geschäftsführung" eines Prokuristen ist auch dann möglich, wenn er nicht allein die Geschäfte führt, sondern neben einem ordnungsgemäß bestellten Geschäftsführer. Dann ist es erforderlich, dass der neben dem eingetragenen Geschäftsführer handelnde faktische Geschäftsführer Geschäftsführungsfunktionen in maßgeblichem Umfang übernommen hat und seiner Geschäftsführung ein „Übergewicht", wenn nicht sogar eine überragende Stellung zukommt.[22]

Merkmale der Geschäftsführung

Die Stellung des faktischen Geschäftsführers ist „übergewichtig", wenn er von insgesamt acht Merkmalen der Geschäftsführung mindestens sechs erfüllt.[23] Diese Merkmale sind:

1. Bestimmung der Unternehmenspolitik
2. Organisation des Unternehmens
3. Einstellung von Mitarbeitern
4. Bestimmung der Gehaltshöhe
5. Gestaltung der Geschäftsbeziehungen
6. Verhandlung mit Kreditgebern
7. Entscheidung in Steuerangelegenheiten
8. Steuerung der Buchhaltung

Ob der Prokurist faktisch wie ein Organ, also ein Geschäftsführer oder Vorstand, gehandelt und sich dementsprechend wie ein ordnungsgemäß bestellter Geschäftsführer zu verantworten hat, wird nach dem gesamten Erscheinungsbild seines Auftretens beurteilt. Dabei ist zu unterscheiden:

Auftreten und Erscheinungsbild des Prokuristen

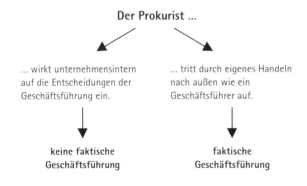

---

[22] OLG Saarbrücken, Urteil vom 24.10.2001 – 1 U 125/01. in: ZIP 2002, 130.
[23] BGH, Urteil vom 10.07.1996 – 3 StR 50/96, in: NJW 1997, 66; Urteil vom 21.03.1988 – II ZR 194/87, in: NJW 1988, 1789.

Inner-
betriebliche
Verantwortung

Es reicht also für die Annahme der faktischen Geschäftsführung nicht aus, wenn der Prokurist lediglich innerbetrieblich mit der Sortimentsauswahl, Qualitätssicherung und -kontrolle betraut ist oder Gespräche mit Herstellern sowie für die produktbezogene Deklaration verantwortlich zeichnet. Es reicht weiter nicht, wenn der Prokurist Bestellungen vornehmen darf, deren Umfang er sich aber grundsätzlich genehmigen lassen muss, auch wenn er berechtigt ist, bei kurzfristigen Schwankungen des Marktes selbstständig Bestellungen zu erweitern oder zu vermindern. Diese Elemente zeigen lediglich eine innerbetriebliche Verantwortlichkeit für bestimmte Geschäftsbereiche der GmbH auf.

Handeln im
Außenverhältnis

Sofern der Prokurist durch Handlungen nach außen wie ein Geschäftsführer auftritt, begibt er sich in die Gefahr einer Haftungsinanspruchnahme aus faktischer Geschäftsführung. Für den Prokuristen ist es daher wichtig, entsprechend abzugrenzen. Intern liegt eine „Geschäftsführung" zwar vor, kritisch wird es aber, wenn außenstehende Dritte den Eindruck haben könnten, der Prokurist handele wie ein Geschäftsführer.

> **Tipp:**
>
> Um die Haftungsrisiken der Stellung als „faktischer" Geschäftsführer zu minimieren, sollte Sie sich als Prokurist vor allem in Krisenzeiten nicht in die Rolle eines faktischen Geschäftsführers drängen lassen. Wichtig ist dabei allein, ob der Prokurist nach außen wie ein Geschäftsführer auftritt.

Wann haftet der Prokurist als faktischer Geschäftsführer?

Haftungsfall 1: Verspätete Insolvenzantragstellung

Insolvenz-
verschleppung

Hauptanwendungsfall für die zivilrechtliche Haftung des Prokuristen als faktischer Geschäftsführer ist die persönliche Schadensersatzpflicht eines GmbH-Geschäftsführers gegenüber den Gesellschaftsgläubigern bei Insolvenzverschleppung aus § 64 Abs. 2 GmbHG oder den §§ 823 Abs. 2 BGB, 64 Abs. 1 GmbHG für Schäden aus der verspäteten Insolvenzantragstellung. Denn auch der faktische

GmbH-Geschäftsführer ist nach § 64 Abs. 1 GmbHG für die rechtzeitige Stellung eines Insolvenzantrages verantwortlich[24]

Beispiel:

Der alleinige Gesellschafter einer GmbH bevollmächtigt einen Dritten A zur umfassenden Vertretung des Unternehmens und überträgt ihm zugleich gegen ein monatliches Entgelt die alleinige Leitung des gesamten finanziellen Bereiches und die Buchhaltung des Unternehmens. Den ordnungsgemäß bestellten Geschäftsführer B schließt er insoweit von der Geschäftsführung aus. Das Unternehmen gerät in wirtschaftliche Schwierigkeiten und ist per 31.12.1999 insolvenzrechtlich überschuldet. Trotzdem stellt der ordnungsgemäß bestellte Geschäftsführer B erst am 07.08.2000 den Antrag auf Eröffnung des Insolvenzverfahrens, das am 09.10.2000 eröffnet wird. In dem Zeitraum von Anfang Januar 2000 bis Mitte Juli 2000 leistet die GmbH auf Veranlassung des A Zahlungen für Miete, Darlehen sowie Lieferungen und Leistungen. Der Insolvenzverwalter fordert von A als faktischem (Mit-)Geschäftsführer die Erstattung dieser Zahlungen an die GmbH.

So hat der BGH entschieden:

Der BGH entschied[25], dass der faktische Geschäftsführer einer GmbH gemäß § 64 Abs. 1 GmbHG nicht nur zur rechtzeitigen Stellung des Insolvenzantrages verpflichtet ist, sondern auch die haftungsrechtlichen Folgen einer Versäumung dieser Pflicht gemäß § 64 Abs. 2 GmbHG zu tragen hat. A muss also die geleisteten Zahlungen an die Insolvenzmasse der GmbH erstatten. Dies zwar unter dem Vorbehalt, seinen Gegenanspruch, der sich nach Rang und Höhe mit dem Betrag deckt, den der begünstigte Gesellschaftsgläubiger im Insolvenzverfahren erhalten hätte, nach Erstattung an die Masse gegen den Insolvenzverwalter zu verfolgen.[26] Dieser Gegenanspruch ist aber nur eine Insolvenzforderung und damit wirtschaftlich häufig wertlos.

Entsprechende Haftungsregeln stehen derzeit auch für andere Rechtsformen von Unternehmen zur Verfügung (z. B. § 130 a Abs. 3 HGB, § 93 Abs. 3 Nr. 6 AktG, § 34 Abs. 3 Nr. 4 GenG).

---

[24] OLG Düsseldorf, Urteil vom 17.06.1999 – 6 U 65/97, in: NZG 1999, 1066.

[25] Urteil vom 11.07.2005 – II ZR 235/03, in: DB 2005, 1897.

[26] BGH, Urteil vom 08.01.2001 – II ZR 88/99, in: DB 2001, 373.

MoMiG

Das MoMiG regelt die derzeit in den §§ 64 Abs.1 GmbHG, 130a Abs. 1 HGB und 92 Abs. 2 AktG spezialgesetzlich geregelten Insolvenzantragspflichten in einer von der Rechtsform des Insolvenzschuldners unabhängigen Antragspflichtvorschrift. Die bisherigen spezialgesetzlichen Regelungen entfallen. Die Antragspflicht ergibt sich mit Inkrafttreten der Reform aus § 15a InsO.

Mit § 15a InsO werden lediglich die Antragspflichten „umgesiedelt". Die haftungsrechtlichen Folgen der Versäumung der Insolvenzantragspflicht verbleiben in den genannten spezialgesetzlichen Haftungsregeln. Diese werden durch das MoMiG in Teilen modifiziert.

Haftungsfall 2: Verstoß gegen Kapitalerhaltung

Das Auszahlungsverbot des § 30 GmbHG (Neufassung der Regelung durch das MoMiG) richtet sich grundsätzlich nur an Geschäftsführer, nicht an Prokuristen oder sonstige verfügungsbefugte Angestellte einer GmbH. Neben der oben dargestellten Haftung aus der positiven Verletzung seines Arbeits- oder Dienstvertrages bei weisungswidriger Auszahlung von (Stamm-)Kapital an Gesellschafter kann den Prokuristen auch die Rückzahlungsverpflichtung aus § 43 Abs. 2, 3 GmbHG treffen, wenn er als faktischer Geschäftsführer maßgeblich nach außen aufgetreten ist und die Zahlung zu verantworten hat.[27]

> **Achtung:**
> Der Prokurist haftet entsprechend § 43 Abs. 3 Satz 3 GmbHG (beschränkt), wenn er ohne Weisung des Geschäftsführers, aber in Befolgung eines Gesellschafterbeschlusses gehandelt hat.[28]

Haftungsfall 3: Verstoß gegen das Produkthaftungsgesetz

Verletzung der Produktbeobachtungspflicht

Eine zivilrechtliche Haftung des Prokuristen als faktischer Geschäftsführer kann sich auch aus der Produkthaftung nach dem Produkthaftungsgesetz (ProdHaftG) ergeben, wenn er seine Produktbeobachtungspflicht verletzt hat. Der Prokurist wird hiernach verantwortlich gemacht, wenn es in Zusammenhang mit einem Produkt des Unternehmens zu Schädigungen kommt, die nicht

---

[27] BGH, Urteil vom 25.02.2002 – II ZR 196/00, in: DB 2002, 995.
[28] BGH, Urteil vom 25.06.2001 – II ZR 38/99, in: NJW 2001, 3123.

unmittelbar auf eine Handlung des Prokuristen zurückzuführen waren, er aber wie ein faktischer Geschäftsführer gehandelt hat. Dabei trifft ihn die Pflicht, sich zu vergewissern, dass keine Gefahren von dem Produkt ausgehen. Ihm obliegt somit eine Kontrollpflicht.

2.3.2 Vorvertragliche Haftung

Nach den Grundsätzen der früheren culpa in contrahendo, der Pflichtverletzung bei Vertragsanbahnung, ist es möglich, dass eine (Vertrags-)Partei Schadensersatz geltend machen kann, weil ihr bereits vor Vertragsschluss Rechtsgüter verletzt wurden (§ 280 Abs. 1 i.V.m. §§ 311, Abs. 3, 241 Abs. 2 BGB). Dabei kommt es nicht darauf an, ob ein Vertrag wirklich geschlossen wurde oder die Vertragsverhandlungen gescheitert sind. Die Pflicht zum Ersatz trifft grundsätzlich den, der Vertragspartei werden sollte oder wurde, also das Unternehmen. Fehlverhalten von Organen oder eben auch von Prokuristen bei Vertragsverhandlungen werden dem Unternehmen analog § 31 BGB zugerechnet, so dass das Unternehmen schadensersatzpflichtig wird.

Culpa in contrahendo

Nur in den Ausnahmefällen des § 311 Abs. 3 Satz 2 BGB trifft den Handelnden selbst eine Schadensersatzpflicht. Der Prokurist (genauso wie ein Geschäftsführer) haftet gegenüber Dritten aufgrund vorvertraglicher Ansprüche, wenn er für das Unternehmen Vertragsverhandlungen mit Dritten führt und er ein unmittelbares wirtschaftliches Eigeninteresse am Abschluss des Vertrages zwischen dem Unternehmen und dem Dritten hat. Zudem muss er bei den Vertragsverhandlungen mit dem Dritten besonderes Vertrauen in Bezug auf seine Fachkenntnisse in Anspruch genommen und die Vertragsverhandlungen maßgeblich beeinflusst haben. Derartige Fälle sind die Ausnahme. Denn allein das Interesse des Prokuristen am Erfolg seines Unternehmens begründet noch nicht das geforderte besondere Vertrauen des Verhandlungspartners.

> **Achtung:**
> Nicht ausreichend für die Begründung des besonderen Verhandlungsvertrauens sind besondere eigene Sachkenntnis des Prokuristen durch Auftreten als Fachmann, langjährige Geschäftsbeziehungen oder die Aussicht auf Provision.

Zu ersetzen ist dem vermeintlichen Vertragspartner im Fall des Scheiterns der Vertragsverhandlungen der Schaden, der im Vertrauen auf ein Zustandekommen des Vertrages eingetreten ist.

2.3.3 Deliktshaftung

Verletzt der Prokurist bei der Verrichtung seiner Arbeit bzw. seines Dienstes einen anderen vorsätzlich oder fahrlässig an Leben, Körper oder Gesundheit oder schädigt er dessen Eigentum, so haftet er dem Geschädigten für den entstandenen Schaden (§ 823 Abs. 1 BGB). Ebenso haftet der Prokurist, wenn er einem Dritten Schaden aufgrund einer strafbaren Handlung zufügt (§ 823 Abs. 2 BGB) oder diese vorsätzlich in sittenwidriger Weise schädigt (§ 826 BGB).

Beispiel:

Sorgt der Prokurist dafür, dass Zahlungen von den Konten der überschuldeten GmbH auf sein eigenes Konto geleistet werden, mit der Folge, dass Kredite an die GmbH gekündigt werden, so haftet er den Gesellschaftsgläubigern, die dadurch geschädigt werden, nach § 826 BGB.[29]

Grundsätze des innerbetrieblichen Haftungsausgleiches

Für den Prokuristen als Arbeitnehmer gelten bei der Haftung Dritten gegenüber die oben dargestellten Grundsätze des innerbetrieblichen Haftungsausgleiches. Schädigt der Prokurist einen anderen Arbeitnehmer des Unternehmens an Leib oder Leben (Personenschaden), so kommt weiterhin eine Haftungsbefreiung nach § 105 des Sozialgesetzbuchs VII in Betracht, wenn er nicht absichtlich gehandelt hat. Danach haftet der Prokurist nicht, wenn der geschädigte Arbeitnehmer einen Arbeitsunfall aufgrund eines Verhaltens des Prokuristen erleidet und dieses Verhalten nicht vorsätzlich war.

2.3.4 Wann haftet der Prokurist für Steuern?

Der Prokurist als Verfügungsberechtigter

Verantwortlich für die Erfüllung der steuerlichen Pflichten des Unternehmens sind gemäß § 34 AO das Unternehmen und dessen organschaftliche Vertreter. Daher haftet der Prokurist grundsätzlich

---

[29] Saarländisches Oberlandesgericht Saarbrücken vom 22.09.1992, 7 U 4/92, in: ZIP 1992, 1623.

nicht für die Steuerschulden des Unternehmens. Allerdings kann es in Ausnahmefällen zu einer Haftung des Prokuristen für die Steuern des Unternehmens nach § 69 AO kommen, wenn der Prokurist Verfügungsberechtigter im Sinne des § 35 AO ist.

---

§ 35 AO Pflichten des Verfügungsberechtigten

Wer als Verfügungsberechtigter im eigenen oder fremden Namen auftritt, hat die Pflichten eines gesetzlichen Vertreters (§ 34 Abs. 1), soweit er sie rechtlich und tatsächlich erfüllen kann.

Eine Verfügungsberechtigung im Sinne des § 35 AO liegt vor, wenn der Prokurist

- faktischer Geschäftsführer ist und mit dem Anschein einer Berechtigung in steuerlichen Angelegenheiten auftritt oder
- sich über die Befugnisse aus der Prokura hinwegsetzt und sein Wirkungskreis bzw. seine Kompetenzen überschreitet oder
- ausdrücklich durch das Unternehmen zur Vornahme steuerlicher Geschäfte, etwa als Steuerbevollmächtigter, ermächtigt ist und auch als Verfügungsberechtigter nach außen auftritt.

Beispiel:

Erteilt der Prokurist bei der Schlussbesprechung im Rahmen einer Betriebsprüfung dem Finanzamt Auskünfte und verhandelt später mit dem Finanzamt über die Zahlungspflichten, erweckt er dadurch den Eindruck, der Geschäftsführer zu sein.

Eine daraus folgende haftungsauslösende Verletzung von steuerlichen Pflichten liegt vor, wenn

- der Prokurist die steuerlichen Pflichten des Unternehmens verletzt hat und
- hierdurch den Steuerbehörden ein Schaden entstanden ist und
- die Pflichtverletzung des Prokuristen Ursache des Schadens war und
- der Prokurist schuldhaft gehandelt hat.

Steuerliche
Pflichten müssen
zum Aufgaben-
bereich des
Prokuristen
gehören

Der Umfang der zu erfüllenden Pflichten hängt im Einzelfall davon ab, inwieweit demjenigen, der als Verfügungsberechtigter auftritt, Verfügungsbefugnisse nach außen eingeräumt sind und ob er tatsächlich und rechtlich in der Lage ist, die steuerlichen Pflichten zu erfüllen. Eine Haftung nach §§ 35, 69 AO erfordert deshalb, dass gerade auch die steuerlichen Pflichten in den Aufgabenbereich des Verfügungsberechtigten fallen.[30]

Achtung:

Eine Haftungsinanspruchnahme des Prokuristen allein aus seiner Prokuristenstellung ist nicht möglich. Die Prokuristenstellung lässt nicht auf die Übertragung steuerlicher Pflichten und damit auf die Stellung als Verfügungsberechtigter schließen.

Derjenige, der nach der Geschäftsverteilung im Rahmen einer Unternehmensgruppe die faktische Geschäftsführung einer GmbH inne hat, kann zur Haftung für die Steuerschulden der GmbH herangezogen werden.[31]

Beispiel:

Der in Anspruch genommene Prokurist war in der Abteilung Finanz- und Rechnungswesen für die Kostenrechnung aller Tochtergesellschaften zuständig. Er war rechtlich und wirtschaftlich in der Lage, über die Mittel der GmbH zu verfügen. Diese Befugnisse übte er auch tatsächlich und nach außen hin aus, indem er für die Gesellschaft Zahlungen leistete und entgegennahm, Kreditverhandlungen führte sowie Lagerabmeldungen und Zahlungsanmeldungen mit Bezug auf das offene Zolllager der GmbH weiterleitete. Da nach Auffassung des Gerichtes der Kläger als faktischer Geschäftsführer der GmbH die Voraussetzungen des § 35 AO erfüllte, hatte er die Pflichten eines gesetzlichen Vertreters dieser GmbH. Dieser hatte als Inhaber eines offenen Zolllagers nach § 46 Abs. 3 ZG und § 97 Abs. 1 AZO die Pflicht, die aus dem offenen Zolllager entnommenen Waren bis zum 15. Tage des auf die Entnahme des folgenden Kalendermonates unter Berechnung des Zolls anzumelden und den Zoll zu zahlen. Dies gilt sinngemäß für die Einfuhrumsatzsteuer. Diesen Pflichten ist die GmbH nicht nachgekommen. Ihre gesetzlichen Vertreter – der eigentliche Geschäftsführer und der faktische Geschäftsführer als Verfügungsbe-

---

[30] Vgl. FG Köln, Beschluss vom 07.10.2003 – 5 V 2047/03, in: StraFo 2004, 174.

[31] BFH, Urteil vom 21.02.1989 – VII R 165/85, in: GmbHR 1989, 526.

rechtigte im Sinne des § 35 AO – haben die monatlichen Zahlungsanmeldungen für die Monate März bis Mai nicht rechtzeitig abgegeben und die in den Entnahmemonaten März bis Juni entstandenen Zollschulden nicht rechtzeitig gezahlt. Dadurch haben sie bewirkt, dass Ansprüche aus dem Steuerschuldverhältnis „nicht oder nicht rechtzeitig festgesetzt oder erfüllt" worden sind und haften entsprechend.

Zieht sich der Inhaber mehr und mehr aus dem Geschäft zurück und übernimmt der Prokurist damit einhergehend Geschäftsführeraufgaben, haftet er unter Umständen dann auch für rückständige Steuerschulden.[32] Der Prokurist als faktischer Geschäftsführer einer GmbH haftet für die verkürzten Steuern, wenn er durch unrichtige oder unvollständige Angaben über steuerlich erhebliche Tatsachen Steuern verkürzt.[33]

Haftung für rückständige Steuerschulden

Beispiel:
Die Haftung einer Prokuristin als faktische Geschäftsführerin ergibt sich daraus, dass sie neben dem eigentlich bestimmenden Geschäftsführer die Geschäfte der GmbH tatsächlich geführt hat und nur deshalb als Prokuristin bezeichnet wurde, um im Schadensersatzprozess als Zeugin auftreten zu können. Der im Handelsregister eingetragene Geschäftsführer war ein bloßer Strohmann. Die Prokuristin hat sämtliche Umsatzsteuererklärungen und –voranmeldungen unterschrieben. Sie hat alleinige Kontovollmacht der Firmenkonten, ist Ausstellerin von Ausgangsrechnungen ist bei der Betriebsprüfung unter Hinweis darauf, dass der eigentlich eingetragene Geschäftsführer nur für die Baustellen zuständig sei, als Auskunftsperson aufgetreten. Als faktische Geschäftsführerin und Verfügungsberechtigte der GmbH verletzte die Prokuristin die ihr obliegenden Pflichten zur wahrheitsgemäßen Abgabe der Umsatzsteuerjahreserklärungen bzw. –voranmeldungen dadurch, dass sie Umsätze der GmbH in Voranmeldungen und Jahreserklärungen zu niedrig angab bzw. zu niedrige Schätzungen des Finanzamtes duldete.[34]

Die Inanspruchnahme eines faktischen Geschäftsführers als Haftungsschuldner gemäß §§ 35, 69 AO ist unzulässig, wenn nicht ausreichend aufgeklärt und geprüft wird, ob weitere potentielle Haf-

---

[32] FG Hamburg, Urteil vom 14.08.2002 – V 248/98, in: DStRE 2003, 124.
[33] FG München, Beschluss vom 11.02.1993 – 3 V 3849/92.
[34] FG München, Urteil vom 30.06.1993, 3 K 836/92.

tungsschuldner, d. h. auch weitere mögliche faktische Geschäftsführer, vorhanden sind. Dies gilt jedenfalls dann, wenn sich die Möglichkeit anhand konkreter Indizien aufdrängt und die anderen potentiellen Haftungsschuldner nicht von vornherein ausscheiden.[35]

2.3.5 Wann haftet der Prokurist für Sozialabgaben?

Voraussetzung einer Haftung des Prokuristen für nicht abgeführte Sozialabgaben nach § 28 e SGB IV ist, dass er bewusst sozialversicherungsrechtliche Pflichten eines Arbeitgebers übernommen hat, weil er hierfür z. B. beauftragt wurde. Die Pflichtenübertragung vom Arbeitgeber ist unmissverständlich vorzunehmen: Dem Beauftragten muss bewusst sein, dass ihm nunmehr die Arbeitgeberpflichten nach den Sozialversicherungsgesetzen obliegen.

Beispiel:

Ein Prokurist sollte für Sozialversicherungsbeiträge in Anspruch genommen werden, die eine GmbH nicht abgeführt hatte. Er wurde mit der Begründung verklagt, er sei für die Abführung der Sozialversicherungsbeiträge verantwortlich gewesen, zumindest hafte er als faktischer Geschäftsführer. Es komme auch eine Haftung in Betracht, weil ihm Arbeitgeberpflichten übertragen worden seien.

So hat das OLG München entschieden:

Das OLG München[36] lehnte eine Haftung des faktischen Geschäftsführers mit der folgenden Begründung ab: Es war kein Beweis dafür vorhanden war, dass der Beklagte mit Billigung der Gesellschafter und unter Zurückdrängung des eingetragenen Geschäftsführers handelte. Der Geschäftsführer übte (nach eigenen Angaben) seine Funktionen in Teilbereichen noch aus. Er war die alleinbestimmende Kraft in der GmbH, handelte allein organschaftlich und war der Vorgesetzte der übrigen Mitarbeiter der GmbH. Es könne demnach nicht davon gesprochen werden, der Beklagte habe allein die GmbH wie ein Geschäftsführer geführt, worauf es entscheidend ankomme. Auch eine Haftung des Beklagten nach Deliktsrecht lehnte das OLG München ab, weil nicht bewiesen werden konnte, dass dem Beklagten die Arbeitgeberpflichten in den sozialversicherungsrechtlichen Angelegenheiten der GmbH übertragen worden sind.

[35] Sächsisches FG, Urteil vom 02.05.2001 – 2 K 1237/99, in: GmbH-Stpr 2002, 140.
[36] Urteil vom 19.01.1978 – 1 U 1292/77, in: BB 1978, 471.

Achtung:
Ab 01.01.2006 hat sich die Fälligkeit der Sozialabgaben geändert. Statt bisher zum 15. des Folgemonats sind die Sozialabgaben nunmehr bis zum 27. des laufenden Monats zu überweisen. Es gilt nur eine kurze Übergangsfrist bis zum 30.06.2006.

Tipp:
Reichen die finanziellen Mittel des Unternehmens nicht aus, um alle Sozialabgaben zu begleichen, sollten zur Vermeidung einer Haft- und Strafbarkeit wenigstens die Arbeitnehmerbeiträge gezahlt werden. Im Verwendungszweck sollten Sie dann „Arbeitnehmerbeiträge" angeben, um eine Verrechnung zur Hälfte als Arbeitgeberbeitrag zu vermeiden. Für eine Haftung bei nicht geleisteten Beiträgen kommt es auch nicht darauf an, ob Gehälter gezahlt wurden. Die Sozialbeiträge werden unabhängig von einer Gehaltszahlung geschuldet. Jedoch sind bei Insolvenzreife des Unternehmens wegen des Zahlungsverbotes keine Zahlungen mehr zu leisten.

2.3.6 Gibt es sonstige Haftungsgründe aus dem Öffentlichen Recht?

Das Öffentliche Recht hält noch eine Reihe von verschiedenen Anspruchsgrundlagen für eine mögliche Haftung des Prokuristen bereit, z. B. das Bundesbodenschutzgesetz oder das Kreislaufwirtschafts- und Abfallgesetz. Diese begründen eine Haftung zum einen allerdings nur, wenn dem Prokuristen im verursachenden Unternehmen eine verantwortliche Stellung zukommt, die der des faktischen Geschäftsführers vergleichbar ist. Darüber hinaus kommt es für eine Haftung im Öffentlichen Recht neben der Anknüpfung an die faktische Geschäftsführung auch darauf an, dass der Haftungsfall in das konkrete Aufgabengebiet des Prokuristen fällt.

Der Haftungsfall muss in den Aufgabenbereich des Prokuristen fallen

2.3.7 Welche Handlungen werden als Untreue sanktioniert?

Die Vorschrift des § 266 StGB enthält zwei Tatbestände der Untreue – den Missbrauchstatbestand und den Treubruchstatbestand. Beide können durch Handlungen eines Prokuristen erfüllt werden.

Missbrauchstatbestand

Der Missbrauchstatbestand setzt voraus, dass der Täter eine ihm durch Gesetz oder Rechtsgeschäft eingeräumte Befugnis, über fremdes Vermögen zu verfügen, missbraucht und dem Vermögen damit einen Nachteil zufügt. Sie beinhaltet die durch § 49 HGB ermöglichte Befugnis, über fremdes Vermögen, das des Unternehmens, zu verfügen. In Abgrenzung zu (Rechtsschein-)Vollmachten, die nicht für den Missbrauchstatbestand ausreichen, weil ihre Befugnisse per Gesetz nur vermutet werden, um den Rechtsverkehr zu schützen (wie z. B. die Vollmacht des Ladenangestellten nach § 56 HGB), fällt die Prokura hingegen in den Missbrauchstatbestand, da durch sie Befugnisse konkret erteilt werden.

Vermögensbetreuungspflicht Zumeist wird die Prokura zusammen mit einem Auftrag bzw. Arbeits- oder Dienstvertrag erteilt, was auch für eine Vermögensbetreuungspflicht spricht. Dies bedeutet, dass der Prokurist die Vermögensinteressen seines Geschäftsherrn zu betreuen hat und das Vermögen jedenfalls nicht vorsätzlich schädigen darf. Als Missbrauch der Verfügungsbefugnis bezeichnet man dann jeden bestimmungswidrigen Gebrauch der Prokura durch das Überschreiten des rechtlichen Dürfens (Innenverhältnis) durch das rechtliche Können (Außenverhältnis), vgl. Grafik in Kapitel 2.2.

Beispiel:
Der Prokurist stellt weisungswidrig Wechsel aus.

Unter den Missbrauchstatbestand kann es fallen, wenn der Prokurist einer GmbH ein Geschäft abschließt, das nach Gesellschaftsrecht unzulässig ist, auch wenn dies im Einverständnis mit den Gesellschaftern erfolgt. Diese Ansicht ist zwar nicht ganz unumstritten, denn es handelt sich ja indirekt um das Vermögen der Gesellschafter, also können sie damit auch uneingeschränkt disponieren. Die Rechtsprechung grenzt hier aber die GmbH als eigene Rechtspersönlichkeit ab und verneint die Möglichkeit der Gesellschafter, dieses eigenständige Gesellschaftsvermögen derart anzugreifen, dass die Gesellschaft illiquide wird. Die Einwilligung der Gesellschafter würde sich nur auf das Strafmaß auswirken.[37] Eine (nachträgliche) Genehmigung durch die Gesellschafter ist allemal strafrechtlich unzureichend.

> **Achtung:**
>
> Zahlt der Prokurist entgegen § 30 GmbHG (Neufassung der Regelung durch das MoMiG) Stammkapital an Gesellschafter zurück, erfüllt er damit den Missbrauchstatbestand des § 266 StGB, wenn die GmbH daraufhin ihre Verbindlichkeiten nicht mehr ausgleichen kann.

Die Prokura stellt weiterhin ein Pflichtverhältnis zum Unternehmen im Sinne des Missbrauchstatbestandes gemäß § 266 StGB dar. Die Pflicht des Prokuristen besteht nämlich darin, seine Befugnisse nicht zu missbrauchen und dadurch das Vermögen des Unternehmens zu schädigen. Missbraucht der Prokurist vorsätzlich die Prokura und entsteht hierdurch ein Vermögensschaden für das Unternehmen, macht sich der Prokurist wegen Untreue strafbar.

Treuebruchstatbestand

Um den Treubruchstatbestand zu erfüllen, muss der Täter, eine ihm obliegende Pflicht, fremde Vermögensinteressen wahrzunehmen, verletzt haben. Die Rechtsprechung geht in diesen Fällen davon aus, dass solche Treuepflichten sich in fremdnützigen Schuldverhältnissen wiederfinden, die den Charakter einer nicht weisungsgebundenen Geschäftsbesorgung aufweisen. Es muss eine Dispositionsfreiheit bestehen, die z. B. Ladenangestellte, die nur zu einem bestimmten Preis verkaufen dürfen, nicht haben. Anhaltspunkte für eine solche „Freiheit" bei der Betreuungspflicht sind etwa der Grad der Selbstständigkeit, der Bewegungsfreiheit und der Verantwortlichkeit. All dies trifft im Regelfall auf den Prokuristen zu, der insbesondere als „faktischer" Geschäftsführer eine Vermögensbetreuungspflicht inne hat.[38] Allein aus seinem Arbeitsverhältnis allerdings ergibt sich diese Pflicht nicht.[39]

Die Verletzung der Treuepflicht kann sowohl durch rechtsgeschäftliches (soweit hierdurch nicht schon wegen eines wirksamen Verfü-

Dispositionsfreiheit

---

[37] BGH, Beschluss vom 20.12.1994 – 1 StR 593/94, in: wistra 95, 144.

[38] BGH, Urteil vom 24.06.1952 – 1 StR 153/52, in BGHSt 3, 37.

[39] BGH, Urteil vom 04.11.1952 – 1 StR 441/52, in: BGHSt 3, 293.

gungs- oder Verpflichtungsgeschäftes der Missbrauchstatbestand erfüllt ist) als auch durch faktisches Handeln erfolgen.

Beispiel:
Der mit der Forderungseintreibung beauftragte Prokurist lässt Forderungen absichtlich verjähren, um so weniger Arbeit zu haben.

Die Treuepflicht erlischt grundsätzlich mit dem Erlöschen der Prokura. Soweit dann aus dem Innenverhältnis noch Ansprüche des Unternehmens gegen den Prokuristen bestehen, stellt deren Nichterfüllung allerdings keine Untreue dar, weil es sich nur um „normale" Schuldner-, nicht um Treuepflichten handelt. Allerdings können noch Treuepflichten im Sinne eines Schädigungsverbotes nachwirken. So kann der Missbrauch einer im Außenverhältnis noch über Rechtsschein als wirksam angesehenen, im Innenverhältnis aber bereits widerrufenen Prokura wegen Untreue strafbar sein.

Beispiel:
Der Prokurist erteilt, ehe seine Entlassung bekannt gegeben wird, einem gutgläubigen Arbeitnehmer eine für das Unternehmen nachteilige Weisung.

Keine Untreue in strafrechtlichem Sinne ist der Verstoß gegen das gesellschafts- oder arbeits- oder dienstvertragliche Wettbewerbsverbot.

2.3.8 Welche Handlungen werden als Betrug sanktioniert?

Täuschung zur Erlangung eines Vermögensvorteils

Fallkonstellationen, die unter den Tatbestand des Betruges nach § 263 StGB fallen, sind zahlreich. Verursacht der Prokurist durch Täuschung eine Vermögensschädigung in der Absicht, sich oder das Unternehmen zu bereichern, macht er sich wegen Betruges strafbar. Durch die Täuschungshandlung muss bei dem Geschädigten ein Irrtum hervorgerufen werden, durch die er eine für ihn oder einen Dritten nachteiligen Vermögensverfügung tätigt. Besonders relevant ist dieser Straftatbestand in der wirtschaftlichen Krise eines Unternehmens, wenn durch Abschluss von Verträgen stillschweigend eine Zahlungsfähigkeit des Unternehmens vorgetäuscht wird. Darüber hinaus kommt jegliche Fallgestaltung von Täuschung zur Erlangung eines Vermögensvorteils in Betracht.

Beispiel:

Der Prokurist einer überschuldeten GmbH übergibt der Sozialversicherung, die wegen ausstehender Abgaben Antrag auf Insolvenzeröffnung gestellt hat, ungedeckte Schecks, um die Anstalt zur Zurücknahme des Antrages zu bewegen. Der Prokurist hat sich wegen versuchten Betruges strafbar gemacht. Einem vollendeten Betrug steht der fehlende Vermögensschaden der Versicherung entgegen. Dieser ist erst zu bejahen, wenn im Insolvenzverfahren aufgrund der Täuschungshandlung des Prokuristen die Versicherung geringer befriedigt werden würde als ohne den Betrugsversuch.[40]

2.3.9 Kann sich ein Prokurist wegen Insolvenzverschleppung strafbar machen?

Die Pflicht, bei Vorliegen eines der gesetzlichen Gründe den Antrag auf Eröffnung des Insolvenzverfahrens zu stellen, trifft in einem Unternehmen grundsätzlich die zur Geschäftsführung und Vertretung berechtigten und ordnungsgemäß bestellten Organe. Diese Pflicht ist jeweils auch gesetzlich normiert:

Prokurist hat keine Insolvenzantragspflicht

GmbH	➤	Geschäftsführer	§ 64 Abs. 1 GmbHG
AG	➤	Vorstand	§ 92 Abs. 2 AktG
Genossenschaft	➤	Vorstand	§ 99 Abs. 1 GenG
OHG/KG	➤	Vertretungsorgan	§ 130 a HGB

MoMiG

Die bis zur GmbH-Reform spezialgesetzlich geregelten Antragspflichten finden sich jetzt in § 15 a InsO.

Den Prokuristen trifft die Antragspflicht grundsätzlich nicht, denn er ist kein Organ in diesem Sinne. Eine Antragspflicht gleich einem Organ kann den Prokuristen wieder in Ausnahmefällen treffen. Dies ist dann der Fall, wenn er wie ein solches Organ zu behandeln ist.

---

[40] BGH, Urteil vom 22.05.2001 – 5 StR 75/01, in: wistra 2001, 338.

Ausnahme:
Prokurist als
faktischer
Geschäftsführer

Den Prokuristen trifft als faktischen Geschäftsführer einer GmbH z. B. anerkanntermaßen die Verpflichtung aus § 64 Abs. 1 GmbHG (jetzt § 15a Abs. 1 InsO) zur Stellung eines Insolvenzantrages sowie die Verantwortlichkeit für die Nichterfüllung der Insolvenzantragspflicht.[41] Daraus ergibt sich für das Strafrecht zumindest nach der Rechtsprechung des BGH, dass der Prokurist bei Verletzung dieser Pflicht zur Insolvenzanmeldung sich gemäß § 84 Abs. 1 Nr. 2 GmbHG wegen Insolvenzverschleppung strafbar gemacht haben kann und ihm Verurteilung droht. Anknüpfungspunkt für die Strafbarkeit ist die Antragspflicht nach § 64 GmbHG. Demnach muss der Geschäftsführer den Antrag auf die Eröffnung des Insolvenzverfahrens stellen, wenn die GmbH zahlungsunfähig oder überschuldet ist. Strafbarkeit tritt allerdings erst ein, wenn innerhalb der 3-Wochen-Frist der Antrag nicht gestellt wird. Subjektiv ausreichend für eine Strafbarkeit wegen Insolvenzverschleppung ist die fahrlässige Begehung. Schon allein das Vergessen des Antrages kann strafrechtliche Konsequenzen herbeiführen.

Eröffnung des
Insolvenz-
verfahrens

Nach § 130 b HGB macht sich der Prokurist als faktischer Geschäftsführer einer Personenhandelsgesellschaft strafbar, wenn er gegen die ihn nach § 130 a Abs. 1 HGB treffende Pflicht verstößt, im Falle der Insolvenzreife der Gesellschaft, bei der kein Gesellschafter eine natürliche Person ist, die Eröffnung des Insolvenzverfahrens zu beantragen. Antragspflichtig sind nach § 130 a Abs. 1 Satz 2 HGB (unter anderem) die organschaftlichen Vertreter der Gesellschaft. Dies kann auch der Prokurist als „faktischer" Geschäftsführer sein. Ähnliche Strafvorschriften finden sich auch im AktG und im GenG, so dass auch bei diesen Gesellschaften eine Strafbarkeit des Prokuristen möglich ist, wenn er als faktisches Organ seiner Antragspflicht nicht nachkommt.

---

[41] BGH, Urteil vom 21.03.1998 – II ZR 194/87, in: NJW 1988, 1789.

Übersicht: Haftung des Prokuristen

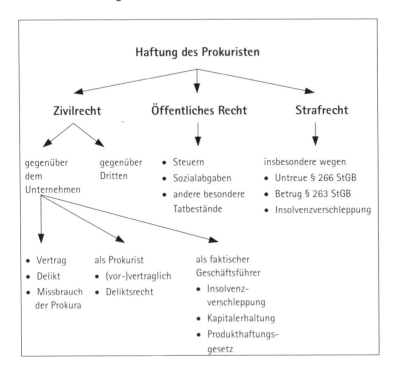

MoMiG

Die bis zur GmbH-Reform spezialgesetzlichen Haftungsvorschriften der §§ 84 Abs. 1 Nr. 2 GmbHG. 130b HGB und 401 Abs. 1 Nr. 2 AktG finden sich jetzt in § 15a Abs. 4 InsO.

Eine weitere gravierende Änderung bringt das MoMiG hinsichtlich der Ausschlussgründe für eine etwaige spätere Geschäftsführertätigkeit des Prokuristen. Die Ausschlussgründe eines Geschäftsführers nach § 6 Abs. 2 GmbHG bzw. des Vorstandes nach § 76 Abs. 3 AktG werden durch das MoMiG erheblich erweitert. Gemäß § 6 Abs. 2 GmbHG n.F. kann künftig jemand, der u. a. wegen einer oder mehrerer vorsätzlicher begangener Straftaten des Unterlassens der Stellung des Antrags auf Eröffnung des Insolvenzverfahrens (Insolvenzverschleppung), nach den §§ 283 bis 283 d StGB (Insolvenzstraftaten), nach §§ 265 b StGB (Kreditbetrug), 266 StGB (Untreue) oder 266 a StGB (Vorenthalten und Veruntreuen von Arbeitsentgelt) zu einer Freiheitsstrafe von mindestens einem Jahr verurteilt worden ist, nicht Geschäftsführer sein. Gleiches gilt in Fällen der Verurteilung wegen falscher Angaben und unrichtiger Darstellung. Der Ausschluss gilt für die Dauer von 5 Jahren seit der Rechtskraft des Urteils. Der Ausschluss gilt auch bei Verurteilungen wegen vergleichbarer Straftaten im Ausland.

Nach der alten Rechtslage galt der Ausschluss lediglich in den Fällen der Verurteilung einer Straftat nach den §§ 283 bis 283 d StGB oder bei der Untersagung der Ausübung des Berufs, Berufszweiges, Gewerbes oder Gewerbezweiges aufgrund Urteil oder durch vollziehbare Entscheidung einer Verwaltungsbehörde.

2.4 Möglichkeiten der Haftungsbeschränkung für den Prokuristen

Beschränkung der finanziellen Haftung

Bei der Frage, ob die Haftung des Prokuristen in irgendeiner Weise beschränkt werden kann, muss erneut in die Haftung im Innen- und die Haftung im Außenverhältnis unterschieden werden. Beschränkbar ist selbstverständlich nur eine finanzielle Haftung des Prokuristen. Für Straftaten kann seine Haftung in keiner Weise beschränkt werden.

2.4.1 Ist die Innenhaftung des Prokuristen beschränkbar?

Billigung durch Organ

Grundsätzlich von einer Haftung gegenüber dem Unternehmen befreit ist der Prokurist, der faktisch wie ein Organ der Gesellschaft handelt, sich aber vor jeder Entscheidung und jedem Geschäft die Zustimmung von den zur eigentlichen Entscheidung bestimmten Organen holt. Denn auf diese Weise vermeidet der Prokurist, überhaupt als faktisches Organ behandelt und in Haftung genommen zu werden.

Entlastung

Denkbar ist, dass Haftungsansprüche der Gesellschaft gegen den Prokuristen wie bei Geschäftsführer oder Vorstand auszuschließen sind. Für den Prokuristen kennt das Gesetz keine Entlastung. Ein solcher Entlastungsbeschluss wäre allerdings zu erwägen, wenn der Prokurist wie ein faktisches Organ tätig ist und ihn deshalb die Haftungsrisiken eines Organes treffen können. Ein Anspruch auf Entlastung besteht nicht.[42] Er kann letztlich nur auf Feststellung klagen, dass entsprechende Ansprüche gegen ihn nicht bestehen.

Entlastung wie beim Geschäftsführer

Verzicht

Ob die Gesellschaft auf die ihr gegen den Prokuristen als faktisches Organ zustehenden Ansprüche verzichten kann, hängt von der Gesellschaftsform des Unternehmens ab. Bei einer AG ist ein Verzicht nur durch Beschluss der Hauptversammlung möglich (§ 147 AktG). Der Aufsichtsrat selber kann den Verzicht nicht erklären. Bei der GmbH hingegen kann, mit Ausnahme der Gründerhaftung, der Kapitalerhaltung und des Zahlungsverbotes nach Insolvenz, relativ einfach und ohne Minderheitenschutz ein Verzicht durch die Gesellschafterversammlung erklärt werden.

Erlass

Eine weitere einfache Möglichkeit, die Innenhaftung des Prokuristen einer GmbH zu beschränken, ist der Erlass der Ansprüche. Bei der AG bedarf es demgegenüber gemäß § 94 Abs. 4 Satz 3 AktG nach Ablauf einer 3-Jahres-Frist und eines Hauptversammlungsbeschlusses ohne Widerspruch einer 10 %-Minderheit eines Vertrages gemäß § 397 BGB zwischen Gesellschaft und dem Prokuristen als faktisches Organ.

Haftungsbeschränkung durch Vereinbarung

Durch vertragliche Vereinbarung ist die Innenhaftung des Prokuristen vorab nicht beschränkbar. Zulässig sind solche Vereinbarungen jedoch bei der GmbH. So kann eine Haftung für leichte Fahrlässigkeit ausgeschlossen werden, die Verjährung verkürzt oder die Haftung bis auf wenige Ausnahmen (siehe Verzicht) ausgeschlossen werden.

---

[42] BGH, Urteil vom 20.05.1985 – II ZR 165/84, in: DB 1985, 1869.

2.4.2 Ist die Außenhaftung des Prokuristen beschränkbar?

Haftung im Außenverhältnis nicht beschränkbar

Die Haftung im Außenverhältnis gegenüber Dritten ist grundsätzlich nicht beschränkbar. Möglich sind aber konkrete vertragliche Vereinbarungen zwischen der Gesellschaft und dem Dritten, die die gesetzlichen Haftungsregeln modifizieren.

Neben den Grundsätzen der innerbetrieblichen Haftungsfreistellung des Prokuristen als Arbeitnehmer kann das Unternehmen darüber hinaus jederzeit die Haftung für Ansprüche Dritter im Innenverhältnis übernehmen und für die Schäden des Dritten aufkommen.

2.5 So versichern Sie sich gegen Haftungsrisiken

Wer sich Haftungsrisiken aussetzt, hat das Bedürfnis, sich gegen diese Risiken abzusichern. In neuerer Zeit werden Forderungen immer lauter, Manager stärker für ihre Fehleinschätzungen und für ihr Fehlverhalten in Haftung zu nehmen. Auch Prokuristen müssen sich Gedanken darüber machen, wie sie ihr Risiko absichern können. Denn auch der Prokurist ist ein „Manager", leitet er doch zumindest in wesentlichen Teilen ein Unternehmen. Tatsächlich üben die Prokuristen sehr häufig Geschäftsführeraufgaben aus. Das ist es ja auch, was den Reiz des Berufes ausmacht: Verantwortung, Risikobereitschaft, unternehmerisches Handeln und Denken. Auf der Karriereleiter nach oben wird der Mitarbeiter (zunächst) zum Prokuristen berufen, weil er eben diese Führungsqualitäten besitzt. Häufig ist die Stellung als Prokurist dann auf der Karriereleiter nur ein Zwischenschritt.

Sorgfaltspflicht des Managers

Pflicht eines jeden Managers ist es, jede Tätigkeit mit der Sorgfalt eines ordentlichen Kaufmanns auszuüben. Bei Verletzung dieser Pflicht hat das Unternehmen in der Regel Ersatzansprüche gegen den Verantwortlichen. Hinzukommen im Insolvenzfall Ansprüche der Gesellschaftsgläubiger.

2.5.1 Reicht eine Rechtsschutzversicherung aus?

Eine Rechtsschutzversicherung ist alleine nicht ausreichend, um sich gegen mögliche finanziellen Ansprüche, die sich bei einer Haftung gegen den Prokuristen ergeben können, zu schützen. Denn sie übernimmt lediglich die Kosten für Gerichtsprozesse zur Anspruchsdurchsetzung. Sie trägt aber nicht den bei Verurteilung zu leistenden Schadensersatz. Übliche Bausteine einer Rechtsschutzversicherung sind:

- Anstellungsvertragsrechtsschutz
- Strafrechtsschutz
- Vermögensschadensrechtschutz

Bausteine einer Rechtsschutzversicherung

2.5.2 Erstreckt sich eine D&O-Versicherung auf Haftungsansprüche gegen den Prokuristen?

Die „Directors and Officers' Liability"-Versicherung (D&O-Versicherung) ist eine vom Unternehmen für den Manager abzuschließende Vermögensschadenshaftpflichtversicherung, die berufliche Risiken abdeckt. Versicherungsnehmer ist das Unternehmen, versicherte Person der Manager. Als „Directors" werden Mitglieder des Aufsichtsrates bezeichnet, als „Officers" Mitglieder des Vorstandes bzw. der Geschäftsführung.

Haftpflichtversicherung für Vermögensschäden

Hintergründe zur D&O-Versicherung

Die Anzahl der D&O-Versicherungen in Deutschland ist in den vergangenen Jahren stark gewachsen. Der Grund dafür liegt einerseits in der Zunahme der Risikobereiche aufgrund gesetzgeberischer Aktivitäten[43] und andererseits in der Zunahme der Unternehmensinsolvenzen, bei denen sich die Frage einer persönlichen Haftung naturgemäß am häufigsten stellt. Zahlten die D&O-Versicherer im Jahr 2000 rund 20 Mio. €, beliefen sich die Zahlungen im Jahr 2005 bereits aus rund 2 Mrd. €. Hinzu kommt, dass der Deutsche Corporate Governance Kodex den Abschluss einer D&O-

---

[43] Vgl. z. B. das Gesetz zur Kontrolle und Transparenz im Unternehmensbereich (KonTraG) und das Gesetz zur Unternehmensintegrität und Modernisierung des Anfechtungsrechts (UMAG).

Versicherung gutheißt. Aus der Sicht des Unternehmens ist der Abschluss einer D&O-Versicherung ebenfalls sinnvoll. Die Haftungsschäden infolge falscher Managemententscheidungen überfordern die Einkommens- und Vermögensverhältnisse auch sehr gut verdienender Manager. Um das Risiko der mangelnden Solvenz eigener Manager und des damit verbundenen Wertberichtigungsbedarfes in der Bilanz zu vermeiden, ist eine D&O-Versicherung sinnvoll.

> **Achtung:**
> Auch für Prokuristen ist eine D&O-Versicherung interessant. Denn die größten Haftungsrisiken ergeben sich aus mangelhafter Organisation und Überwachung[44], also Aufgaben, die regelmäßig von Prokuristen wahrgenommen werden.

Vor welchen Risiken schützt die D&O-Versicherung?

Basisleistungen der D&O-Versicherung

Welche Risiken von der D&O-Versicherung abgedeckt werden, muss sorgfältig geprüft werden. Bei der Auswahl der Versicherung sollte nicht die Höhe der Prämie, sondern der hiermit erkaufte Schutz ausschlaggebend sein. Manch preiswertes Angebot stellt sich sonst im Falle einer Inanspruchnahme als teuer heraus. Typische Basisleistungen der D&O-Versicherung sind:

- die Absicherung im Innen- und Außenverhältnis
- die Abwehr unberechtigter Forderungen
- die Erfüllung berechtigter Forderungen
- der Schutz der Unternehmen vor Ansprüchen Dritter
- die Übernahme der Rechtsverfolgungskosten

Vor Abschluss einer D&O-Versicherung sollten Sie prüfen, welche Risiken die Versicherung im Einzelnen abdeckt. Dabei hilft Ihnen die Checkliste auf der folgenden Seite:

---

[44] Schillinger, VersR 2005, 1484 ff.

Checkliste: Vor welchen Risiken schützt die D&O-Versicherung?

	Checkliste	✓
1.	Sind öffentlich-rechtliche Ansprüche, etwa wegen Steuern und Abgaben, abgesichert?	
2.	Sind Umweltrisiken abgesichert?	
3.	Sind Risiken aus dem Produkthaftpflichtgesetz, dem Gerätesicherheitsgesetz oder dem Medizinproduktegesetz o. a. abgesichert?	
4.	Sind die Kosten einer strafrechtlichen Verfolgung eingeschlossen?	
5.	Besteht der Versicherungsschutz weltweit?	
6.	Besteht der Versicherungsschutz bis zur rechtskräftigen Feststellung der Haftung?	
7.	Sind die mit dem Gegenstand des Unternehmens verbundenen Risiken erfasst?	
8.	Sind mehrere Schadenseintritte zu einem Schadensfall zusammengefasst mit der Folge, dass die Deckungssumme nur einmal gezahlt wird (so genannte Serienschadensklausel)?	
9.	Ist der Begriff des Vermögensschadens ohne Einschränkungen – etwa für Folgeschäden – definiert? Umfasst die Definition auch Schäden im Zusammenhang mit Personen- und Sachschäden?	
10.	Ist der Versicherer berechtigt, alle Kosten von der Deckungssumme – in unbegrenzter Höhe – abzuziehen?	
11.	Gibt es Einschränkungen der Versicherungsleistung bei der Haftung mehrerer Manager?	
12.	Ist ein Selbstbehalt vorgesehen?	
13.	Ist ein Schutz auch für den Zeitraum vor Abschluss der Versicherung gegeben (Rückwärtsversicherung)? Bestehen Anzeigepflichten?	
14.	Ist ein Schutz auch für den Zeitraum nach Versicherungsende gegeben, wenn das schadensursächliche Ereignis in der versicherten Zeit liegt (Nachholfrist)? Bestehen Anzeigepflichten?	

Vereinbarung
eines
Selbstbehaltes

Um dem Manager nicht jegliches Risiko einer Inanspruchnahme bei Fehlentscheidungen durch eine D&O-Versicherung zu nehmen, empfiehlt der Deutsche Corporate Governance Kodex für börsennotierte Aktiengesellschaften in Nr. 3.8 Abs. 2, dass ein angemessener Selbstbehalt vereinbart werden soll. Die meisten D&O-Versicherer sehen einen Selbstbehalt nicht zwingend vor. In der Praxis werden Selbstbehalte häufig nicht vereinbart.[45] Es ist auch fraglich, ob ein solcher Selbstbehalt wirklich die Qualität der Managerarbeit verbessert. Die Möglichkeit, diesen Selbstbehalt privat zu versichern, liegt nahe.

Kosten für eine D&O-Versicherung

Die Kosten für eine D&O-Versicherung variieren stark. Die Prämien werden in Abhängigkeit von der versicherten Leistung, der Deckungssumme und des Mindestselbstbehalts sowie der Risikobewertung des Unternehmens und der Branche ermittelt. Einige Versicherer bieten einen Basisschutz bei einer Prämie von 1.000 € pro Jahr mit 125.000 € Deckungssumme ohne Selbstbehalt. Umfassendere Versicherungspakete kosten demgegenüber bis zu 5.000 € bei 25 Mio. € Deckungssumme. Allgemein ist zu beobachten, dass der D&O-Markt stark in Bewegung ist und die Auswirkungen der neueren Gesetzgebung von den Versicherern vorsichtig abgewartet wird. Aufgrund der höheren Zahlungen der Versicherer wurden in den vergangenen Jahren die Prämien deutlich angehoben.

Beiträge sind
Betriebs-
ausgaben

Nach einem neuen Beschluss der Lohnsteuerreferenten des Bundes und der Länder[46] werden die Beiträge zu einer D&O-Versicherung voll als Betriebsausgaben angerechnet und sind für die versicherten Manager nicht einkommensteuerpflichtig.

2.5.3 Welche Schäden deckt die Betriebshaftpflichtversicherung?

Durch eine Betriebshaftpflichtversicherung werden zudem eine Reihe von Risiken im Bereich der Personen- und Sachschäden abgedeckt. Solche Nicht-Vermögensschäden werden durch eine D&O-

---

[45] Baumann, VersR 2006, 455 ff.
[46] Schreiben des Bundesministeriums der Finanzen vom 24. Januar 2002.

Versicherung nicht übernommen. In der Betriebshaftpflichtversicherung wird der Prokurist wie jeder andere Arbeitnehmer mitversichert. Versicherungsschutz greift nicht ein bei vorsätzlichen Schädigungen.

3 Das Arbeitsverhältnis des Prokuristen

von Dr. Bert Howald und Astrid Reich

3.1 Die arbeitsrechtliche Stellung des Prokuristen

3.1.1 Arbeitnehmer oder freies Dienstverhältnis?

Prokuristen sind arbeitsrechtlich regelmäßig als Arbeitnehmer ein-zustufen. Es ist allerdings nicht ausgeschlossen, dass Prokuristen durch ein freies Dienstverhältnis mit ihrem Unternehmen gebunden werden. Für diese Fallgruppe muss es an den Merkmalen einer Ar-beitnehmereigenschaft fehlen. Entscheidend ist im Einzelfall nicht nur, wie die Vertragsparteien das Vertragsverhältnis nennen, son-dern die tatsächlichen Umstände. So kann auch ein mit „Dienstver-trag" überschriebenes Vertragswerk in Wirklichkeit ein Arbeitsver-hältnis im klassischen Sinne sein. Hierbei sind folgende Gesichts-punkte von zentraler Bedeutung:

Wie sieht das Arbeitsverhältnis tatsächlich aus?

Merkmale eines freien Dienstverhältnisses

- Der Prokurist darf nicht in den Betrieb des Unternehmens ein-gegliedert sein.
- Er darf keinem umfassenden Weisungsrecht unterliegen, son-dern muss seine Tätigkeit im Wesentlichen frei gestalten und seine Arbeitszeit selbst bestimmen können.

> **Achtung:**
> Der Prokurist kann entweder Arbeitnehmer sein oder in bestimmten Fällen, in denen die Arbeitnehmereigenschaft nicht besteht, aufgrund eines freien Dienstvertrags für das Unternehmen tätig sein. Dabei kommt es nicht auf die Bezeichnung des Vertragsverhältnisses an, sondern auf die Umstände der tatsächlichen Durchführung.

3.1.2 Wann ist der Prokurist leitender Angestellter?

In der überwiegenden Zahl der Fälle wird der Prokurist aufgrund seiner herausgehobenen Stellung ein „leitender Angestellter" in seinem Unternehmen sein. Leitenden Angestellten kommt eine besondere Funktion im Unternehmen, in dem sie tätig sind, zu. Dennoch sind sie Arbeitnehmer im arbeitsrechtlichen Sinne (soweit sie, wie oben beschrieben, nicht in einem freien Dienstverhältnis stehen).

Besondere Funktionen

Für leitende Angestellte gelten teilweise im Vergleich zu „einfachen" Arbeitnehmern abweichende Regelungen des Arbeitsrechts, etwa beim Kündigungsschutz oder in der Betriebsverfassung.

Wer ist leitender Angestellter nach dem Betriebsverfassungsgesetz?

Kriterien

Leitender Angestellter nach § 5 Abs. 3 Nr. 3 des Betriebsverfassungsgesetzes ist,

- wer Einstellungs- und Entlassungsbefugnis hat und hierzu keiner Zustimmung oder Mitwirkung durch Dritte bedarf oder
- wer Generalvollmacht oder Prokura hat und die Prokura auch im Verhältnis zum Unternehmen nicht unbedeutend ist oder
- wer Aufgaben im Unternehmen wahrnimmt, die für den Bestand und die Entwicklung des Unternehmens oder eines Betriebs des Unternehmens von Bedeutung sind und deren Erfüllung besondere Erfahrungen und Kenntnisse voraussetzt und dabei Entscheidungen im Wesentlichen frei von Weisungen trifft oder betriebliche Entscheidungen maßgeblich beeinflusst.

Wenn selbst nach diesen Kriterien nicht bestimmt werden kann, ob der Prokurist leitender Angestellter ist oder nicht, so bestimmt § 5 Abs. 4 des Betriebsverfassungsgesetzes, dass im Zweifel leitender Angestellter ist,

- wer aus Anlass der letzten Wahl des Betriebsrats, des Sprecherausschusses oder von Aufsichtsratsmitgliedern der Arbeitnehmer oder durch rechtskräftige gerichtliche Entscheidung den leitenden Angestellten zugeordnet worden ist oder
- wer einer Leitungsebene angehört, auf der im Unternehmen überwiegend leitende Angestellte vertreten sind oder
- wenn der Prokurist ein regelmäßiges Jahresgehalt erhält, das für leitende Angestellte in dem Unternehmen üblich ist oder das Dreifache der Bezugsgröße nach § 18 des Sozialgesetzbuchs IV überschreitet.

Nach § 5 Abs. 3 Nr. 2 BetrVG ist also derjenige, der Prokura hat, leitender Angestellter, wenn die Prokura auch im Verhältnis zu dem Arbeitgeber nicht unbedeutend ist, also nicht wesentlich beschränkt ist. Nach dem Gesetzeswortlaut wird also neben der wirksamen Erteilung einer Prokura eine Funktion vorausgesetzt, die durch ein rechtsgeschäftliches Handeln im Außenverhältnis, also gegenüber Dritten geprägt ist. Ein Prokurist, der nahezu ausschließlich im Innendienst beschäftigt ist, ist folglich kein leitender Angestellter gemäß § 5 Abs. 3 Nr. 2 BetrVG. Gleiches gilt für den so genannten Titular-Prokuristen, also einen Prokuristen, der aufgrund ausdrücklicher Vereinbarung oder einer entsprechenden Weisung des Arbeitgebers von der Prokura keinen Gebrauch machen darf. Ob eine derartige Beschränkung der Befugnisse im Innenverhältnis vorliegt, ist aufgrund der Umstände des Einzelfalles zu entscheiden. Um diese Frage zu klären, kann man sich an der Regelung in § 5 Abs. 3 Nr. 3 BetrVG orientieren.

Handeln im Außenverhältnis

> **Achtung:**
> In den meisten Fällen ist der Prokurist leitender Angestellter seines Unternehmens. Der angestellte Prokurist kann entweder leitender Angestellter des Unternehmens sein, oder aber auch „einfacher" Arbeitnehmer.

Wer ist leitender Angestellter nach dem Kündigungsschutzgesetz?

Der kündigungsschutzrechtliche Begriff des leitenden Angestellten ist ein anderer als der des Betriebsverfassungsgesetzes.

> **Leitende Angestellte nach § 14 Kündigungsschutzgesetz (KSchG)**
>
> *Gemäß § 14 Abs. 2 Satz 1 KSchG sind leitende Angestellte Geschäftsführer, Betriebsleiter und ähnliche Personen, soweit sie zur selbstständigen Einstellung oder Entlassung von Arbeitnehmern berechtigt sind.*

Vorgesetzten-stellung mit Weisungsrecht

Leitender Angestellter im Sinne des Kündigungsschutzrechts ist daher, wer eine Vorgesetztenstellung verbunden mit Weisungsrecht gegenüber Arbeitnehmern des Unternehmens einnimmt und zur selbstständigen Einstellung und Entlassung von Arbeitnehmern berechtigt ist und somit eine Stellung innehat, die der eines Geschäftsführers oder eine Betriebsleiters des Unternehmens ähnelt. Die Einstellung oder Entlassung von Arbeitnehmern des Unternehmens muss wesentliche Aufgabe des Prokuristen sein. Treffen die dargestellten Merkmale auf den angestellten Prokuristen nicht zu, so ist er „einfacher" Arbeitnehmer, und das Betriebsverfassungs- und das Kündigungsschutzgesetz finden ohne Weiteres Anwendung.

Übersicht: Leitende Angestellte nach dem Betriebsverfassungs- und dem Kündigungsschutzgesetz

Rechtliche Anknüpfung	Rechtsfolgen
Leitender Angestellter nach dem Betriebsverfassungsgesetz	Keine Beteiligungsrechte des Betriebsrats bei Einstellung und Kündigung, allerdings besteht ein Informationsrecht des Betriebsrats nach § 105 des Betriebsverfassungsgesetzes. Das Sprecherausschussgesetz findet Anwendung (siehe § 1 des Sprecherausschussgesetzes).
Leitender Angestellter nach dem Kündigungsschutzgesetz	Der Arbeitgeber kann in einem Kündigungsschutzprozess ohne weitere Begründung die Auflösung des Arbeitsverhältnisses gegen Zahlung einer Abfindung beantragen

3.1.3   Arbeitsrechtliche Besonderheiten beim Prokuristen in leitender Anstellung

Der Prokurist kann leitender Angestellter sein. Ist er leitender Angestellter, finden arbeitsrechtliche Bestimmungen, insbesondere das Betriebsverfassungsgesetz und das Kündigungsschutzgesetz nicht bzw. nicht uneingeschränkt Anwendung.

Betriebsverfassungsgesetz (BetrVG)

Das Betriebsverfassungsgesetz regelt Rechte und Pflichten des Betriebsrates. Der Betriebsrat ist nach diesem Gesetz allerdings nur für die Belange der Arbeitnehmer und nicht für diejenigen der leitenden Angestellten zuständig. Ist der Prokurist leitender Angestellter (siehe Kapitel 3.1), wird er also nicht durch den Betriebsrat vertreten. Er kann nicht als Mitglied des Betriebsrates gewählt werden, noch darf er sich an der Wahl des Betriebsrates beteiligen.

Kündigungsschutzgesetz (KSchG)

Ist der Prokurist leitender Angestellter im Sinne des Kündigungsschutzgesetzes, sind einige Vorschriften dieses Gesetzes auf ihn nicht anwendbar. Grund hierfür ist die Vertrauensstellung und die Nähe des leitenden Angestellten zum Arbeitgeber.

Ist der Prokurist selbstständig zur Einstellung oder Entlassung von Arbeitnehmern berechtigt, genießt sein Arbeitsverhältnis nach dem Kündigungsschutzgesetz nur einen eingeschränkten Bestandsschutz. Üblicherweise wird der Arbeitnehmer nach dem Kündigungsschutzgesetz in die Lage versetzt, um den Erhalt seines Arbeitsplatzes zu kämpfen. In einem Kündigungsrechtstreit mit einem leitenden Angestellten hat der Arbeitgeber aber das Recht, einen Antrag an das Gericht zu stellen, das Arbeitsverhältnis gegen Zahlung einer Abfindung aufzulösen. Für diesen Antrag bedarf es keiner Begründung. Die Höhe der Abfindung wird dabei in das Ermessen des Gerichts gestellt.

Eingeschränkter Bestandsschutz des Arbeitsverhältnisses

Sprecherausschussgesetz

Ist der Prokurist leitender Angestellter, kann er durch den Sprecherausschuss vertreten werden. Der Sprecherausschuss ist ein Gremium, das in Betrieben mit in der Regel mindestens 10 leitenden Angestellten gewählt werden kann. Der Arbeitgeber muss die im Sprecherausschussgesetz festgehaltenen Rechte des Sprecherausschusses wahren. So muss er ihn z. B. rechtzeitig über Änderungen der Gehaltsgestaltung und sonstiger allgemeiner Arbeitsbedingungen der leitenden Angestellten unterrichten und die vorgesehenen Maßnahmen mit dem Sprecherausschuss beraten. Vor jeder Kündigung eines leitenden Angestellten muss der Arbeitgeber den Sprecherausschuss anhören und ihm die Gründe für die Kündigung mitteilen. Unterlässt der Arbeitgeber diese Anhörung, ist die ausgesprochene Kündigung unwirksam. Der leitende Angestellte hat das Recht, sich bei der Wahrnehmung seiner Belange durch ein Mitglied des Sprecherausschusses unterstützen zu lassen.

Unternehmensmitbestimmung

Mitbestimmungsrechte

In Unternehmen mit einer bestimmten Größenordnung haben die Arbeitnehmer ein Mitbestimmungsrecht. Sie sind beispielsweise in dem Aufsichtsrat einer Aktiengesellschaft vertreten. Die einschlägigen Gesetze (Mitbestimmungsgesetz, Drittelbeteiligungsgesetz) legen allerdings fest, dass Arbeitnehmer nicht derjenige ist, der leitender Angestellter im Sinne des Betriebsverfassungsgesetz ist.

Ist der Prokurist also leitender Angestellter im Sinne des Betriebsverfassungsgesetzes, steht ihm dieses Mitbestimmungsrecht nicht zu.

3.1.4 Ändert sich bei der Beförderung zum Prokuristen der Inhalt der Arbeitsvertrags?

Unter dem Stichwort „Beförderung zum Prokuristen" ist die Frage zu behandeln, ob sich der Inhalt des Arbeitsvertrages eines Arbeitnehmers durch Bestellung zum Prokuristen ändert, und was passiert, wenn die Prokura widerrufen wird.

Insbesondere in kleineren, inhabergeführten Unternehmen kommt es vor, dass Prokuristen aus dem Kreis der bisherigen Mitarbeiter stammen, die sich „nach oben gearbeitet" haben. Deren arbeitsvertraglicher Pflichteninhalt kann nach einem Verlust der Prokura unklar sein, insbesondere wenn arbeitsvertraglich nur wenige oder gar keine Tätigkeiten beschrieben werden.

Beispiel:

Der Prokurist hat von seinem Arbeitgeber nie einen schriftlichen Arbeitsvertrag erhalten. Vor Jahren hat der Prokurist als Gabelstaplerfahrer in seiner Firma angefangen und ist in eine Position mit Verantwortung aufgestiegen. Nun schließt er regelmäßig alleinverantwortlich in Absprache mit der Geschäftsführung Verträge mit Lieferanten ab, Gabelstapler fährt er schon lange nicht mehr. Der Prokurist erhält nun auch seit etlichen Jahren ein für eine derartige Position angemessenes Angestelltengehalt. Allerdings hat er in letzter Zeit einige Fehlentscheidungen getroffen. So hat er eine völlig unrentable Maschine angeschafft und einen wichtigen Vertragspartner durch seine ungehobelten Trinksprüche verprellt. Der Arbeitgeber widerruft die Prokura und teilt den Prokuristen von nun an nur noch zu Gabelstaplerarbeiten ein. Der Prokurist ist entsetzt. Er ist der Auffassung, seine Firma habe ihn nun einmal zum Prokuristen gemacht und er habe Anspruch darauf, auch in Zukunft „ppa" zeichnen zu dürfen. Das Gabelstaplerfahren sei schon lange „passé". Schließlich habe er sich ja mühevoll hochgearbeitet. Nun müsse ihm mindestens eine gleichwertige Verantwortung im Unternehmen eingeräumt werden wie zu seiner Zeit als Prokurist.

Beurteilung der Rechtslage:

Die Tätigkeit des Prokuristen hat sich hier im Laufe der Zeit grundlegend geändert. Seine arbeitsvertraglichen Aufgaben haben sich ständig erweitert, was zwar nicht schriftlich fixiert ist, sich jedoch aus den tatsächlichen Umständen ergibt. Der Arbeitgeber hat nach dem Widerruf der Prokura keine Änderungskündigung ausgesprochen, hierfür fehlt es jedenfalls an der Schriftform. Die Anweisung, nur noch Gabelstaplerarbeiten auszuführen, ist eine arbeitsvertragliche Weisung. Der Arbeitgeber darf ein solches Weisungsrecht nur in den Grenzen des Arbeitsvertrags und nach billigem Ermessen ausüben. Dem entspricht es jedoch nicht, den Arbeitnehmer plötzlich wieder nur für Tätigkeiten einzusetzen, die ihm schon lange nicht mehr oblagen. Denn der Arbeitsvertrag ist mittlerweile stillschweigend dahingehend geändert worden, dass der Prokurist für die Vertragsbeziehungen mit Lieferanten zuständig ist. Allerdings ist dem Arbeitgeber der Widerruf der Prokura jederzeit möglich. Der Arbeitnehmer kann nicht verlangen, dass ihm die Prokura wieder erteilt wird. Dem Arbeitnehmer kann auch eine andere, vergleichbare Tätigkeit zugewiesen werden.

Der arbeitsvertragliche Tätigkeitsbereich kann sich durch längere vorbehaltlose Verwendung zu ganz bestimmten Arbeiten im Wege stillschweigender Änderung des Arbeitsvertrags auf solche Tätigkeiten beschränken. Dies gilt nach Auffassung des Bundesarbeitsgerichts aber nur, wenn insoweit ein Vertrauenstatbestand durch Hinzutreten weiterer besonderer Umstände geschaffen wurde.

Achtung:

Eine Vertragsänderung, die zu einer Einschränkung des Weisungsrechts führt, ist nach dem Bundesarbeitsgericht nur bei Vorhandensein besonderer Umstände anzunehmen.[47]

Einschränkung des Weisungsrechts

Das Weisungsrecht des Arbeitgebers kann damit im Einzelfall soweit eingeschränkt sein, dass er dem Arbeitnehmer selbst solche Tätigkeiten nicht mehr aufgeben darf, die dieser früher einmal regelmäßig ausgeübt hat. Eine Zuweisung von geringwertigen Tätigkeiten ist im Allgemeinen selbst bei Beibehaltung der bisherigen Vergütung nicht möglich, es sei denn, es gibt arbeitsvertraglich entsprechende Vereinbarungen.

3.1.5 Wechsel des Prokuristen in eine organschaftliche Stellung des Unternehmens

Der Prokurist als Organvertreter

Nicht selten kommt es vor, dass Prokuristen in ihrem Unternehmen zum Organ der Gesellschaft bestellt werden. Die Frage ist dann, was mit seinem Arbeitsvertrag passiert, da Organvertreter nicht in einem Arbeitsverhältnis zu ihrem Unternehmen stehen.

Das bisherige Arbeitsverhältnis wird aufgehoben

Zunächst ging die Rechtsprechung hierzu davon aus, dass das Arbeitsverhältnis im Zweifel nicht aufgehoben werde. Das bisherige Arbeitsverhältnis werde zu einem „ruhenden Arbeitsverhältnis" mit der Folge, dass das Arbeitsverhältnis nach einer Kündigung der organschaftlichen Stellung mit seinen gegenseitigen Rechten und Pflichten wieder auflebt. Ein ruhendes Arbeitsverhältnis liege nur dann nicht vor, wenn der durch die Aufhebung des Arbeitsverhältnisses eintretende Verlust des gesetzlichen Kündigungsschutzes ausgeglichen wurde, etwa durch eine deutlich höhere Vergütung. Später wurde diese Rechtsprechung aber geändert. Durch die Bestellung zum Gesellschaftsorgan erfolge eine Aufhebung des bestehenden

---

[47] Entscheidung des Bundesarbeitsgerichts vom 11.06.1958, abgedruckt in „Arbeitsrechtliche Praxis" Nr. 2 zu § 611 BGB Direktionsrecht.

Arbeitsverhältnisses. Die Kündigung z. B. des Dienstvertrags eines GmbH-Geschäftsführers führe dann zur vollständigen Beendigung des Anstellungsverhältnisses einschließlich des vorigen Arbeitsverhältnisses. Ein ruhendes Arbeitsverhältnis komme nur bei einer ausdrücklichen Vereinbarung zwischen den Parteien in Betracht.

Achtung:

Zum 01.05.2000 wurde in § 623 BGB eingeführt, dass Aufhebungsverträge der Schriftform bedürfen.

Das Bundesarbeitsgericht geht in neueren Entscheidungen inzwischen davon aus, dass ohne Vorhandensein weiterer Anhaltspunkte regelmäßig durch den Abschluss eines Geschäftsführerdienstvertrags der vorangehende Arbeitsvertrag einvernehmlich aufgehoben werde. Dem Schriftformerfordernis ist durch einen schriftlichen Geschäftsführerdienstvertrag genüge getan.[48] *Aufhebung des Arbeitsvertrages*

Viele Unternehmen vereinbaren vorsorglich mit dem Prokuristen ausdrücklich, dass der Arbeitsvertrag aufgehoben wird. Dem ehemaligen Prokuristen wird dann vielfach ein Ausgleich für den Verlust seiner Arbeitnehmerrechte gewährt, etwa über erhöhte Bezüge, die betriebliche Altersversorgung oder durch eine verlängerte Kündigungsfrist.

Achtung:

Nach der Rechtsprechung endet das Arbeitsverhältnis des Prokuristen bei Abschluss eines Geschäftsführerdienstvertrags. Die Unternehmen werden daher häufig eine einvernehmliche Aufhebung des Anstellungsvertrags vereinbaren.

Aufhebung des Arbeitsverhältnisses bei Erwerb der organschaftlichen Stellung

Zur Aufhebung des Arbeitsvertrags des Prokuristen ist, wie gesehen, die Schriftform zwingend erforderlich. Dies geht aus § 623 BGB hervor. Eine zulässige Klausel für eine Aufhebung könnte wie folgt aussehen: *Schriftform*

---

[48] Bundesarbeitsgericht, Urteil vom 19.07.2007 – 6 AZR 875/06.

Formulierungs-
vorschlag

Aufhebung des Arbeitsverhältnisses (Beispiel)
Die Parteien sind sich einig, dass das Arbeitsverhältnis durch den Erwerb der organschaftlichen Stellung ... einvernehmlich endet.

Fortsetzung des Arbeitsverhältnisses nach Abberufung als Organ

Vereinbaren die Parteien jedoch nach der Kündigung des Geschäftsführervertrages eine Weiterbeschäftigung ohne wesentliche Änderung der Arbeitsaufgaben, lässt dies regelmäßig auf den Willen der Beteiligten schließen, die Beschäftigungszeit als Geschäftsführer auf das neu begründete Arbeitsverhältnis anzurechnen. Der abberufene Geschäftsführer genießt dann in dem neu begründeten Arbeitsverhältnis von Anfang an Kündigungsschutz.[49]

Achtung:

Unternehmen und Geschäftsführer können vereinbaren, dass dieser nach seiner Abberufung ohne wesentliche Änderung der Arbeitsaufgaben weiterbeschäftigt wird. Wenn nichts anderes vereinbart ist, besteht dann Kündigungsschutz regelmäßig von Anfang an.

---

[49] Urteil des Bundesarbeitsgerichts vom 24.11.2005 – 2 AZR 614/04, in: DB 2006, 728.

Übersicht: Organe, leitende Angestellte und Arbeitnehmer

Organ	Prokurist ...	
	... als leitender Angestellter	... als einfacher Arbeitnehmer
kein Arbeitnehmer	Arbeitnehmer	
übt stets Arbeitgeberfunktion aus	übt in den ihm aufgegebenen Fällen Arbeitgeberfunktion aus	darf keine Arbeitgeberfunktionen ausüben
übt Leitungsfunktion aus	übt Leitungsfunktion in den ihm aufgegebenen Fällen aus	Leitungsfunktion nur unterhalb der Schwelle von § 5 BetrVG bzw. § 14 KSchG
kann nicht gleichzeitig Prokurist sein	kann nicht gleichzeitig Organ sein	
kein Kündigungsschutz	Arbeitgeber kann im Kündigungsschutzprozess Auflösung des Arbeitsvertrags gegen Zahlung einer Abfindung ohne weitere Begründung verlangen	genießt als Arbeitnehmer Kündigungsschutz nach dem KSchG
Betriebsverfassungsgesetz nicht anwendbar	Sprecherausschussgesetz anwendbar	Betriebsverfassungsgesetz anwendbar
gesetzliche Vertretung, etwa als Geschäftsführer einer GmbH oder Vorstand einer Aktiengesellschaft	keine Vertretung des Unternehmens kraft Gesetzes, sondern nur aufgrund einer rechtsgeschäftlich erteilten Vollmacht	
Vertretung der Gesellschaft gegenüber Dritten unbeschränkt	Vertretung gegenüber Dritten nicht beschränkbar	
kann Dritten Prokura erteilen, wenn Kaufmannseigenschaft des Unternehmens gegeben ist, z. B. GmbH: Prokuraerteilung durch Geschäftsführung nach entsprechenden gesellschaftsrechtlich vorgeschriebenen Gremienentscheidungen (§ 46 Nr. 7 des GmbH-Gesetzes: Zustimmung der Gesellschafterversammlung)	empfängt Prokura, darf sie jedoch nicht an Dritte erteilen	
unterzeichnet den Jahresabschluss (§ 245 HGB)	darf den Jahresabschluss nicht unterzeichnen	

Organ	Prokurist ...	
	... als leitender Angestellter	... als einfacher Arbeitnehmer
haftet nach den Grundsätzen der „Organhaftung"	haftet nach den Grundsätzen der „Arbeitnehmerhaftung", wobei der Prokurist gegenüber dem Nichtprokuristen einer gesteigerten Treuepflicht unterliegt	
Befugnis zur Veräußerung und Belastung von Grundstücken	Befugnis zur Veräußerung und Belastung von Grundstücken nur, wenn die Prokura entsprechend erweitert ist	
Bestellung durch Organe nach entsprechenden gesellschaftsrechtlich vorgeschriebenen Gremienentscheidungen	Prokuraerteilung durch Organe (siehe oben)	
Nachvertragliches Wettbewerbsverbot für Organe: kann auch ohne Karenzentschädigung wirksam sein	Nachvertragliches Wettbewerbsverbot nur unter den Voraussetzungen von §§ 74 ff. des Handelsgesetzbuchs, insbesondere nur mit Karenzentschädigung	
Zuständigkeit der Zivilgerichte für Streitigkeiten zwischen Organ und Unternehmen	Zuständigkeit der Arbeitsgerichte für Streitigkeiten aus einem Arbeitsverhältnis	
Prozessfähigkeit gegeben, d. h. die Gesellschaft kann klagen und verklagt werden und wird durch den gesetzlichen Vertreter vor Gericht vertreten. Die Zeugeneigenschaft ist jedoch ausgeschlossen.	Prozessfähigkeit in Bezug auf das Unternehmen nicht gegeben.	
im Prozess ist das Organ „Partei"	Der Prokurist kommt in gerichtlichen Verfahren als Zeuge für das Unternehmen in Betracht.	

3.2 Der Anstellungsvertrag des Prokuristen

Ein Arbeitsvertrag kommt zustande, wenn sich Arbeitgeber und Prokurist über die wesentlichen Bedingungen ihrer Zusammenarbeit (Arbeitsleistung, Vergütung) einig geworden sind. Hierzu genügt eine mündliche Absprache. Aus Beweisgründen empfiehlt es sich aber stets, einen schriftlichen Arbeitsvertrag abzuschließen. Nach dem Gesetz über den Nachweis der für ein Arbeitsverhältnis geltenden wesentlichen Bedingungen (Nachweisgesetz) hat der Arbeitnehmer spätestens einen Monat nach dem vereinbarten Beginn des Arbeitsverhältnisses einen Anspruch auf Aushändigung einer unterzeichneten Niederschrift der wesentlichen Vertragsbedingungen.

3.2.1 Wie ist mit allgemeinen Vertragsbedingungen umzugehen?

Mit Personen, die auf Führungsebene tätig werden, werden die Arbeitsverträge in der Regel individuell ausgehandelt. Verwendet der Arbeitgeber aber einen vorformulierten Arbeitsvertrag, so handelt es sich um allgemeine Geschäftsbedingungen, die nach den Regelungen der §§ 305 ff. BGB einer Inhaltskontrolle unterzogen werden können. Betrifft das Aushandeln nur einzelne Klauseln, unterliegen die vorformulierten Klauseln der oben genannten Inhaltskontrolle. Danach sind beispielsweise Klauseln unwirksam, die den Arbeitnehmer entgegen den Geboten von Treu und Glauben unangemessen benachteiligen oder die inhaltlich von zwingenden gesetzlichen Regelungen zu Lasten des Arbeitnehmers abweichen. Sind einzelne Klauseln des Arbeitsvertrages unwirksam, berührt dies den Vertrag im Übrigen nicht.

AGB-Kontrolle

3.2.2 Wie können die Leistungspflichten des Prokuristen im Vertrag beschrieben werden?

In § 2 Abs. 1 Satz 1 Nr. 5 Nachweisgesetz fordert der Gesetzgeber für Arbeitsverträge „eine kurze Charakterisierung oder Beschreibung der vom Arbeitnehmer zu leistenden Tätigkeit".

Nachweisgesetz

101

Die Nichterfüllung dieser Pflicht durch den Arbeitgeber führt allerdings nicht zu einer Unwirksamkeit des Arbeitsvertrags. Es ist jedoch uneingeschränkt zu empfehlen, dass Prokurist und Unternehmen so weit wie möglich Klarheit über den Inhalt der Tätigkeit schaffen, um spätere Unstimmigkeiten über die inhaltliche Ausgestaltung des Arbeitsvertrags zu vermeiden.

Direktionsrecht Der Arbeitgeber kann im Rahmen der vertraglich vereinbarten Tätigkeit sein Direktionsrecht ausüben, um die näheren Umstände der arbeitsvertraglichen Leistungserbringung zu konkretisieren. Dies ergibt sich aus § 106 Abs. 1 Satz 1 der Gewerbeordnung:

---

§ 106 Abs. 1 Satz 1 Gewerbeordnung

Der Arbeitgeber kann Inhalt, Ort und Zeit der Arbeitsleistung nach billigem Ermessen näher bestimmen, soweit die Arbeitsbedingungen nicht durch den Arbeitsvertrag, Bestimmungen einer Betriebsvereinbarung, eines anwendbaren Tarifvertrags oder gesetzliche Vorschriften festgelegt sind.

Die Leistungspflichten des Arbeitnehmers können sich im Laufe der Zeit auch durch die tatsächlichen Umstände ändern. Das Weisungsrecht des Arbeitgebers verläuft dann in entsprechend engeren Grenzen (vgl. Beispiel in Kapitel 3.1).

Die Tätigkeitsbeschreibung kann auf verschiedene Weise ausgestaltet werden:

Übersicht: Tätigkeitsbeschreibungen

Beschreibung der Position	„Der Arbeitnehmer wird als Leiter der Abteilung A eingestellt."
fachliche Beschreibung	„Der Arbeitnehmer wird als kaufmännischer Angestellter eingestellt."
Beschreibung der Aufgabe	„Das Arbeitsgebiet des Arbeitnehmers umfasst folgende Tätigkeiten: ..."
Beschreibung unter Verweis auf die Stellenbeschreibung	„Die Stellenbeschreibung Nr. ... in der Fassung vom ... ist als Anlage ... zu diesem Arbeitsvertrag beigefügt und ist Vertragsbestandteil."

3.2.3 Kann der Vertrag befristet werden?

Der Arbeitsvertrag mit dem Prokuristen kann auch befristet ge- Schriftform schlossen werden. Allerdings ist die Vereinbarung einer Befristung nur dann wirksam, wenn sie schriftlich erfolgt ist (§ 14 Abs. 4 TzBfG). Das bedeutet, dass beide Parteien ihre Unterschrift auf dieselbe Urkunde setzen müssen. Wenn die Befristungsabrede lediglich mündlich getroffen wurde, haben die Parteien keinen wirksamen befristeten Arbeitsvertrag geschlossen. Dann wird aus dem befristeten ein unbefristeter Arbeitsvertrag.

Um zu verhindern, dass der Arbeitgeber mit der Befristung zwingende Kündigungsschutzregeln umgeht, hat der Gesetzgeber die wirksame Befristung an Voraussetzungen geknüpft. Geregelt sind diese im Teilzeit- und Befristungsgesetz (TzBfG). Danach ist der Abschluss eines befristeten Arbeitsvertrages nur dann wirksam, wenn ein sachlicher Grund für die Befristung besteht oder die Befristung bei Vorliegen bestimmter Voraussetzungen auch ohne sachlichen Grund zulässig ist.

Bedingungen für eine wirksame Befristung

Übersicht: Befristungen mit und ohne sachlichem Grund

Befristung	
... ohne sachlichen Grund	... mit sachlichem Grund
Arbeitnehmer darf noch nicht in einem befristeten oder unbefristeten Arbeitsverhältnis zu dem Arbeitgeber oder dessen Rechtsvorgänger gestanden haben.	Vorliegen eines Sachgrundes im Zeitpunkt des Vertragsabschlusses
maximale Dauer der Befristung von 2 Jahren mit höchstens dreimaliger Verlängerung	sachliche Gründe sind z. B.: • Schwangerschafts- und Krankheitsvertretung • vorübergehender Bedarf • Befristung zur Erprobung • Beschäftigung im Anschluss an eine Ausbildung
	Einer Befristung ohne sachlichen Grund kann eine Befristung mit sachlichem Grund zeitlich nachfolgen.

Formulierungs-
vorschlag

Befristungsabrede (Beispiel)

Das Arbeitsverhältnis wird befristet abgeschlossen. Es endet, ohne dass es einer Kündigung bedarf mit Ablauf des ...

[oder:]

Der Arbeitnehmer wird als Vertretung für Frau Schulze eingestellt. Die Befristung endet, wenn Frau Schulze aus dem Erziehungsurlaub zurückkehrt, spätestens am ...

Im Gegensatz zu dem unbefristet geschlossenen Arbeitsverhältnis endet das befristet abgeschlossene Arbeitsverhältnis, ohne dass die Kündigung ausgesprochen werden muss. Ist der Arbeitnehmer der Ansicht, dass die Befristung unwirksam ist, muss er innerhalb von 3 Wochen bei dem Arbeitsgericht Klage erheben (zum Ablauf des Arbeitsgerichtsverfahrens siehe Kapitel 3.10).

3.2.4 Kann der Prokurist in Teilzeit beschäftigt werden?

Die Tätigkeit des Prokuristen kann auch in Teilzeit erfolgen. Dies wird aufgrund der Führungsposition, die der Prokurist in der Regel innehat, lediglich in Ausnahmefällen gegeben sein. Das Teilzeitarbeitsverhältnis unterscheidet sich inhaltlich, abgesehen von der Arbeitszeit, nicht von einem Vollzeitarbeitsverhältnis.

Ein Arbeitnehmer kann eine Verringerung seiner vertraglich vereinbarten Arbeitszeit nach dem Teilzeit- und Befristungsgesetz geltend machen, wenn sein Arbeitsverhältnis länger als 6 Monate bestanden hat und der Arbeitgeber, unabhängig von der Anzahl der Personen, die sich in der Berufsausbildung befinden, in der Regel mehr als 15 Arbeitnehmer beschäftigt. Diesen Wunsch muss der Arbeitnehmer spätestens drei Monate vor Beginn der verringerten Arbeitszeit geltend machen. Dabei sollte auch die gewünschte Verteilung der Arbeitszeit angegeben werden. Der Arbeitgeber soll dieses Begehren sodann mit dem Arbeitnehmer erörtern.

Betriebliche Gründe gegen Verringerung der Arbeitszeit

Der Arbeitgeber hat der Verringerung der Arbeitszeit zuzustimmen, soweit keine betrieblichen Gründe dagegen stehen. Nach dem Teilzeit- und Befristungsgesetz liegt ein betrieblicher Grund z. B. vor, wenn die Verringerung der Arbeitszeit die Organisation, den Arbeitsablauf oder die Sicherheit im Betrieb wesentlich beeinträchtigt oder unverhältnismäßige Kosten entstehen. Der Arbeitgeber hat die Entscheidung über die Verringerung der Arbeitszeit und ihrer Verteilung dem Arbeitnehmer spätestens einen Monat vor dem gewünschten Beginn schriftlich mitzuteilen. Kommt der Arbeitgeber dem Wunsch des Arbeitnehmers nicht nach, kann der Arbeitnehmer die Verweigerung gerichtlich überprüfen lassen.

3.2.5 Wie kann die Prokuraerteilung im Vertrag geregelt werden?

Findet sich in dem Arbeitsvertrag eine Formulierung, nach der dem Arbeitnehmer Prokura erteilt werden soll, so ist der Arbeitgeber trotzdem nicht gehindert, ihm die Prokura zu entziehen. Der Arbeitnehmer hat dann aber die Möglichkeit, das Arbeitsverhältnis gegebenenfalls fristlos zu kündigen und Schadensersatzansprüche geltend zu machen (siehe Kapitel 3.9).

Eine solche Klausel könnte wie folgt lauten:

> **Prokuraerteilung (Beispiel)**
>
> *Frau ... erhält nach einer Einarbeitungszeit von 6 Monaten Prokura. Als Gesamtprokura berechtigt diese Vollmacht, die Firma zusammen mit einem Geschäftsführer rechtsgeschäftlich zu vertreten. Im Innenverhältnis umfasst die erteilte Bevollmächtigung den unter § 2 genannten Aufgabenbereich.*

Formulierungs-
vorschlag

Ist im Arbeitsvertrag die Erteilung einer Prokura nicht geregelt, hindert dies den Arbeitgeber nicht daran, dem Arbeitnehmer eine Prokura zu erteilen.

3.2.6 Wie kann die Stellung des Prokuristen im Unternehmen geregelt werden?

In vielen Verträgen leitender Angestellter findet sich eine Formulierung mit nachfolgendem Inhalt:

> *Die Parteien sind sich darüber einig, dass Herr/Frau ... leitende(r) Angestellte(r) im Sinne von § 5 Abs. 3 BetrVG und § 14 Abs. 2 KSchG ist.*

Formulierungs-
vorschlag

Allerdings ist diese Klausel für die Beantwortung der Frage, ob der Prokurist leitender Angestellter ist, nicht von Bedeutung. Entscheidend ist dagegen, ob die in Kapitel 3.1 genannten Kriterien tatsächlich vorliegen.

Ist im Arbeitsvertrag z. B. geregelt, dass der Prokurist selbstständig zur Einstellung und Entlassung von Mitarbeitern befugt ist (vgl. den folgenden Textbaustein), und hat der Prokurist von dieser Befugnis tatsächlich Gebrauch gemacht, ist er leitender Angestellter nach den Regelungen des Kündigungsschutzgesetzes.

Formulierungs-
vorschlag

> *Der Prokurist ist selbstständig zur Einstellung und Entlassung von Mitarbeitern befugt.*

Anders ist es, wenn im Arbeitsvertrag z. B. Folgendes festgehalten ist:

Formulierungs-
vorschlag

> *Der Prokurist ist zur Einstellung und Entlassung von Mitarbeitern nach vorheriger Zustimmung der Geschäftsführung befugt.*

Diese vertragliche Regelung spricht gegen die Einordnung des Prokuristen als leitenden Angestellten im Sinne des Kündigungsschutzgesetzes. Will der Arbeitgeber nach Kündigung des Arbeitsverhältnisses und einer gerichtlichen Auseinandersetzung gleichwohl einen Auflösungsantrag ohne weitere Begründung gemäß §§ 9 Abs. 1, 14 Abs. 2 KSchG stellen (siehe Kapitel 3.1), muss er darlegen und beweisen, dass der Prokurist entgegen der vertraglichen Regelung mit Einverständnis der Geschäftsführung selbstständig Einstellungen und Entlassungen vorgenommen hat.

Sind im Arbeitsvertrag Kompetenzen und Befugnisse geregelt, aus denen hervorgeht, dass diese im Verhältnis zwischen Prokurist und Arbeitgeber nicht wesentlich beschränkt sind, ist diese Regelung ein Indiz dafür, dass der Prokurist leitender Angestellter im Sinne des Betriebsverfassungsgesetzes ist (siehe Kapitel 3.1). Bei Aufnahme der Kompetenzen und Befugnisse in den Arbeitsvertrag ist zu berücksichtigen, dass eine detaillierte Nennung dem Prokuristen eine gewissen Sicherheit gibt. Andererseits darf er einseitig über die geregelten Kompetenzen und Befugnisse nicht hinausgehen. Eine detaillierte Regelung kann also auch zu einer Einengung der Tätigkeit des Prokuristen führen. Er muss also abwägen, was ihm wichtig ist.

3.3 Die Vergütung des Prokuristen als Arbeitnehmer

Wenn der Prokurist als Arbeitnehmer angestellt ist, so ist ihm seine Arbeit auch zu vergüten. Dabei kann sich das Gehalt des Prokuristen aus mehreren Komponenten zusammensetzen. So kann der Arbeitgeber dem Prokuristen neben dem festen Grundgehalt z. B. mit leistungsabhängigen Komponenten einen zeitgemäßen Anreiz für intensiveren Einsatz für das Unternehmen anbieten. Und der Prokurist hat es so auch selber in der Hand, mit stärkerem Arbeitseinsatz seinen Verdienst zu erhöhen.

Vergütungskomponenten

3.3.1 Grundgehalt

Je nach vertraglicher Vereinbarung erhält der Prokurist als Angestellter ein festes Jahresgrundgehalt, das mit bestimmten Zusatzkomponenten (variable Gehaltsbestandteile, wie z. B. Gratifikationen) aufgestockt werden kann. Eine solche Klausel könnte wie folgt lauten:

Klausel für ein Jahresgrundgehalt

Der Arbeitnehmer erhält für seine Tätigkeit eine in zwölf gleichen Monatsraten zu zahlende jährliche Vergütung in Höhe von ... € brutto. Dies ist die Grundvergütung. Tritt der Arbeitnehmer nicht zu Beginn eines Kalenderjahres in das Unternehmen ein oder scheidet er vor Ablauf eines Kalenderjahres aus, so erfolgt die Grundvergütung pro rata temporis.

Formulierungsvorschlag

Soweit der Arbeitnehmer unterjährig in das Unternehmen eintritt oder das Unternehmen verlässt, muss die Jahresvergütung entsprechend anteilig gezahlt werden.

Ebenso kann eine Monatsvergütung vereinbart werden:

Vereinbarung über eine Monatsvergütung

Der Arbeitnehmer erhält für die vertragliche regelmäßige Arbeitszeit ein monatliches Grundgehalt in Höhe von ... € brutto.

Formulierungsvorschlag

Gehaltsanpassungsklausel

Der Arbeitsvertrag kann eine Gehaltsanpassungsklausel enthalten. Allerdings könnte der Arbeitgeber hier vertraglich einen Vorbehalt vereinbaren wollen, wonach eine Tariferhöhung nicht im vollen Umfang durchgesetzt werden muss.

> **Achtung:**
> Dass der Arbeitgeber jahrelang die Gehälter ohne vertragliche Vereinbarung einseitig und in Anpassung zur Tarifentwicklung des Vorjahres jeweils zum ersten des Kalenderjahres erhöht hat, führt nicht zu einer betrieblichen Übung (vgl. Kapitel 3.3). Das bedeutet: Der Arbeitnehmer hat in diesen Fällen auch nach mehrmaliger einseitiger Erhöhung durch den Arbeitgeber keinen Anspruch auf eine solche Erhöhung des Gehalts.

Gleichbehand-lungsgrundsatz

Wenn der Arbeitsvertrag keine Gehaltsanpassungsklausel enthält, kann ein Arbeitgeber allerdings nach dem arbeitsrechtlichen Gleichbehandlungsgrundsatz gehalten sein, allgemeine Lohnerhöhungen vorzunehmen. Jedoch ist eine unterschiedliche Anhebung von Löhnen der übertariflichen Angestellten eines Betriebes sowohl nach Leistungsgesichtspunkten als auch nach dem Grundsatz der Vertragsfreiheit möglich.

> **Achtung:**
> Einen Anspruch auf Gehaltserhöhung hat der Prokurist grundsätzlich nicht, wenn sie nicht vertraglich vereinbart wurde. In sehr eng begrenzten Ausnahmefällen ergibt sich bei Anhebung der Löhne und Gehälter von Kollegen des Prokuristen ein Gehaltsanpassungsanspruch aus dem Gesichtspunkt des arbeitsrechtlichen Gleichbehandlungsgrundsatzes. Eine für verschiedene außertariflich Angestellte ungleiche Gehaltsanpassung aus dem Gesichtspunkt der Honorierung individueller Leistungen ist jedoch selbstverständlich zulässig. Eine solche Einschätzung des Arbeitgebers hat Vorrang vor dem Gleichbehandlungsgrundsatz.

Eine Gehaltsanpassungsklausel im Arbeitsvertrag können Sie wie folgt formulieren:

Formulierungs-vorschlag

> **Gehaltsanpassungsklausel (Beispiel)**
>
> *Im Falle von Tariferhöhungen oder Ermäßigungen erhöht oder ermäßigt sich die Bruttovergütung um den Prozentsatz, wie sich das höchste Tarifgehalt für Angestellte des ... Tarifvertrags verändert. Im Übrigen bleibt die Veränderung der Vergütung einer besonderen Vereinbarung vorbehalten.*

Das Gehalt ist in seiner Gesamtheit mangels abweichender Vereinbarungen zum Ende des Monats fällig. Eine abweichende Fälligkeitsregelung ist unüblich.

3.3.2 Vergütung für Überarbeit oder Mehrarbeit

Ist im Arbeitsvertrag eine vertragliche Arbeitszeit genannt und dem Arbeitgeber gleichzeitig vertraglich das Recht eingeräumt, Überstunden anzuordnen, so stellt sich die Frage nach deren Vergütung. Soweit ein Jahres- oder Monatsgrundgehalt vereinbart ist, lässt sich hieraus der Stundenlohn errechnen, der für die Überstunden anzusetzen ist. Überstundenzuschläge schuldet der Arbeitgeber nur, soweit diese tariflich oder arbeitsvertraglich vereinbart sind. Auch eine Pauschalabgeltung einer bestimmten Zahl von Überstunden kann vertraglich vereinbart sein.

Berechnung des Stundenlohns

> **Achtung:**
> Bei leitenden Angestellten ist es nach ständiger Rechtsprechung des Bundesarbeitsgerichts zulässig, wenn die Ableistung von Mehr- bzw. Überarbeit von der Grundvergütung abgedeckt ist und kein zusätzlichen Entgeltansprüche entstehen.

Mangels ausdrücklicher Vereinbarung komme eine zusätzliche Vergütung nur in Betracht, wenn die vertraglichen Bezüge nur eine bestimmte zeitliche Normalleistung abgelten sollen oder wenn dem leitenden Angestellten zusätzliche Arbeiten außerhalb seines eigentlichen Aufgabenkreises übertragen werden.[50]

Vereinbarung über Mehrarbeit

Der Arbeitgeber kann eine Abgeltungsklausel in den Arbeitsvertrag aufnehmen. Diese Klauseln dürfen allerdings nicht pauschal für sämtliche Überstunden vereinbart werden, sondern müssen eine Obergrenze vorsehen. Dabei muss darauf geachtet werden, dass ein angemessenes Verhältnis zwischen Überstunden und Vergütung gewahrt bleibt. Als Faustformel gilt, dass nicht mehr monatliche Überstunden als 10-15 % der geschuldeten Arbeitszeit pauschal abgegolten werden sollten. Wenn allerdings durch die Arbeitsver-

---

[50] Entscheidung des Bundesarbeitsgerichts vom 17.11.1966, abgedruckt in: „Arbeitsrechtliche Praxis" Nr. 1 zu § 611 BGB Leitende Angestellte.

tragsparteien die Höchstarbeitszeiten des Arbeitszeitgesetzes nicht eingehalten werden, so muss der Arbeitgeber unter Umständen für sämtliche über diese Grenze hinausgehenden Überstunden Vergütung zahlen.[51]

Formulierungs-
vorschlag

Vereinbarung über Mehrarbeit

Mit der Vergütung sind Überstunden, Mehr-, Sonn- und Feiertagsarbeit – bis zur Höchstgrenze von wöchentlich ... Arbeitsstunden – abgegolten.

3.3.3 Sondervergütungen

Was sind Gratifikationen?

Gratifikationen
sind freiwillige
Leistungen des
Arbeitgebers

Bei Gratifikationen handelt es sich um freiwillige Leistungen des Arbeitgebers, auf die grundsätzlich kein Anspruch besteht. Etwas anderes gilt allerdings dann, wenn die Gratifikationen Bestandteil des Arbeitsvertrages sind oder die Voraussetzungen einer so genannten „betrieblichen Übung" oder des arbeitsrechtlichen Gleichbehandlungsgrundsatzes vorliegen. Zu diesen Gratifikationen kann z. B. das Weihnachtsgeld gehören. Auf die genannten Vergütungsanteile hat der Prokurist in der Regel also nur dann Anspruch, wenn sie arbeits- bzw. dienstvertraglich für einen bestimmten Zeitraum vereinbart wurden.

Betriebliche Übung

Auch ohne eine ausdrückliche Vereinbarung kann aber auch ein Anspruch auf Gewährung von Sonderleistungen kraft „betrieblicher Übung" entstanden sein. Darunter versteht man Fälle, in denen sich eine übliche Handhabung des Unternehmens zu einer rechtlichen Bindung verfestigt, die dann Inhalt des einzelnen Arbeitsverhältnisses wird. In der regelmäßigen Wiederholung eines bestimmten Verhaltens kann also ein „stillschweigendes Angebot" an den betroffenen Arbeitnehmer liegen, welches er – ebenfalls stillschweigend – annehmen kann, ohne dass es einer ausdrücklichen Annahmeerklärung bedarf.

---

[51] Urteil des Bundesarbeitsgerichts vom 28.09.2005 – 5 AZR 52/05.

Nach ständiger Rechtsprechung des Bundesarbeitsgerichts wird für die Weihnachtsgratifikation angenommen, dass durch eine dreimalige vorbehaltlose Gewährung eine Verpflichtung entsteht, von welcher der Arbeitgeber sich nicht durch einseitigen Widerruf lossagen kann. Allerdings prüft das Bundesarbeitsgericht in jedem Einzelfall die näheren Umstände, um sicherzugehen, dass der Arbeitgeber nicht durch tatsächliches Verhalten erkennen lässt, dass er sich nicht in dieser Weise an die Gewährung einer Weihnachtsgratifikation binden wollte.

Weihnachtsgratifikation

> **Achtung:**
> Nach dreimaliger vorbehaltloser Gewährung einer Weihnachtsgratifikation erkennen die Arbeitsgerichte im Einzelfall einen Anspruch kraft betrieblicher Übung an. Wie oft eine regelmäßige Wiederholung einer Verhaltensweise erfolgen muss, damit ein Anspruch des Arbeitnehmers entsteht, ist in den übrigen Fällen der Gratifikationen aber offen.

Voraussetzungen für das Vorliegen einer betrieblichen Übung

Eine betriebliche Übung für die Gewährung von Gratifikationen liegt vor, wenn die folgenden Voraussetzungen erfüllt sind:

- regelmäßige Wiederholung der Gewährung einer bestimmten Gratifikation
- Angebotsqualität dieser Gewährung
- stillschweigende Annahme durch den Arbeitnehmer

Das Vorliegen einer betrieblichen Übung ist entscheidend dadurch geprägt, dass der Arbeitgeber nicht erkennen lässt, dass er die Leistungen nur freiwillig mit der Möglichkeit jederzeitigen Widerrufs gewähren will. Dem kann der Arbeitgeber durch entsprechende vertragliche Vereinbarung entgegenwirken.

> **Achtung:**
> Unternehmer werden in der Regel versuchen, einen Freiwilligkeitsvorbehalt zu vereinbaren, damit keine betriebliche Übung entsteht.

Einen Freiwilligkeitsvorbehalt können Sie wie folgt formulieren:

Formulierungs-
vorschlag

> ### Freiwilligkeitsvorbehalt
>
> Die mit dem Vertrag vom ... zwischen .... gewährten Leistungen über ...
> [näher ausführen] ... werden freiwillig und mit der Maßgabe gewährt,
> dass auch bei wiederholter Zuwendung ein Rechtsanspruch weder für
> das laufende Kalenderjahr noch für die Zukunft begründet wird.

Im Gegenseitigkeitsverhältnis stehende monatliche Vergütungsbestandteile, so z. B. Leistungszulagen, können allerdings nach der neueren Rechtsprechung des Bundesarbeitsgerichts nicht unter einen solchen Freiwilligkeitsvorbehalt gestellt werden.[52] Das Weihnachtsgeld kann dann mit einem Freiwilligkeitsvorbehalt versehen werden, wenn es nicht als Belohnung für geleistete Dienste, sondern als Anreiz für künftige Betriebstreue gezahlt wird (Indiz für Letzteres ist z. B. eine Stichtagsregelung im Arbeitsvertrag). Welche Folgen hat das vorzeitige Ausscheiden des Prokuristen für die Gewährung der Gratifikation?

Gratifikation mit Entgeltcharakter

Oft stellt sich die Frage, welchen Teil der Sondervergütung der Prokurist bei vorzeitigem Ausscheiden noch anteilig beanspruchen darf. Sondervergütungen mit reinem Entgeltcharakter sind für die Zeit, in der das Anstellungsverhältnis bestand, zu bezahlen. Entsprechend werden vertraglich vereinbarte Sondervergütungen, die für das gesamte Beschäftigungsjahr gezahlt werden, anteilig für die Zeit, in welcher der Prokurist im Unternehmen gearbeitet hat, ausgezahlt.

Belohnung der Betriebstreue

Bei Sondervergütungen, die die Betriebstreue, also den „Bestand" des Arbeitsverhältnisses im Unternehmen, belohnen sollen, ist in der Regel ein Stichtag erforderlich, zu welchem das Arbeitsverhältnis bestehen muss. Tritt der Prokurist vor Erreichen des Stichtags aus dem Unternehmen aus, so entsteht kein Anspruch auf Sondervergütung. Häufig kann aber gar nicht so genau bestimmt werden, welchen Zweck das Unternehmen mit der Gewährung der Sondervergütung verfolgt. Bei solchen Gratifikationen mit „Mischcharakter" wird in der Regel eine vertragliche Vereinbarung zur anteiligen Aus-

---

[52] Bundesarbeitsgericht v. 25.04.2007 – 5 AZR 627/06, abgedruckt in: Neue Zeitschrift für Arbeitsrecht 2007, 853.

zahlung verlangt. Ansonsten fällt die Vergütung bei vorzeitigem Ausscheiden nicht an.[53]

> **Achtung:**
> Beabsichtigt das Unternehmen mit der Gewährung der Gratifikation die Entlohnung geleisteter Dienste (Entgeltcharakter), ohne dass damit gleichzeitig eine Belohnung für die Betriebstreue verbunden sein soll, so ist dem ausscheidenden Prokuristen die Sondervergütung anteilig für das Kalenderjahr zu gewähren.

Rückzahlung von Gratifikationen

Bei Beendigung des Arbeitsverhältnisses darf der Prokurist geleistete Gratifikationen behalten, wenn nicht vertraglich etwas anderes vereinbart ist. Eine Rückzahlung muss ausdrücklich vereinbart werden. Derlei Vereinbarungen unterliegen jedoch bestimmten von der Rechtsprechung entwickelten Einschränkungen. Insbesondere darf der Arbeitnehmer durch die Rückzahlungsklausel nicht zu sehr in seiner Berufsausübungsfreiheit eingeschränkt werden, etwa weil durch eine Rückzahlungsverpflichtung eine unzulässig starke Bindung zum Unternehmen entsteht. So muss die Klausel sowohl die Voraussetzungen für die Rückzahlung der Gratifikation festlegen als auch einen eindeutig bestimmten Zeitraum für die Bindung des Arbeitnehmers festlegen.

Rückzahlung muss explizit vereinbart werden

> **Achtung:**
> Nach der Auffassung der arbeitsgerichtlichen Rechtsprechung ist die Rückforderung einer Weihnachtsgratifikation bis zu 100 € aus Vertrauensschutzgründen (so genannte Kleingratifikationen) unzulässig.

Dagegen kann vereinbart werden, dass der Prokurist eine Weihnachtsgratifikation in Höhe eines Betrags zwischen 100 € und einem Monatsgehalt zurückzahlen muss, wenn er vor dem 31.03. des Folgejahres aus dem Unternehmen ausscheidet. Bei einer Weihnachtsgratifikation, die ein volles Monatsgehalt übersteigt, ist eine längere Bindung bis zum 30.06. des Folgejahres zulässig.

---

[53] Entscheidung des Bundesarbeitsgerichts vom 26.10.1994, abgedruckt in „Arbeitsrechtliche Praxis" Nr. 167 zu § 611 BGB Gratifikation.

Die folgende Übersicht zeigt am Beispiel von Weihnachtsgratifikationen, welche Rückforderungsvereinbarungen zulässig sind:

Höhe der Weihnachtsgratifikation	Zeitgrenze für die Rückzahlungsvereinbarung
Weihnachtsgratifikation ist niedriger als volles Monatsgehalt	Bis zum 31.03. des Folgejahres
Weihnachtsgratifikation ist höher als volles Monatsgehalt	Bis zum 30.06. des Folgejahres
Achtung: Eine Bindungsfrist über den 30.06 des Folgejahres ist generell unzulässig!	

Das Instrument Zielvereinbarungen

Variable
Vergütung

Das Instrument Zielvereinbarung wird eingesetzt, um eine variable leistungsorientierte Vergütung zu vereinbaren. Bei einer auf einer Zielvereinbarung beruhenden, leistungsbezogenen Vergütung ist auf die Beachtung der Mitbestimmungsrechte von Betriebsrat bzw. Sprecherausschuss zu achten. Eine Zielvereinbarung kann so aussehen, dass bei Erreichen des Ziels eine vereinbarte maximale Quote des Bruttojahresgehalts gezahlt wird, die durchaus 50 v. H. des Grundgehalts erreichen kann. Bei Nichterreichen des Ziels wird regelmäßig eine Vergütung zu einem geringeren Prozentsatz vereinbart.

Muster: Rahmenvereinbarung über Zielvereinbarungen

Siehe CD-ROM

Rahmenvereinbarung über Zielvereinbarungen (Beispiel)

§ 1 Gegenstand

Arbeitgeber und Arbeitnehmer/Arbeitnehmerin vereinbaren hiermit, dass im Rahmen des zwischen ihnen bestehenden Arbeitsverhältnisses Zielvereinbarungen getroffen werden. Das Verfahren der Zielvereinbarung, die Ermittlung der Prämienhöhe sowie die Fälligkeit der Prämie, richten sich nach dieser Rahmenvereinbarung.

§ 2 Verfahren der Zielvereinbarung

Die Zielvereinbarung zwischen dem Arbeitgeber und dem Arbeitnehmer/der Arbeitnehmerin wird unverzüglich nach Fertigstellung der Jahresplanung für die nächste Abrechnungsperiode getroffen. Sie kann sowohl quantitative als auch qualitative Ziele enthalten. Diese und ihre Gewichtung sind in der Zielvereinbarung zu definieren. In der Zielvereinbarung wird eine Zielprämie festgesetzt, die bei ndertprozentiger Ziel-

---

erreichung zur Auszahlung kommen soll. Die Vereinbarung einer Ziel-vereinbarung ist für den Arbeitgeber freiwillig, der Arbeitnehmer/die Arbeitnehmerin hat hierauf keinen Rechtsanspruch.

§ 3 Ermittlung der Prämienhöhe

Bei hundertprozentiger Zielerreichung beträgt die auszuzahlende Prämie 100 v. H. der Zielprämie. Die Prämie verändert sich im gleichen prozen-tualen Verhältnis, in dem das festgestellte Ergebnis vom Zielergebnis abweicht. Soweit die Zielerreichung nicht quantitativ messbar ist, wird der Grad der Erfüllung nach pflichtgemäßem Ermessen durch den zu-ständigen Geschäftsführer ermittelt und festgelegt. Die auszuzahlende Prämie kann jedoch höchstens ... % der Zielprämie betragen.

§ 4 Fälligkeit

Die Prämie ist innerhalb von ... Monaten nach Abschluss des Ge-schäftsjahres auf der Basis der ... abzurechnen und über die Gehaltsab-rechnung auszuzahlen.

Achtung:
Der Prokurist sollte auf die mögliche Steuerprogression bei Erreichen bestimmter Zielvorgaben achten.

Der Arbeitgeber kann sich schadensersatzpflichtig machen, wenn er arbeitsvertraglich verpflichtet ist, regelmäßig eine neue Zielvereinba-rung für die Zielperiode abzuschließen, eine solche aber dann schuldhaft nicht abschließt.[54] Der Arbeitnehmer kann dann gegebe-nenfalls, wenn ihn kein Mitverschulden am Nichtzustandekommen der Zielvereinbarung trifft, Schadensersatz ggf. bis zur Höhe der Vorjahreszielprämie verlangen!

Provisionen und Tantiemen

Provision und/oder Tantieme können als leistungs- bzw. erfolgsbe-zogener variabler Arbeitslohn im Anstellungsvertrag des Prokuristen vereinbart sein. Soweit eine an festen Zahlen orientierte Umsatzpro-vision vereinbart worden ist, sollten die Berechnungsgrundlagen und die Fälligkeit der Gesamt- bzw. Abschlagszahlung in den Ar-beitsvertrag aufgenommen werden. Darüber hinaus ist es sinnvoll eine Quotierung für den Fall zu regeln, dass das Arbeitsverhältnis im

Umsatz-provision

---

[54] Bundesarbeitsgericht vom 12.12.2007, gerichtl. Aktenz. 10 AZR 97/07.

Laufe des Jahres beendet wird. Eine Erfolgsbeteiligung ist an bestimmte Kennzahlen des Unternehmens geknüpft.

Muster: Provisionsvereinbarung

Siehe CD-ROM

Provisionsvereinbarung

Der Arbeitnehmer/die Arbeitnehmerin erhält neben dem Grundgehalt für sämtliche provisionspflichtige Geschäfte eine Vermittlungsprovision.

Als provisionspflichtig gelten alle während der Dauer des Arbeitsverhältnisses abgeschlossenen Geschäfte, die auf die Tätigkeit des Arbeitnehmers/der Arbeitnehmerin zurückzuführen sind oder mit dritten Personen abgeschlossen werden, welche er/sie als Kunden für Geschäfte der gleichen Art geworben hat, es sei denn, es besteht in Bezug auf diese Geschäfte ein Provisionsanspruch eines ausgeschiedenen Arbeitnehmers/Arbeitnehmerin oder Handelsvertreters/Handelsvertreterin nach § 87 Abs. 3 HGB. Geschäfte, die erst nach dem Ausscheiden des Arbeitnehmers/der Arbeitnehmerin aus dem Unternehmen abgeschlossen werden, sind provisionspflichtig, wenn der Arbeitnehmer/die Arbeitnehmerin das Geschäft vermittelt oder es eingeleitet und so vorbereitet hat, dass der Abschluss überwiegend auf seine/ihre Tätigkeit zurückzuführen ist und das Geschäft innerhalb von drei Monaten nach Beendigung des Arbeitsverhältnisses abgeschlossen wurde.

Gleiches gilt, wenn vor Beendigung des Arbeitsverhältnisses das Angebot des Dritten zum Abschluss eines Geschäfts, für das ein Provisionsanspruch des Arbeitnehmers/der Arbeitnehmerin besteht, dem Arbeitnehmer/der Arbeitnehmerin oder dem Unternehmer zugegangen ist. Die Höhe der Provision bestimmt sich nach der als Anlage beigefügten Provisionstabelle. Für die Höhe der Provision ist der in Rechnung gestellte Nettowert maßgeblich, Nachlässe, welche dem Kunden gewährt wurden, sind für die Berechnung der Provisionshöhe unerheblich. Nebenkosten für Fracht, Porto, Zoll, Steuer etc. führen nur dann zu einer Minderung der Provision, wenn sie dem Kunden gesondert in Rechnung gestellt werden.

In der folgenden Übersicht sind die wichtigsten Merkmale der Sondervergütungsformen Zielvereinbarung, Tantieme und Provision noch einmal zusammengefasst:

Übersicht: Sondervergütungen

Zielvereinbarung	• Eine Zielvereinbarung kann zum Zweck einer regelmäßig leistungsorientierten Vergütung getroffen werden. • Achten Sie auf die Mitbestimmungsrechte von Betriebsrat bzw. Sprecherausschuss!
Erfolgsbeteiligung, Tantieme	• Die Erfolgsbeteiligung bzw. Tantieme knüpft nicht an eine individuelle Leistung des Prokuristen an, sondern an den Gesamterfolg des Unternehmens. • Die Erfolgsbeteiligung bzw. Tantieme ist an bestimmte Kennzahlen des Unternehmens gebunden.
Provision, Umsatzprovision	**Vermittlungsprovision:** Der Prokurist erhält eine variable Vergütung für die Vermittlung oder den Abschluss von Verträgen zwischen dem Unternehmen und einem Dritten **Umsatzprovision:** Der Prokurist erhält einen am Umsatz des Unternehmens oder einer Unternehmenseinheit orientierten variablen Vergütungsanteil. In Wahrheit handelt es sich daher um eine Tantieme. Achten Sie auf eine Quotierung für den Fall des Ausscheidens innerhalb des laufenden Jahres!

3.3.4 Mitarbeiterbeteiligungsprogramme für die Vergütung des Prokuristen

Mitarbeiterbeteiligungsprogramme können unterschiedliche Ausprägungen haben. Im Folgenden wird zwischen Aktienoptionsplänen und Belegschaftsaktien unterschieden.

Aktienoptionspläne

Optionsmodelle werden teilweise in Aktiengesellschaften als leistungsbezogene Vergütungsbestandteile angeboten. Die Vergütung besteht in der Gewährung von Optionen zum Erwerb von Wertpapieren, z. B. Aktien des Unternehmens in einem bestimmten Zeitraum. Neuerdings bieten Arbeitgeber ihren Arbeitnehmern vermehrt Belegschaftsaktien und/oder so genannte „Stock-Options-Plans" an. „Stock-Options-Plans" geben dem Arbeitnehmer – durch arbeitgeberseitige Verpflichtung zum Verkauf eines bestimmten Aktienkontingents – die Kaufoption bezüglich der bereitgestellten Aktien für einen gewissen Zeitraum, es sei denn, diese Form der Vergütung

„Stock-Options-Plans"

117

stellt einen wesentlichen Bestandteil der Gesamtvergütung (ca. 25 %) dar. In diesem Fall ist die Bindungsfrist deutlich zu verkürzen.

Belegschaftsaktien

Identifikation mit dem Unternehmen

Belegschaftsaktien bieten die Möglichkeit, Arbeitnehmern eine unmittelbare Beteiligung am Kapital zu gewähren. Die Zuteilung von Belegschaftsaktien als Beteiligung am Kapital des Unternehmens bietet zudem den Vorteil, dass der Mitarbeiter sich langfristig mit dem Unternehmen identifiziert.

Auf der folgenden Seite sehen Sie, wie eine Vereinbarung über Aktienoptionsrechte aussehen könnte.

Muster: Vereinbarung über Aktienoptionsrechte

Siehe CD-ROM

Vereinbarung über Aktienoptionsrechte

Der Arbeitnehmer/die Arbeitnehmerin ist berechtigt, ... Stück auf den Namen lautende Aktien des Unternehmens mit dem Nennbetrag von jeweils ... € zum Preis von jeweils ... € (Basispreis) zu erwerben.

Der Arbeitnehmer/die Arbeitnehmerin kann die Optionsrechte wie folgt ausüben: ... v. H. der Optionsrechte frühestens am ..., weitere ... v. H. der Optionsrechte frühestens am ..., die verbleibenden ... v. H. der Optionsrechte frühestens am ...

Auch nach Ablauf der vorbenannten Fristen können die Optionsrechte innerhalb folgender Zeiträume nicht ausgeübt werden: ...

Die Ausübung des Optionsrechts hat unter Angabe der Anzahl der zu erwerbenden Aktien durch schriftliche Erklärung gegenüber dem Vorsitzenden des Aufsichtsrats des Unternehmens zu erfolgen. Die Optionsrechte dürfen während der Wartefrist und während eines Zeitraums von fünf Jahren nicht übertragen werden, jegliche anderweitige Verfügung über die Optionsrechte, die Gewährung einer Unterbeteiligung oder die Errichtung einer Treuhand daran sind nicht zulässig. Verstöße gegen diese Regelung führen zum Verfall der Optionsrechte.

Die Optionsrechte verfallen, wenn sie nicht bis einschließlich ... ausgeübt werden. Die Optionsrechte verfallen des Weiteren, wenn der Arbeitnehmer/die Arbeitnehmerin sein/ihr Anstellungsverhältnis mit dem Unternehmen vor dem ... beendet, gleich aus welchem Grunde. Sie verfallen ferner, wenn die Arbeitgeberin das Anstellungsverhältnis mit dem Arbeitnehmer/der Arbeitnehmerin ... aus einem wichtigen Grund beendet, den der Arbeitnehmer/die Arbeitnehmerin ... zu vertreten hat.

Im Falle einer Verschmelzung des Unternehmens mit einer anderen Gesellschaft, ihrer Umwandlung, einer Kapitalerhöhung, einer Veränderung des Nennbetrags der Aktien oder vergleichbarer Maßnahmen tritt an die Stelle der Bezugsrechtsregelung das Recht, zum angeführten Basispreis jeweils diejenige Anzahl an Aktien, Geschäftsanteilen oder sonst an die Stelle der Aktien der Arbeitgeberin tretenden Beteiligungsrechten an dem Unternehmen oder seines Rechtsnachfolgers zu erwerben, deren Wert dem Kurswert einer Aktie des Unternehmens im Zeitpunkt einer solchen Maßnahme entspricht.

Vermögenswirksame Leistungen

Arbeitnehmer-
sparzulage

Der Staat fördert die Vermögensbildung der Arbeitnehmer bei bestimmten Sparverträgen durch die Gewähr der so genannten Arbeitnehmersparzulage. Diese wird allgemein als „Vermögenswirksame Leistung" bezeichnet. Die staatliche Förderung bei den Vermögenswirksamen Leistungen ist einkommensabhängig. Während Ledige die Vermögenswirksamen Leistungen bis zu einem versteuernden Einkommen von 17.900 € erhalten, können Verheiratete bis zu einem Einkommen von 35.800 € Vermögenswirksame Leistungen beziehen (Stand: Dezember 2007).

Achtung:
Vermögenswirksame Leistungen sind für den Prokuristen nur bedingt von Vorteil. Zum einen ist er in vielen Fällen kein einfacher Arbeitnehmer, sondern leitender Angestellter, zum anderen wird das Bruttojahreseinkommen des Prokuristen deutlich höher liegen.

3.3.5 Erhält der Prokurist Vergütung aus organschaftlicher Tätigkeit?

Soweit der Prokurist als Arbeitnehmer Bezüge aus einer organschaftlichen Tätigkeit, etwa als Aufsichtsratsmitglied eines mit seinem Arbeitgeber verbundenen Unternehmens, erhält, können diese arbeitsvertraglich auf das Gehalt angerechnet werden. Soweit dies jedoch nicht ausdrücklich vertraglich vereinbart wurde, erhält der Prokurist diese Bezüge zusätzlich zu seinem Arbeitsentgelt. Auf die arbeitsvertragliche Zulässigkeit von Nebentätigkeiten wird in Kapitel 3.6 näher eingegangen.

3.3.6 Was ist bei der Nutzung eines Dienstwagens zu beachten?

Häufig wird dem Prokuristen zur Ausübung seiner beruflichen Tätigkeit ein Dienstwagen gestellt. Die näheren vertraglichen Vereinbarungen sind meist in Dienstwagenregelungen in Form einer betrieblichen Einheitsregelung oder in einer separaten Dienstwagenvereinbarung zwischen Prokurist und Unternehmen enthalten.

Selbstverständlich kann eine Dienstwagenvereinbarung auch in den Arbeitsvertrag aufgenommen werden.

Privatnutzung des Dienstwagens

Das Unternehmen kann die Nutzung des Dienstwagens zu privaten Zwecken untersagen. Es kann die Nutzung zum privaten Gebrauch aber auch ausdrücklich oder konkludent, d. h. schlüssig, gestatten. So kann sich aus einer Regelung zur Kraftstoffbezahlung schlüssig ergeben, dass eine Privatnutzung gestattet ist (siehe Muster-Vereinbarung in Kapitel 4.9 und auf CD-ROM).

Siehe CD-ROM

Für die Einkommensteuer wird die Privatnutzung als geldwerter Vorteil behandelt. Hier gibt es zwei Möglichkeiten: Entweder die Besteuerung des geldwerten Vorteils erfolgt monatlich pauschal in Höhe von ein Prozent des Listenpreises („Ein-Prozent-Regelung") oder der steuerpflichtige Anteil der Privatfahrten wird durch ein lückenloses Fahrtenbuch nachgewiesen.

Steuerliche Behandlung

Nutzt der Prokurist seinen eigenen Pkw für Dienstfahrten, so kann die Vereinbarung zur Privatnutzung des Dienstfahrzeuges nicht einseitig widerrufen werden, sondern nur durch Änderungskündigung oder Änderungsvereinbarung beseitigt werden.

Freistellung und Dienstwagennutzung

Es kann vereinbart werden, dass der Prokurist den Dienstwagen im Falle seiner Freistellung von seinen arbeitsvertraglichen Pflichten, etwa nach einer ordentlichen Kündigung, unverzüglich und ersatzlos zurückzugeben hat. Eine Vereinbarung dahingehend, dass der Arbeitnehmer nach seiner Freistellung eine um den Nutzungswert geminderte Vergütung erhält, dürfte allerdings unwirksam sein. Soweit geregelt ist, dass der Anspruch des Prokuristen auf Nutzung des Dienstwagens mit Beendigung des Arbeitsverhältnisses erlischt, hat der Prokurist den Dienstwagen erst am letzten Tag der Kündigungsfrist zurückzugeben.

Nutzungsentschädigung

Entzieht der Arbeitgeber dem Arbeitnehmer einen auch zur privaten Nutzung überlassenen Dienst-Pkw in unberechtigter Weise (z. B. wenn sich eine Kündigung als rechtswidrig erweisen sollte), ist der Arbeitgeber dem Arbeitnehmer gegenüber zum Schadensersatz verpflichtet.

> **Tipp:**
> Um die Höhe des Nutzungsausfalls zu bestimmen, können Sie auf Kostentabellen zurückgreifen, die beim Allgemeinen Deutschen Automobilclub (ADAC) erhältlich sind.

Eine Dienstwagenregelung kann wie folgt vereinbart werden:

Formulierungs-vorschlag

Dienstwagenregelung

1. Das Unternehmen stellt dem Prokuristen für die Dauer dieses Vertrags einen Dienstwagen zur Verfügung.

2. Die Nutzung für Privatfahrten ist gestattet. Die Steuer auf den geldwerten Vorteil für die private Nutzung trägt das Unternehmen.

3. Der Anspruch auf die Gestellung und Nutzung des Dienstwagens erlischt bei Beendigung des Vertragsverhältnisses.

Siehe CD-ROM

Ausführlicher können die Bedingungen der Dienstwagennutzung in einem Dienstwagenüberlassungsvertrag geregelt werden. Eine Muster-Vereinbarung zur Dienstwagenüberlassung mit Privatnutzung finden Sie in Kapitel 4.9 und auf CD-ROM.

3.3.7 Welche weiteren Vergünstigungen können vereinbart werden?

Dienstwohnung

Die Zuweisung einer Werkswohnung unterliegt dem Mitbestimmungsrecht des Betriebsrats. Erfolgt die Überlassung einer Dienstwohnung zu einer ermäßigten Miete oder kostenfrei, handelt es sich um einen zu versteuernden geldwerten Vorteil.

Ausbildungskosten

Ohne entsprechende Vereinbarung müssen Ausbildungskosten nicht vom Arbeitgeber übernommen werden. Möglich ist die Vereinbarung einer Rückzahlungsklausel. Eine wirksame Formulierung könnte wie folgt aussehen:

Rückzahlungsklausel *Der Arbeitnehmer ist zur Rückzahlung der erhaltenen Ausbildungskosten für den Fall verpflichtet, dass das Arbeitsverhältnis durch Eigenkündigung oder durch arbeitgeberseitige, sozial gerechtfertigte Kündigung vor Ablauf von drei Jahren endet. Endet das Arbeitsverhältnis innerhalb eines Jahres, ist der volle Betrag zurückzuzahlen; bei Beendigung nach dem ersten Jahr ist der Betrag entsprechend zu staffeln.*	Formulierungsvorschlag

3.4 Was muss der Prokurist bei Dienstreisen beachten?

3.4.1 Welche Regelungen sind einschlägig?

Im Arbeitsvertrag eines angestellten Prokuristen oder in einem Dienstvertrag werden häufig Regelungen über Dienstreisen enthalten sein. Auch gelten in Unternehmen für Dienstreisen häufig bestimmte Dienstreiserichtlinien, auf die entweder im Arbeitsvertrag Bezug genommen wird oder die als betriebliche Einheitsregelung für den Arbeitnehmer verbindlich sind. *(Dienstreiserichtlinien)*

Auch bei Dienstreisen muss einerseits die lohn- bzw. einkommensteuerliche Behandlung geklärt sein, andererseits müssen die Voraussetzungen für eine Kostenübernahme durch den Arbeitgeber geregelt und mit den steuerlichen Besonderheiten einer Dienstreise abgestimmt sein. *(Steuerliche Behandlung)*

3.4.2 Sind Aufwendungen für Dienstreisen steuerlich abzugsfähig?

Aufwendungen des Arbeitnehmers für Dienstreisen können steuerlich geltend gemacht werden.

Dienstreisen sind *(Definition: Dienstreisen)*

- Ortswechsel einschließlich Hin- und Rückfahrt aus Anlass einer vorübergehenden Auswärtstätigkeit,
- aber nur außerhalb eines Radius von 20 km Entfernung von allen regelmäßigen Arbeitsstätten und allen Wohnungen des Arbeitnehmers

3.4.3 Wie werden die Reisekosten steuerlich behandelt?

Die folgende Übersicht führt die Reisekosten im Einzelnen auf und zeigt, wie sie steuerlich behandelt werden:

Übersicht: Reisekosten im Steuerrecht

Kostenart	Steuerliche Behandlung
Fahrtkosten	Die Kosten sind über den Beleg (Ticket/Fahrkarte, Taxiquittung) nachzuweisen und grundsätzlich voll abzugsfähig. Pkw-Kosten können per Einzelnachweis oder auf Grundlage der geltenden Pauschalkilometersätzen abgezogen werden.
Verpflegungsmehraufwendungen	Die Verpflegungsmehraufwendungen sind auf Einzelnachweis abzugsfähig, allerdings wird die Haushaltsersparnis angerechnet. In der Regel wird jedoch über die jeweils bekannt gegebenen Pauschbeträge für Verpflegungsmehraufwendungen abgerechnet, die je nach Dauer der Reise gestaffelt sind.
Übernachtungskosten	Einzelnachweis
Reisenebenkosten	Hierzu gehören unter anderem die tatsächlichen Kosten für die Beförderung von Gepäck, Telefon, Schriftverkehr mit dem Arbeitgeber oder Geschäftskunden, Autobahngebühren, Parkplatz- oder Garagenkosten, Straßenbahn und Taxi am Zielort.

3.5 Wettbewerbsverbot während und nach der Tätigkeit im Unternehmen

3.5.1 Was gilt während der Tätigkeit im Unternehmen?

Der Prokurist darf während einer Beschäftigung als Angestellter des Unternehmens keine Konkurrenz- oder Nebentätigkeit mit dem gleichen Geschäftsgegenstand ausüben. Dies ist in vielen Arbeitsverträgen ausdrücklich so festgelegt. Fehlt eine derartige Regelung in dem Arbeitsvertrag des Prokuristen, bedeutet dies jedoch nicht, dass eine Konkurrenztätigkeit erlaubt wäre.

Konkurrenz- oder Nebentätigkeit

3.5.2 Wann bestehen Wettbewerbsverbote nach Beendigung der Tätigkeit?

Eine nach Beendigung des Angestelltenverhältnisses bestehende Pflicht, nicht im Zusammenhang mit dem Geschäftsgegenstand des Unternehmens tätig zu werden, gibt es nur dann, wenn dies arbeitsvertraglich wirksam vereinbart wurde. Nachvertragliche Wettbewerbsverbote greifen in die Berufsfreiheit des Prokuristen ein und sind deshalb nur unter den Voraussetzungen von § 110 der Gewerbeordnung und der §§ 74 ff HGB wirksam.

Eingriff in die Berufsfreiheit

Ein nichtiges Wettbewerbsverbot im Arbeitsvertrag entfaltet grundsätzlich keine Wirkung, d. h. es tritt an seine Stelle auch kein „ungeschriebenes" wirksames nachvertragliches Wettbewerbsverbot. Die Nichtigkeit des Wettbewerbsverbots ist z. B. gegeben, wenn keine Karenzentschädigung vereinbart wurde. Zu unterscheiden ist die Nichtigkeit von einer Unverbindlichkeit des Wettbewerbsverbots. Wird etwa ein unzulässig langes Wettbewerbsverbot vereinbart, ist das Wettbewerbsverbot unverbindlich, d. h. der Prokurist kann wählen, ob er das Wettbewerbsverbot einhalten will oder nicht. Entscheidet er sich für die Einhaltung, erhält er aber eine Karenzentschädigung (siehe sogleich).

Übersicht: Voraussetzungen für ein wirksames nachvertragliches Wettbewerbsverbot

Anhand der folgenden Übersicht sehen Sie, welche Voraussetzungen ein wirksames nachvertragliches Wettbewerbsverbot erfüllen muss:

Siehe CD-ROM

Schriftform	Das Wettbewerbsverbot muss im Arbeitsvertrag oder auf andere Weise schriftlich vereinbart sein.
Dauer	Ein nachvertragliches Wettbewerbsverbot darf höchstens für die Dauer von zwei Jahren nach Beendigung vereinbart werden.
berechtigtes Interesse des Unternehmens	Das Unternehmen muss ein berechtigtes Interesse an der Vereinbarung eines nachvertraglichen Wettbewerbsverbots haben.
	Das Interesse ist gegeben, wenn die wirtschaftlichen Interessen des Unternehmens ohne den Abschluss des nachvertraglichen Wettbewerbsverbots konkret gefährdet wären, weil der Prokurist Kenntnisse und Erfahrungen, die er im Unternehmen gesammelt hat, sonst in einem anderen Unternehmen zum Nachteil des Unternehmens einsetzen könnte.
	Die Interessen des Unternehmens sind jedoch mit dem Interesse des Prokuristen an seinem beruflichen Fortkommen abzuwägen. Soweit sich das Unternehmen zur Zahlung einer höheren Karenzentschädigung bereit erklärt, kann dies allerdings auch ein vorrangiges Interesse des Prokuristen beseitigen.
Gegenstand	Das Wettbewerbsverbot richtet sich gegen die Tätigkeit des Prokuristen im selben Geschäftszweig für ein Unternehmen, das im direkten oder indirekten Wettbewerb mit seinem früheren Unternehmen steht oder mit einem solchen Unternehmen verbunden ist. In gleicher Weise kann dem Prokuristen untersagt werden, ein solches Unternehmen zu errichten, zu erwerben oder sich hieran unmittelbar oder mittelbar zu beteiligen.
Karenzentschädigung	Jede Vereinbarung eines nachvertraglichen Wettbewerbsverbots muss eine Regelung über eine Karenzentschädigung enthalten. Die Karenzentschädigung ist als Gegenleistung für die durch das nachvertragliche Wettbewerbsverbot entstehenden Nachteile nach §§ 74 ff. HGB auszugestalten.

In Kapitel 4.10 und auf CD-ROM finden Sie ein ausführliches Muster für die Vereinbarung über ein nachvertragliches Wettbewerbsverbot.

Siehe CD-ROM

3.5.3 Was ist eine Kundenschutzklausel?

Im Vergleich zu einem nachvertraglichen Wettbewerbsverbot sind Kundenschutzklauseln häufig nur auf einen bestimmten Kunden und ein Verbot von Geschäftsbeziehungen zu diesem Kunden beschränkt. Allerdings gelten für die Karenzentschädigung dieselben Regeln wie für nachvertragliche Wettbewerbsverbote.

Kundenschutzklausel (Beispiel)

Die Arbeitnehmerin/der Arbeitnehmer verpflichtet sich, nach Beendigung des Arbeitsverhältnisses ohne die ausdrückliche Zustimmung der Arbeitgeberin für die Dauer von zwei Jahren keine Aufträge von dem Kunden XY anzunehmen. Die Arbeitgeberin zahlt der Arbeitnehmerin/dem Arbeitnehmer für die Dauer dieser Vereinbarung eine Karenzentschädigung in Höhe von ... [50 v. H.] der zuletzt bezogenen vertraglichen Vergütung. Im Übrigen gelten die Vorschriften des Handelsgesetzbuches (§§ 74–75 c HGB).

Formulierungsvorschlag

3.5.4 Wird der Prokurist bei einem nachträglichen Wettbewerbsverbot entschädigt?

Die Karenzentschädigung richtet sich nach §§ 74 ff. HGB. Fehlt eine Karenzentschädigung in der Vereinbarung, ist das nachvertragliche Wettbewerbsverbot nichtig.

Für jedes Jahr, in dem das Verbot gilt (maximal zwei Jahre sind möglich), muss die Karenzentschädigung mindestens die Hälfte der von dem Prokuristen vor Beendigung des Vertrags bezogenen Jahresvergütung betragen. Eine höhere Karenzentschädigung ist möglich und nicht unüblich. So beträgt sie in vielen Verträgen 100 % der bisherigen Bezüge. Bei der Ermittlung der Höhe zählen im Zweifel auch wechselnde Bezüge wie Provisionen sowie vom Arbeitgeber mit oder ohne Rechtspflicht gezahlte leistungsbezogene Gehaltsbestandteile. Die Karenzentschädigung wird allerdings auf eine tatsächlich im nachvertraglichen Zeitraum erworbene Vergütung aus selbstständiger oder unselbstständiger Tätigkeit, bei der der Proku-

Höhe der Karenzzahlung

127

rist seine Arbeitskraft einsetzt, angerechnet. Die Feststellung des Umfangs der Anrechnung kann sich als schwierig erweisen. Es wird empfohlen, mit dem Unternehmen eine entsprechende klare Regelung zu treffen.

3.6 Darf der Prokurist Nebentätigkeiten ausüben?

Definition:
Nebentätigkeit

Unter Nebentätigkeit ist jede Tätigkeit zu verstehen, in der der Arbeitnehmer außerhalb seines Hauptarbeitsverhältnisses seine Arbeitskraft zur Verfügung stellt. Möglich ist dies beim selben Arbeitgeber oder einem Dritten.

Achtung:

Nicht zwingend erforderlich ist für den Begriff der Nebentätigkeit die Zahlung von Entgelt. Auch die ehrenamtliche Tätigkeit fällt unter dem arbeitsrechtlichen Begriff der Nebentätigkeit.

Zustimmung
des Arbeitgebers

Der Prokurist darf je nach dienst- bzw. arbeitsvertraglicher Vereinbarung Nebentätigkeiten ausüben. Die Durchführung von Nebentätigkeiten kann im Arbeitsvertrag von der Zustimmung des Arbeitgebers abhängig gemacht werden. Der Arbeitgeber hat nach billigem Ermessen zu bestimmen, ob die Nebentätigkeit ausgeführt werden kann. Die Nebentätigkeit ist zu genehmigen, wenn keine berechtigten Interessen des Arbeitgebers entgegenstehen.

Beispiel:

Der Prokurist ist in seiner Firma als Angestellter beschäftigt. In seinem Arbeitsvertrag ist ein allgemeines Nebentätigkeitsverbot enthalten. Der Prokurist wird bei der nicht im Wettbewerb mit seiner Firma stehenden Firma XY zum Geschäftsführer bestellt. Der Geschäftsführer des Arbeitgebers des Prokuristen ist erbost. Er verbietet ihm, für die Firma XY tätig zu werden und beruft sich dabei auf den Anstellungsvertrag, nach dem der Prokurist dem Unternehmen seine „gesamte Arbeitskraft" zu widmen habe und jede Nebentätigkeit der Zustimmung durch den Arbeitgeber bedarf. Der Prokurist behauptet, die Firma dürfe seine Berufsfreiheit in dieser Weise nicht einschränken. Er könne sehr wohl als Geschäftsführer der Firma XY arbeiten. Sein Arbeitgeber hätte ihm da überhaupt nicht hineinzureden. Zu Recht?

Beurteilung der Rechtslage:
Der Prokurist kann grundsätzlich als Geschäftsführer für ein anderes, nicht im Wettbewerb mit seinem Arbeitgeber stehendes Unternehmen tätig sein. Ein generelles Verbot einer solchen Nebentätigkeit würde gegen die Berufsfreiheit verstoßen. Der Arbeitsvertrag knüpft die Nebentätigkeit aber an eine Zustimmung des Arbeitgebers, und der Prokurist schuldet seinem Arbeitgeber seine gesamte Arbeitskraft. Das Arbeitsverhältnis könnte also durch eine so umfassende Tätigkeit wie die eines Geschäftsführers bei einem anderen Unternehmen beeinträchtigt werden. Der Arbeitgeber kann die Zustimmung zu einer derartigen Nebentätigkeit verweigern, wenn die Nebentätigkeit des Prokuristen die Wahrnehmung seiner arbeitsvertraglichen Pflichten nicht unwesentlich behindert.

Ähnlich verhält es sich mit Vorträgen und Publikationen des angestellten Prokuristen. So kann arbeitsvertraglich geregelt sein, dass der Prokurist nur eine bestimmte Anzahl von Vorträgen im Jahr halten darf oder dass der Erlös aus Publikationen und Vorträgen auf das Gehalt angerechnet wird.

Publizistische Tätigkeit des Prokuristen

3.7 Darf der Prokurist Geschenke annehmen?

Arbeitsvertraglich kann geregelt sein, dass der Prokurist den Arbeitgeber über jedes Anerbieten von Schmiergeldern oder sonstigen Bestechungsversuchen zu informieren hat. Die Pflicht besteht jedoch auch ohne ausdrückliche vertragliche Regelung. Geschenke darf der Prokurist daher stets nur im Umfang gebräuchlicher Sachwerte annehmen. Hierzu gehören Geschenke von geringem wirtschaftlichen Wert, wie Kugelschreiber, Kalender oder kleine Geschenke zu besonderen Anlässen wie Weihnachten oder Neujahr.

Bestechungsversuche

> **Achtung:**
> Der angestellte Prokurist ist arbeitsvertraglich gegenüber dem Arbeitgeber verpflichtet, keine Schmiergelder anzunehmen, und er hat den Arbeitgeber über jegliches Angebot von Schmiergeldern zu informieren.

3.8 Die Urlaubsregelung im Arbeitsvertrag

Gesetzlicher
Mindesturlaub

Zwingend vorgeschrieben ist durch das Bundesurlaubsgesetz der gesetzliche Mindesturlaub von 20 Tagen jährlich bei einer Arbeitszeit von wöchentlich 5 Tagen.

> **Achtung:**
> Für leitende Angestellte ist die Vereinbarung eines Urlaubs von 30 Tagen pro Kalenderjahr üblich und angemessen, jedoch gesetzlich nicht zwingend. Als Arbeitnehmer haben Sie einen Anspruch nur auf den gesetzlichen Mindesturlaub von 20 Tagen bei einer Arbeitswoche von 5 Tagen.

3.9 Widerruf und Nichterteilung der Prokura

3.9.1 Prokurawiderruf

Die Prokura kann jederzeit von demjenigen, der zu ihrer Erteilung berechtigt ist, widerrufen werden. Durch den Widerruf der Prokura wird das zugrunde liegende Rechtsverhältnis, in der Regel also das Arbeitsverhältnis, nicht berührt. Der ehemalige Prokurist ist also nach wie vor zur Leistung der vertraglich vereinbarten Dienste verpflichtet und hat nach wie vor den vollen Vergütungsanspruch.

Prokurawiderruf
als Kündigungs-
grund?

Der Widerruf der Prokura kann aber für den ehemaligen Prokuristen einen außerordentlichen Kündigungsgrund darstellen, wenn weitere Umstände hinzutreten, die dazu führen, dass es dem Prokuristen nicht zumutbar ist, ohne Prokura weiter zu arbeiten. Denkbar ist beispielsweise der Widerruf der Prokura in einer Form, die das Ehrgefühl verletzt oder den ehemaligen Prokuristen in den Augen der Kollegen herabsetzt.

Schadens-
ersatzanspruch

Der ehemalige Prokurist kann bei Kündigung des Vertragsverhältnisses aus einem wichtigen Grund Schadensersatzansprüche geltend machen. Diese sind allerdings nicht auf Wiederherstellung der Prokura, sondern lediglich auf eine finanzielle Entschädigung gerichtet. Der Schadensersatzanspruch kann beispielsweise im Ausgleich von Einkommensverlusten bestehen.

3.9.2 Nichterteilung einer vertraglich vorgesehenen Prokura

Haben Arbeitgeber und Arbeitnehmer vereinbart, dass dem Arbeitnehmer eine Prokura erteilt wird, kann die vertragswidrige Nichterteilung der Prokura für den Arbeitnehmer einen außerordentlichen Kündigungsgrund darstellen und zu Schadensersatzansprüchen führen.

3.10 Kündigung des Prokuristen durch den Arbeitgeber

Das Vertragsverhältnis mit dem Prokuristen kann sowohl ordentlich als auch außerordentlich gekündigt werden. Die folgende Übersicht macht die Unterschiede zwischen einer ordentlichen und einer außerordentlichen Kündigung deutlich.

Übersicht: Ordentliche und außerordentliche Kündigung

Ordentliche (fristgemäße) Kündigung	Außerordentliche (fristlose) Kündigung
Einhaltung der gesetzlich oder vertraglich vereinbarten Kündigungsfrist	ohne Einhaltung einer Kündigungsfrist
Bei Anwendung des Kündigungsschutzgesetzes muss die Kündigung sozial gerechtfertigt sein (vgl. § 1 Abs. 2 KSchG).	
	wichtiger Kündigungsgrund erforderlich
	Ausspruch der Kündigung innerhalb von zwei Wochen, nach dem der zum Ausspruch der Kündigung Berechtigte von dem Kündigungsgrund Kenntnis erhalten hat.
Kündigung bedarf der Schriftform.	Kündigung bedarf der Schriftform.
Ein vertraglicher Ausschluss des ordentlichen Kündigungsrechts ist möglich.	Kein wirksamer vertraglicher Ausschluss des außerordentlichen Kündigungsrechts möglich.

3.10.1 Geltung des Kündigungsschutzgesetzes für das Arbeitsverhältnis des Prokuristen

Nach dem Kündigungsschutzgesetz (KSchG) bestimmt sich, unter welchen Voraussetzungen das Arbeitsverhältnis ordentlich gekündigt werden kann. Findet das Kündigungsschutzgesetz auf das Arbeitsverhältnis keine Anwendung, kann es durch den Arbeitgeber unter Einhaltung der Kündigungsfrist ohne weiteres wirksam ordentlich gekündigt werden. Eine Klage gegen eine solche Kündigung macht beispielsweise dann Sinn, wenn der Arbeitgeber die Kündigungsfrist nicht eingehalten hat.

Das Kündigungsschutzgesetz findet auf das Arbeitsverhältnis des Prokuristen Anwendung, sobald er länger als 6 Monate beschäftigt und eine bestimmte Anzahl von Arbeitnehmern im Betrieb tätig ist. Durch die Hartz-Reformen hat der Gesetzgeber den in der Vergangenheit geltenden Schwellenwert zur Anwendung des Kündigungsschutzgesetz von mehr als 5 Arbeitnehmern geändert. Ein Prokurist, der nach dem 31.12.2003 eingestellt wurde, genießt nur Kündigungsschutz, wenn in dem Betrieb mehr als 10 Arbeitnehmer beschäftigt werden. Wenn der Prokurist allerdings bereits am 31.12.2003 in einem Betrieb mit mehr als 5 Arbeitnehmern beschäftigt war, genießt er solange Kündigungsschutz, wie in dem Betrieb mehr als 5 Arbeitnehmer tätig sind, die schon am 31.12.2003 dort beschäftigt waren.

Berechnung der Beschäftigtenzahl
Bei der Berechnung der Beschäftigtenzahl werden teilzeitbeschäftigte Arbeitnehmer anteilig berücksichtigt. Ein Arbeitnehmer mit einer regelmäßigen wöchentlichen Arbeitszeit von nicht mehr als 20 Stunden wird mit 0,5 und ein Arbeitnehmer mit einer wöchentlichen Arbeitszeit von nicht mehr als 30 Stunden mit 0,75 berücksichtigt.

3.10.2 Aus welchen Gründen kann der Arbeitgeber kündigen?

Nach dem Kündigungsschutzgesetz ist eine ordentliche Kündigung nur rechtswirksam, wenn sie sozial gerechtfertigt ist. Dass ist der Fall, wenn

• verhaltensbedingte,

- betriebsbedingte oder
- personenbedingte

Gründe den Ausspruch der Kündigung rechtfertigen.

Verhaltensbedingte Kündigung

Bei einer verhaltensbedingten Kündigung führt ein arbeitsvertragswidriges Verhalten des Prokuristen zum Ausspruch der Kündigung. Aufgrund der Vertrauensstellung, die der Prokurist gegenüber dem Arbeitgeber genießt, treffen ihn auch erhöhte Sorgfalts- bzw. Treuepflichten gegenüber dem Arbeitgeber.

Beispiel:

Kündigungsrechtlich bedeutsam ist beispielsweise eine Kompetenzüberschreitung des Prokuristen. Ist die Prokura im Innenverhältnis beschränkt und überschreitet der Prokurist seine Kompetenz, ist diese Beschränkung im Außenverhältnis zum Dritten zwar unwirksam, dies ändert aber nichts daran, dass er mit dieser Kompetenzüberschreitung seine arbeitsvertraglichen Verpflichtungen verletzt hat. Von den Umständen des Einzelfalles hängt es ab, ob diese Vertragsverletzung bereits den Anspruch einer außerordentlichen oder lediglich einer ordentlichen Kündigung rechtfertigt.

Beispielhaft seien nachfolgend Gründe aufgezählt, die zu einer Kündigung des Arbeitsverhältnisses führen können. Ob dies letztlich so ist, hängt allerdings vom Einzelfall ab. *Kündigungsgründe*

Mögliche Kündigungsgründe:

- Kompetenzüberschreitung
- Loyalitätsverstoß
- Beteiligung an einem Konkurrenzunternehmen
- Verletzung von Offenbarungs-, Informations- und Aufklärungspflichten
- Straftaten zu Lasten des Arbeitgebers (z. B. Untreue, Unterschlagung)
- Verletzung von Betriebsgeheimnissen
- Beleidigung des Arbeitgebers.

Die Kündigung ist in der Regel aber nur dann wirksam, wenn der Prokurist zuvor wirksam abgemahnt wurde. Die Abmahnung erfüllt den Zweck, den Arbeitnehmer darauf hinzuweisen, dass er bei einem wiederholten gleichartigen Verstoß gegen seine arbeitsvertraglichen *Abmahnung erforderlich*

Verpflichtungen mit dem Ausspruch einer Kündigung rechnen muss. Der Ausspruch einer Abmahnung ist aber dann nicht erforderlich, wenn das Vertrauen zwischen den Vertragsparteien unwiederbringlich zerstört ist. Das ist beispielsweise der Fall bei Vorliegen einer Untreue oder Unterschlagung. Dann muss der Arbeitgeber zuvor keine Abmahnung aussprechen, sondern kann das Arbeitsverhältnis unmittelbar kündigen.

Betriebsbedingte Kündigung

Anders als bei der verhaltensbedingten Kündigung sind Gründe einer betriebsbedingten Kündigung solche, die von der Person des Prokuristen unabhängig sind. Der Arbeitgeber trifft eine unternehmerische Entscheidung, die zum Wegfall des Arbeitsplatzes des Prokuristen führt. Dies kann beispielsweise eine Umstrukturierung oder Rationalisierung sein.

Sozialauswahl

Eine Kündigung kommt aber nur dann in Betracht, wenn der Prokurist nicht auf einem anderen freien Arbeitsplatz weiterbeschäftigt werden kann. Ist ein solcher freier Arbeitsplatz nicht vorhanden, kann der Arbeitgeber aber nicht ohne weiteres das Arbeitsverhältnis des Prokuristen kündigen. Er muss zuvor vielmehr prüfen, ob es Arbeitnehmer gibt, mit denen der Prokurist vergleichbar ist. Vergleichbar sind Beschäftigte, die untereinander austauschbar sind. In Betracht zu ziehen sind die Arbeitnehmer, die auf derselben hierarchischen Ebene des Betriebes eingesetzt sind. Da der Prokurist in der Regel der Führungsebene des Unternehmens angehört, besteht in der Praxis selten eine Vergleichbarkeit mit anderen Beschäftigten. Besteht eine Vergleichbarkeit mit anderen Beschäftigten, hat der Arbeitgeber aber die Möglichkeit, den Prokuristen aus der Sozialauswahl herauszunehmen, wenn dies im berechtigten Interesse des Betriebes liegt. Das kann der Fall sein, wenn der Prokurist wegen seiner Fähigkeiten, Kenntnisse und Leistungen oder der Sicherung einer ausgewogenen Personalstruktur weiterbeschäftigt werden soll.

Kriterien der Sozialauswahl

Muss der Arbeitgeber eine Sozialauswahl durchführen, sind folgende Kriterien zu berücksichtigen:

* Dauer der Betriebszugehörigkeit
* Lebensalter
* Unterhaltsverpflichtungen
* Schwerbehinderung

Wie der Arbeitgeber diese Kriterien gewichtet, ist im Gesetz nicht vorgeschrieben. In § 1 Abs. 3 KSchG ist lediglich geregelt, dass der Arbeitgeber die genannten Kriterien ausreichend zu berücksichtigen hat.

Personenbedingte Kündigung

Bei der personenbedingten Kündigung sind persönliche, durch den Prokuristen nicht steuerbare Eigenschaften Anlass für die Kündigung. Der wichtigste Fall einer personenbedingten Kündigung ist die krankheitsbedingte Kündigung.

Ob eine krankheitsbedingte Kündigung wirksam ist, ist in drei Schritten zu prüfen. Zunächst muss der Arbeitgeber im Kündigungsschutzprozess eine so genannte negative Zukunftsprognose darlegen. Diese muss zu einer erheblichen Beeinträchtigung betrieblicher Interessen führen. Abschließend ist eine Abwägung der Interessen des Arbeitgebers und Arbeitnehmers am Fortbestand bzw. der Beendigung des Arbeitsverhältnisses zu machen. Kündigung bei Krankheit

Die krankheitsbedingte Kündigung kann in 4 Fallgruppen unterschieden werden:

1. Kündigung wegen einer Langzeiterkrankung
2. Kündigung wegen einer dauernden Leistungsunfähigkeit
3. Krankheitsbedingte Leistungsminderung
4. Kündigung wegen häufiger Kurzerkrankungen.

3.10.3 Gibt es einen besonderen Kündigungsschutz für den Prokuristen?

Während der Zeit des Mutterschutzes, der Elternzeit, bei Pflegebedürftigkeit naher Angehöriger und bei Bestehen einer Schwerbehinderung kann das Arbeitsverhältnis nicht oder nur unter besonderen Voraussetzungen gekündigt werden.

Mutterschutz

Ist die Prokuristin schwanger oder liegt die Entbindung ihres Kindes noch nicht 4 Monate zurück, ist die Kündigung nicht zulässig (§ 9 Abs. 1 MuSchG). Voraussetzung für diesen besonderen Kündigungsschutz ist, dass dem Arbeitgeber zur Zeit der Kündigung die Schwangerschaft oder die Entbindung bekannt war oder er innerhalb von 2 Wochen nach Zugang der Kündigung von der Schwangerschaft oder der Entbindung Kenntnis erlangt. Ist es der Prokuristin aus von ihr nicht zu vertretenden Gründen nicht möglich, die 2-Wochen-Frist einzuhalten, ist dies unschädlich. Sie muss die Mitteilung aber unverzüglich nachholen.

Nur in besonderen Fällen z. B. bei einer Stilllegung des Betriebes kann die für den Arbeitsschutz zuständige oberste Landesbehörde auf Antrag des Arbeitgebers eine Kündigung während der Schwangerschaft oder bis zum Ablauf von 4 Monaten nach der Entbindung für zulässig erklären.

Elternzeit

Verlangt die Prokuristin bzw. der Prokurist Elternzeit, so kann das Arbeitsverhältnis ab diesem Zeitpunkt, höchstens jedoch ab 8 Wochen vor Beginn der Elternzeit und während der Elternzeit nicht wirksam gekündigt werden. In Ausnahmefällen darf der Arbeitgeber allerdings auch hier mit Zustimmung der obersten Landesbehörde eine ordentliche Kündigung aussprechen.

Pflegebedürftigkeit naher Angehöriger

Im Rahmen der Reform der Pflegeversicherung trat am 01.07.2008 das Pflegezeitgesetz (PflegeZG) in Kraft. Ziel des Gesetzes ist es, die Vereinbarkeit von Beruf und familiärer Pflege zu verbessern. Danach besteht ein Rechtsanspruch auf Freistellung von der Arbeitsverpflichtung zur Pflege eines nahen Angehörigen (z. B. Eltern, Ehepartner, Kinder, vgl. abschließende Aufzählung in § 7 PflegeZG). Unterschieden wird zwischen kurzzeitiger Arbeitsverhinderung (§ 2 PflegeZG) und Pflegezeit (§ 3 PflegeZG). In beiden Fällen gewährt das Gesetz vom Zeitpunkt der Ankündigung bis zur Beendigung der kurzzeitigen Arbeitsverhinderung bzw. der Pflegezeit Kündigungsschutz (§ 5 Abs. 1 PflegeZG). Der Arbeitgeber kann das Arbeitsverhältnis während dieser Zeit nur in besonderen Fällen kündigen und bedarf hierzu der Zustimmung der zuständigen Behörde (§ 5 Abs. 2 PflegeZG).

Schwerbehinderung

Ist der Prokurist schwerbehindert oder einem schwerbehinderten Menschen gleichgestellt und ist er länger als 6 Monate bei dem

Arbeitgeber beschäftigt, kann dieser das Arbeitsverhältnis nur kündigen, wenn er die vorherige Zustimmung des Integrationsamtes einholt (vgl. §§ 85, 90 SGB IX).

3.10.4 Was sollte der Prokurist beim Arbeitsgerichtsprozess beachten?

Ist der Prokurist der Ansicht, dass die ihm gegenüber ausgesprochene ordentliche oder außerordentliche Kündigung unwirksam ist, kann er innerhalb von 3 Wochen Klage vor dem Arbeitsgericht erheben. Die 3-Wochen-Frist beginnt mit dem Zeitpunkt der Zustellung der Kündigung. Lässt er diese Frist verstreichen, ist die Kündigung wirksam.

3-Wochen-Frist

Hat der Prokurist gegen die Kündigung fristgemäß eine Klage eingereicht, so findet zeitnah zunächst eine so genannte Güteverhandlung statt. Ziel dieser Verhandlung ist es, eine gütliche Einigung zwischen Arbeitgeber und Arbeitnehmer herbeizuführen. Gelingt dies nicht, legt das Gericht einen Termin zur so genannten Kammerverhandlung fest. Bis zu diesem Termin müssen die Parteien schriftlich ihre Standpunkte darlegen. Sofern sich die Parteien in der Kammerverhandlung nicht einigen, fällt das Gericht entweder ein Urteil oder legt beispielsweise einen neuen Termin zum Zweck der Beweisaufnahme fest.

Güte- und Kammer-verhandlung

Wenn das Arbeitsgericht ein Urteil gefällt hat, besteht für die unterliegende Partei die Möglichkeit, innerhalb eines Monats Berufung gegen dieses Urteil bei dem zuständigen Landesarbeitsgericht einzulegen. Gegen dieses Urteil kann dann unter bestimmten Voraussetzungen (§ 72 ArbGG) Revision eingelegt werden. Zuständiges Gericht ist das Bundesarbeitsgericht mit Sitz in Erfurt.

Berufung

In erster Instanz (Arbeitsgericht) besteht kein Anwaltszwang, d. h. der Prokurist muss sich nicht anwaltlich vertreten lassen. Lässt er sich anwaltlich unterstützen, muss er diese Anwaltskosten selbst tragen, unabhängig davon, ob er den Prozess gewinnt oder verliert. In zweiter Instanz (Landesarbeitsgericht) besteht dann ein so genannter Anwaltszwang. Der Prokurist kann sich also vor dem Landesarbeitsgericht nicht mehr selbst vertreten. Die Kosten der zweiten

Instanz trägt derjenige, der den Prozess verliert. Gleiches gilt für das Verfahren vor dem Bundesarbeitsgericht.

3.10.5 Welche Folgen hat die Beendigung des Arbeitsverhältnisses?

Hat der Prokurist Anspruch auf eine Abfindung?

Der Arbeitnehmer hat einen Anspruch auf Zahlung einer Abfindung, wenn der Arbeitgeber das Arbeitsverhältnis aus dringenden betrieblichen Gründen kündigt und in der Kündigung den Abfindungsanspruch von der Nichteinreichung einer Kündigungsschutzklage abhängig macht (vgl. § 1a KSchG). Diese Abfindung beträgt ein halbes Bruttomonatsgehalt für jedes Jahr des Bestehens des Arbeitsverhältnisses.

Sozialplan

Ein Anspruch auf eine Abfindung kann sich auch aus einem Sozialplan ergeben. Ein Sozialplan ist eine Betriebsvereinbarung, die Arbeitgeber und Betriebsrat abschließen. Dieser hat zum Ziel, die wirtschaftlichen Nachteile, die den Arbeitnehmern bei einer Betriebsänderung entstehen, abzufedern. Für Beschäftigte, die leitende Angestellte im Sinne des Betriebsverfassungsgesetzes sind, gelten aber die Regelungen des Sozialplanes nicht.

Kündigungs-schutzprozess

Einen sonstigen Anspruch auf Zahlung einer Abfindung gibt es nicht. Arbeitgeber sind aber häufig zur Zahlung von Abfindungen bereit, da Kündigungsschutzprozesse ein nicht unerhebliches Risiko für sie darstellen. Dies macht das folgende Beispiel deutlich:

Beispiel:

Der Arbeitgeber kündigt das Vertragsverhältnis des Prokuristen am 30.03. unter Einhaltung der Kündigungsfrist zum 30.04. Der Prokurist legt rechtzeitig innerhalb der 3-Wochen-Frist Klage ein. Eine Güteverhandlung findet Anfang Mai statt. Das Gericht teilt mit, dass nach der geschilderten Sachlage noch nicht klar ist, wie das Verfahren ausgehen wird. Eine Kammerverhandlung soll Mitte August stattfinden. Wenn das Gericht entscheidet, dass die Kündigung unwirksam war, muss der Arbeitgeber den Lohn des Prokuristen seit Ablauf der Kündigungsfrist, also seit Ende April, nachzahlen. Es kann auch sein, dass das Arbeitsgericht entscheidet, dass die Kündigung wirksam ist. Dann hat der Prokurist aber die Möglichkeit, gegen dieses Urteil Berufung einzulegen. Es ist dann nicht unwahrscheinlich, dass eine Entscheidung des Landesarbeitsgerichts erst ca. 1 Jahr später ergeht. Wenn das Landesarbeitsgericht feststellt, dass die Kündigung unwirksam ist, muss der Arbeitgeber für diesen gesamten Zeitraum den Lohn nachzahlen, ohne dass er eine Gegenleistung des Prokuristen erhalten hat. Der Prokurist muss sich lediglich den Lohn anrechnen lassen, den er in dieser Zeit beispielsweise im Rahmen eines anderen Beschäftigungsverhältnisses erzielt hat.

Dieses Risiko eines Kündigungsschutzprozesses kauft sich der Arbeitgeber mit Zahlung einer Abfindung ab. Dabei ist die Höhe der Abfindungszahlung Verhandlungssache.

Seit dem 01.01.2006 sind Abfindungen nicht mehr steuerfrei. Bis zu diesem Zeitpunkt waren sie steuerfrei bis zu einem Maximalbetrag von 7.200 €. Dieser Steuerfreibetrag stieg je nach Lebensalter und Dauer des Dienstverhältnisses auf bis zu 11.000 €. Aus Gründen des Vertrauensschutzes wurde in § 52 Abs. 4 a Satz 1 EStG eine Übergangsregelung aufgenommen. Danach sind Abfindungen nach wie vor in den oben genannten Grenzen steuerfrei, wenn sie bis zum 01.01.2006 entstanden sind oder in einem am 31.12.2005 anhängigen Rechtsstreit vereinbart oder durch Urteil zugesprochen werden. Die Abfindung muss dann aber bis zum 01.01.2008 gezahlt werden. *Steuerliche Behandlung*

Nach wie vor können Abfindungen jedoch als außerordentliche Einkünfte nach §§ 24 Nr. 1, 34 Abs. 1, Abs. 2 Nr. 2 EStG ermäßigt besteuert werden, sofern die dort genannten Voraussetzungen vorliegen.

Erhält der Prokurist Arbeitslosengeld?

Hat der Prokurist einen Anlass zur Beendigung des Arbeitsverhältnisses gegeben, kann dies die Verhängung einer Sperrzeit für den Bezug von Arbeitslosengeld nach sich ziehen (vgl. Kapitel 3.12). *Sperrzeit*

3.11 Altersvorsorge bei Prokuristen

3.11.1 Welche gesetzlichen Rentenansprüche hat der Prokurist?

Sofern der Prokurist in einem Angestelltenverhältnis beschäftigt wird, sind durch den Arbeitgeber Beiträge zur Sozialversicherung abzuführen. Beiträge zur gesetzlichen Rentenversicherung sind ab den geltenden Beitragsbemessungsgrenzen zu entrichten.

Regelaltersrente/Altersrente

Rente ab 67 · Die Regelaltersrente wird nach Erreichen einer bestimmten Beitragszeit in vollem Umfang ausgezahlt. Des Weiteren wird Altersrente Schwerbehinderten oder Berufs- oder Erwerbsunfähigen gewährt. Das derzeitige Renteneintrittsalter liegt sowohl für Männer, als auch für Frauen bei 65 Jahren. Nach dem Altersgrenzenanpassungsgesetz vom 20.04.2007[55] werden jedoch die Altersgrenzen in der Rentenversicherung schrittweise angehoben. Beginnend mit dem Geburtsjahrgang 1947 erfolgt die Anhebung ab 2012 zunächst in Ein-Monats-, von 2024 an in 2-Monats-Schritten, so dass dann für Versicherte ab Jahrgang 1964 die Regelaltersgrenze von 67 Jahren gilt. Daneben wird Witwen- und Waisenrente gewährt.

Berufs- oder Erwerbsunfähigkeitsrente

Berufs-unfähigkeit · Berufsunfähigkeit liegt vor, wenn die Berufsfähigkeit des Versicherten krankheitsbedingt auf weniger als die Hälfte der vollen Berufsfähigkeit eines gesunden Angehörigen seiner Berufsgruppe herabgesunken ist.

Erwerbs-unfähigkeit · Erwerbsunfähig ist jemand, der aufgrund Krankheit zeitlich unabsehbar keine oder nur noch geringe Einkünfte (ca. 300 €) aus einer Erwerbstätigkeit erzielen kann.

---

[55] Gesetz zur Anpassung der Regelaltersgrenze an die demographische Entwicklung und zur Stärkung der Finanzierungsgrundlagen der gesetzlichen Rentenversicherung (RV-Altersgrenzenanpassungsgesetz), Bundesgesetzblatt Teil I 2007, Seite 554.

> **Achtung:**
> Berufs- bzw. Erwerbsunfähigkeit sind nicht mit Arbeitsunfähigkeit gleichzusetzen. Auch der Grad der Behinderung nach dem Sozialgesetzbuch Neuntes Buch (SGB IX) lässt nicht zwingend den Schluss auf das Vorliegen von Erwerbs- bzw. Berufsunfähigkeit zu, er ist allenfalls ein Indiz.

Einen Rentenanspruch erwirbt, wer 60 Kalendermonate versichert war und in den letzten 5 Jahren mindestens 36 Beiträge als Pflichtversicherter entrichtet hat. Hierbei ist die Berufsunfähigkeitsrente etwa um ein Drittel niedriger als die Erwerbsunfähigkeitsrente.   *Rentenanspruch*

3.11.2 Welche betriebliche Altersvorsorge ist möglich?

Unter betrieblicher Altersversorgung versteht das Gesetz die Zusage eines Arbeitgebers an seinen Arbeitnehmer auf „Leistungen der Alters-, Individualitäts- oder Hinterbliebenenversorgung aus Anlass seines Arbeitsverhältnisses".[56] Das setzt voraus, dass der Prokurist als Arbeitnehmer im Unternehmen angestellt ist.

Wann liegt eine betriebliche Altersversorgung vor?

Eine Leistung gehört dann zur betrieblichen Altersversorgung, wenn die folgenden 3 Voraussetzungen erfüllt sind:
1. Zwecke der Versorgung
2. Erreichen einer bestimmten Altersgrenze, Invalidität oder Tod
3. Zusage der Versorgung erfolgt aus Anlass eines Arbeitsverhältnisses

> **Achtung:**
> Keine betriebliche Altersversorgung liegt vor, wenn Leistungen ohne Versorgungscharakter (z. B. Abfindungen) fälschlicherweise als „betriebliche Altersversorgung" bezeichnet werden.

---

[56] Vgl. § 1 Abs. 1 Satz 1 erster Halbsatz des Betriebsrentengesetzes (Gesetz zur Regelung der betrieblichen Altersversorgung, BetrAVG).

Betriebsrentenvereinbarungen

„Opting-In-Modell"

Die betriebliche Altersversorgung funktioniert nach dem so genannten „Opting-In-Modell". Das bedeutet, dass jeder Versicherungswillige seinen Arbeitgeber selbst nach einem Angebot zur betrieblichen Altersversorgung fragen muss. Es muss also eine Vereinbarung zwischen Unternehmen und Arbeitnehmer getroffen werden. Hierbei kommen unterschiedliche Arten von Betriebsrentenvereinbarungen in Betracht. Nach dem Betriebsrentengesetz stehen zur Durchführung der betrieblichen Altersversorgung die folgenden Möglichkeiten zur Verfügung:

- Direktzusage
- Direktversicherung
- Pensionskassen
- Unterstützungskassen
- Pensionsfonds

Die für Führungskräfte wichtigen Durchführungswege sind die Direktzusage und Direktversicherung. Diese werden im Folgenden erörtert.

Direktzusage

Häufig besteht für den Betrieb bereits eine Einheitsregelung zur Betriebsrente.

Pensionszusage

Bei der Direktzusage (auch: Pensionszusage) verpflichtet sich der Arbeitgeber, ab dem Eintritt des Versorgungsfalles aus betrieblichen Mitteln eine Altersversorgung zu zahlen. Diese Form der Altersvorsorge wird häufig nur für Führungskräfte vorgesehen.

Höhe der Versorgungzusage

Die Höhe der Versorgungszusage kann wie folgt geregelt sein:

- prozentuale Ausrichtung am Gehalt des Prokuristen
- Vereinbarung eines Festbetrags
- Gesamtversorgungszusage, also mit Anrechnung gesetzlicher und sonstiger Versorgungsleistungen

Der Prokurist erwirbt bei dieser Form der Versorgungszusage unmittelbar Versorgungsansprüche gegen das Unternehmen, wobei unverfallbare Anwartschaften oder laufende Rentenleistungen gegen Insolvenz gesichert werden müssen. Die Versorgungszusage kann sowohl in Form von Rentenleistungen als auch als Kapitalabfindung ausgestaltet sein.

Direktversicherung

Bei der Direktversicherung schließt das Unternehmen für den Prokuristen eine Lebensversicherung ab, wobei Versicherungsnehmerin das Unternehmen und Bezugsberechtigte der Prokurist und dessen Hinterbliebene sind.

> **Achtung:**
> Der Arbeitgeber darf Führungskräften mit Prokura auch eine höhere Betriebsrente gewähren als solchen ohne Prokura. Grundsätzlich gilt aber auch bei der Direktzusage der Gleichbehandlungsgrundsatz.

Übersicht: Die wichtigsten Vorgaben für Betriebsrenten nach dem Betriebsrentengesetz (BetrAVG)

Anspruch	Ein Anspruch des Prokuristen besteht nur bei vertraglicher Vereinbarung einer Versorgungszusage!
Schriftlichkeit	Achten Sie immer darauf, dass eine schriftliche Vereinbarung getroffen wird. Nur dann wird die Versorgungszusage nach § 6 Abs. 1 Nr. 3 EStG steuerlich anerkannt.
Unverfallbarkeit	Die Versorgungsanwartschaft wird erst nach einem gewissen Zeitraum unverfallbar. Endet das Dienstverhältnis vor Eintritt der Unverfallbarkeit, so erlöschen die Ansprüche in der Regel. Einzelheiten sind in § 1 BetrAVG geregelt.
	Achtung: Es kann auch ein früherer Eintritt der Unverfallbarkeit vereinbart werden (hierfür gilt dann jedoch der Insolvenzschutz des § 7 BetrAVG nicht)!
Alterseinkünftegesetz	Nach dem Alterseinkünftegesetz ist die Mitnahme von Betriebsrentenanwartschaften bei Arbeitgeberwechsel in bestimmten Fällen möglich.

Insolvenzsicherung	Die Insolvenzsicherung betrifft laufende Versorgungs-leistungen und unverfallbare Anwartschaften (siehe § 7 BetrAVG). Es gibt nur noch vier relevante Insolvenzfälle, nämlich:
	1. Eröffnung des Insolvenzverfahrens über das Vermögen des Arbeitgebers
	2. Abweisung des Antrags auf Eröffnung des Insolvenz-verfahrens mangels Masse
	3. außergerichtlicher Vergleich des Arbeitgebers mit seinen Gläubigern zur Abwendung eines Insolvenzver-fahrens, wenn ihm der Träger der Insolvenz-sicherung zustimmt
	4. vollständige Beendigung der Betriebstätigkeit im Geltungsbereich des BetrAVG, wenn ein Antrag auf Eröffnung des Insolvenzverfahrens nicht gestellt wurde
Anpassung laufender Versorgungsleistungen	§ 16 BetrAVG: eine Dynamisierung der Versorgungs-leistungen kann auch vertraglich vereinbart sein.
Widerruf der Versorgungszusage	• möglich wegen wirtschaftlicher Notlage des Arbeit-gebers, aber nur unter engen Voraussetzungen (nicht mehr notwendig: Gefährdung des Unternehmensbestandes)
	• bei Treueverstößen im Einzelfall möglich, maßgebend aber Art und Schwere des Verstoßes

3.11.3 Wie kann der Prokurist privat vorsorgen?

Es gibt eine Vielzahl von Produkten der privaten Altersvorsorge. Grundsätzlich wird zwischen staatlich geförderter privater Alters-vorsorge und individuellem Vermögensaufbau unterschieden. Hier-zu hält jedes Versicherungsunternehmen Informationen bereit.

Tipp:

Jeder, der einen Beruf ausübt, kann und sollte eine private Berufsunfähig-keitsversicherung abschließen. Die einzelnen Versicherungen bieten so-wohl eigenständige als auch Berufsunfähigkeitszusatzversicherungen an, welche mit einer kapitalgedeckten Lebensversicherung, einer Risikole-bensversicherung oder einer privaten Rentenversicherung verbunden sind.

3.12 Die Sozialversicherung des Prokuristen

3.12.1 Wann erhält der Prokurist Arbeitslosengeld?

Ebenso wie zur staatlichen Rentenversicherung sind Beiträge zur Arbeitslosenversicherung zu entrichten. Neben Dienstleistungen und Sachleistungen gewährt die Bundesagentur für Arbeit Arbeitslosengeld nach Sozialgesetzbuch III (ALG I) sowie Arbeitslosengeld II nach Sozialgesetzbuch II (ALG II).

Arbeitslosengeld I (ALG I)

Das Arbeitslosengeld ist eine Leistung der Arbeitslosenversicherung mit Lohnersatzfunktion. Der Arbeitnehmer muss in einer Rahmenfrist von zwei Jahren mindestens 360 Tage beitragspflichtig in einem Beschäftigungsverhältnis gewesen sein und daher Beiträge zur Arbeitslosenversicherung gezahlt haben. Voraussetzung für die Gewährung von Arbeitslosengeld ist daher, dass zuvor in einem beitragspflichtigen Beschäftigungsverhältnis gearbeitet wurde.

Lohnersatz-funktion

Übersicht: Voraussetzungen für den Bezug von Arbeitslosengeld I

Beitragspflichtiges Beschäftigungsverhältnis	Der Arbeitnehmer muss sich zuvor über einen Zeitraum von zwei Jahren mindestens 360 Tage in einem beitragspflichtigen Beschäftigungsverhältnis befunden haben.
Arbeitslosigkeit	Arbeitslos ist der Arbeitnehmer, • der vorübergehend nicht in einem Beschäftigungsverhältnis steht (Beschäftigungslosigkeit), • sich bemüht, seine Beschäftigungslosigkeit zu beenden (Eigenbemühungen), und • den Vermittlungsbemühungen der Agentur für Arbeit zur Verfügung steht (Verfügbarkeit).
Beschäftigungslosigkeit	Der Arbeitnehmer darf keine oder lediglich eine weniger als 15 Stunden umfassende andere Beschäftigung ausüben.

Arbeitslosengeld II (ALG II)

Sicherung des
Existenz-
minimums

Die als „Hartz IV" bekannt gewordene Reform der Sozialversicherung[57] hat zur Einführung des Arbeitslosengelds II als Grundsicherung für hilfsbedürftige, erwerbsfähige Personen geführt. Das Arbeitslosengeld II ist nicht am früher erzielten Einkommen orientiert, sondern es handelt sich um die Sicherung eines „soziokulturellen Existenzminimums".[58]

Übersicht: Voraussetzungen für den Bezug von Arbeitslosengeld II

Lebensalter	Der Empfänger muss mindestens 15 und noch nicht 65 Jahre nach Ablauf des Anspruchs auf ALG I (in der Regel ein Jahr) sein.
Erwerbsfähigkeit	Erwerbsfähigkeit (dann, wenn man mindestens drei Stunden täglich arbeiten kann)
Hilfebedürftigkeit	Hilfebedürftig ist, wer seinen Lebensunterhalt nicht aus eigener Kraft vollständig bestreiten kann. Eigenes Vermögen wird angerechnet, wenn es die jeweiligen Freibeträge übersteigt.
Arbeitslosmeldung	Die Arbeitslosmeldung muss unverzüglich erfolgen.
Antragstellung	Antragstellung bei der Bundesagentur für Arbeit (auch online möglich)
Aufenthalt in der Bundesrepublik	Der Empfänger muss seinen gewöhnlichen Aufenthalt in der Bundesrepublik Deutschland haben.

Wann muss sich der Prokurist arbeitslos melden?

Achtung:
Vergessen Sie nicht, sich unverzüglich arbeitslos zu melden!
Bei einer Beendigung des Arbeitsverhältnisses ist der Arbeitnehmer verpflichtet, sich unverzüglich bei der Agentur für Arbeit als arbeitssuchend zu melden. Kommt er dieser Verpflichtung nicht nach, können Leistungen gekürzt werden (§ 140 SGB III).

---

[57] „Viertes Gesetz für moderne Dienstleistungen am Arbeitsmarkt" vom 24.12.2003, Bundesgesetzblatt Teil I 2003, Seite 2954.
[58] Bundestagsdrucksachen Teil II, 15/1516, Seite 56.

§ 37 b SGB III schreibt vor, dass Personen, deren Arbeitsverhältnis endet, verpflichtet sind, sich spätestens 3 Monate vor dessen Beendigung persönlich bei der Bundesagentur für Arbeit arbeitssuchend zu melden haben. Liegen zwischen der Kenntnis des Beendigungszeitpunktes und der Beendigung des Arbeits- oder Ausbildungsverhältnisses weniger als 3 Monate, so hat die Meldung innerhalb von 3 Tagen nach Kenntnis vom Beendigungszeitpunkt zu erfolgen. Die Pflicht zur Meldung besteht unabhängig davon, ob der Fortbestand des Arbeitsverhältnisses gerichtlich geltend gemacht oder vom Arbeitgeber in Aussicht gestellt wird.

Pflicht zur Arbeitslosmeldung

Das Unternehmen ist verpflichtet, den Arbeitnehmer, dessen Arbeitsverhältnis beendet wird, über die unverzügliche Meldepflicht zu informieren (§ 2 Abs. 2 Satz 2 Nr. 3 SGB III). Wenn das Unternehmen diesen Hinweis nicht erteilt und der Arbeitnehmer sich zu spät als arbeitssuchend meldet, kann der Arbeitnehmer jedoch keinen Schadensersatz vom Unternehmen verlangen.[59]

Informationspflicht für Unternehmen

> **Achtung:**
> Für die unverzügliche Arbeitslosmeldung ist der Prokurist selbst verantwortlich. Er kann sich nicht bei seinem Unternehmen schadlos halten, wenn es ihn nicht über die Notwendigkeit der rechtzeitigen Meldung bei der Agentur für Arbeit informiert hat.

Wann tritt eine Sperrzeit ein?

Bei Beendigung des Arbeitsverhältnisses ist die Bundesagentur für Arbeit in bestimmten Fällen verpflichtet, Sperrzeiten mit der Wirkung zu berücksichtigen, dass der Prokurist für die Dauer der Sperrzeit kein Arbeitslosengeld erhält. Der Anspruchszeitraum wird dann um die Dauer der Sperrzeit gekürzt.

Kürzung des Anspruchszeitraums

Neben den Fällen der Sperrzeit wegen Arbeitsablehnung oder Ablehnung bzw. Abbruchs einer beruflichen Eingliederungsmaßnahme regelt § 144 Abs. 1 Nr. 1 des Sozialgesetzbuchs III (SGB III) für das Eintreten einer Sperrzeit wegen Arbeitsaufgabe, dass der Arbeitslose

- das Beschäftigungsverhältnis gelöst oder

---

[59] Siehe die Entscheidung des Bundesarbeitsgerichts vom 29.09.2005, Aktenzeichen: 8 AZR 571/04.

- durch vertragswidriges Verhalten Anlass für die Lösung des Beschäftigungsverhältnisses gegeben
- und er dadurch vorsätzlich oder grob fahrlässig die Arbeitslosigkeit herbeigeführt hat.

Dies gilt nur dann nicht, wenn der Arbeitslose für sein Verhalten
einen wichtigen Grund hatte. Der Arbeitnehmer muss daher die Beendigung durch sein Verhalten veranlasst haben und dadurch die
Arbeitslosigkeit schuldhaft zu vertreten haben, ohne dass er einen
wichtigen Grund für sein Verhalten vorweisen kann.

In der folgenden Übersicht sind die wichtigsten Fälle aufgeführt,
aufgrund derer die Arbeitsagentur eine Sperrzeit verhängt. Die
rechtliche Grundlage bildet § 144 Abs. 1 Nr. 1 SGB III „Sperrzeit
wegen Arbeitsaufgabe".

Übersicht: Sperrzeitverhängung wegen Arbeitsaufgabe

Eigenkündigung	Die Eigenkündigung des Arbeitnehmers führt meistens zu einer Sperrzeit, wenn der Arbeitnehmer hierfür keinen wichtigen Grund hatte.
Arbeitsvertragswidriges Verhalten	Soweit dem Arbeitnehmer wegen arbeitsvertragswidrigen Verhaltens, also wegen der schuldhaften Verletzung der sich aus dem Arbeitsvertrag ergebenden Pflichten, etwa wegen Verstößen gegen die Leistungspflicht, die betriebliche Ordnung oder Nebenpflichten aus dem Arbeitsvertrag oder wegen Verstößen im persönlichen Vertrauensbereich, gekündigt wurde, hat er die Arbeitslosigkeit schuldhaft herbeigeführt.
vorausgehende Absprache über eine noch auszusprechende Arbeitgeberkündigung	Wenn Arbeitgeber und Arbeitnehmer sich auf eine noch auszusprechende Arbeitgeberkündigung einigen, wertet dies die Bundesagentur für Arbeit als Arbeitsaufgabe, weil auch in diesen Fällen eine einvernehmliche Auflösung des Arbeitsverhältnisses gegeben ist.

Aufhebungsvertrag	Auch der Fall des Aufhebungsvertrags führt in der Regel zur Verhängung einer Sperrzeit. Nach der Durchführungsanweisung der Bundesagentur für Arbeit führt ein Aufhebungsvertrag aber dann nicht zu einer Sperrzeit, wenn bei Abschluss des Aufhebungsvertrages die Höhe der Abfindung zwischen 0,25 und 0,5 Monatsgehälter pro Beschäftigungsjahr beträgt, der Arbeitgeber das Arbeitsverhältnis betriebsbedingt unter Einhaltung der Kündigungsfrist zum selben Zeitpunkt gekündigt hätte und der Arbeitnehmer nicht unkündbar war.
nachträgliche Einigung über die Auflösung des Arbeitsverhältnisses mit der Absicht die Sperrzeit zu verhindern.	Eine nachträgliche Einigung, etwa in einem Kündigungsschutzprozess, löst in aller Regel keine Sperrzeit aus, es sei denn, sie erfolgte gerade nur aus Absicht der Verhinderung einer Sperrzeit. Ein gerichtlicher Vergleich, der das Ende des Arbeitsverhältnisses nicht zeitlich vorverlegt, löst daher grundsätzlich keine Sperrzeit aus. Diese besondere Behandlung des arbeitsgerichtlichen Vergleichs entbindet allerdings nicht von einer genauen Prüfung der Umstände seines Zustandekommens, wenn Anhaltspunkte für eine Gesetzesumgehung vorliegen.
Abwicklungsvertrag	Der Abwicklungsvertrag folgt zwar einer einseitigen Kündigung des Arbeitgebers und regelt die Einzelheiten der Abwicklung des Arbeitsverhältnisses. Nach Auffassung des Bundessozialgerichts ist jedoch der Abwicklungsvertrag innerhalb der Klageerhebungsfrist, in welcher der Arbeitnehmer sich zur Hinnahme der Kündigung verpflichtet, eine Arbeitsaufgabe im Sinne des § 144 Abs. 1 Nr. 1 SGB III.[60]

Wichtige Gründe für die Herbeiführung der Arbeitslosigkeit

Der Arbeitnehmer kann sich jedoch, auch wenn eigentlich ein Fall der Sperrzeitverhängung vorliegt, auf das Vorliegen eines wichtigen

---

[60] Bundessozialgericht v. 18.12.2003, abgedruckt in: Neue Zeitschrift für Arbeitsrecht 2004, S. 661.

Grundes berufen. Einen wichtigen Grund für die Herbeiführung der Arbeitslosigkeit stellt es dar, wenn alle Umstände des Einzelfalles unter Abwägung der Interessen des Arbeitnehmers mit den Interessen der Versichertengemeinschaft ein anderes Verhalten nicht zumutbar erscheinen lassen.

Motive für die Eigenkündigung

Hierzu gehört die fristlose Eigenkündigung des Arbeitnehmers, wenn diese aus anerkennenswerten Motiven erfolgte, etwa wegen

- Beleidigungen durch den Arbeitgeber,
- unhaltbaren Vorwürfen durch den Arbeitgeber oder
- längerfristige Nichtzahlung des Arbeitslohnes.

Es sind aber darüber hinaus auch andere wichtige Gründe anerkannt, wenn zum Beispiel ein erheblicher Personalabbau droht und das Ausscheiden des Arbeitnehmers zum Erhalt eines Arbeitsplatzes eines jüngeren Arbeitnehmers dient oder wenn der Arbeitgeber eine Kündigung androht und der Arbeitnehmer keine Veranlassung hierfür gegeben hat.

3.12.2 Was ist bei der Pflegeversicherung zu beachten?

Für den Prokuristen als Angestellten sind durch den Arbeitgeber Beiträge zur Pflegeversicherung abzuführen.

3.12.3 Was ist bei der Unfallversicherung zu beachten?

Die gesetzliche Unfallversicherung gewährt bei einem Arbeitsunfall Leistungen der Heilbehandlung, Pflegeleistungen, stationäre Behandlung etc. Der Prokurist erhält also als Versicherter Leistungen der Unfallversicherung, wenn er einen Arbeitsunfall erleidet. Ein Arbeitsunfall ist dann anzunehmen, wenn eine versicherte Person infolge einer versicherten Tätigkeit, üblicherweise der Arbeit, einen Unfall erleidet.

Definition: Arbeitsunfall

Unfall wird „als ein auf äußerer Einwirkung beruhendes, plötzliches Ereignis, das einen Gesundheitsschaden herbeiführt", definiert. Voraussetzung für einen „Arbeitsunfall" ist ein Zusammenhang zwischen Unfall und der versicherten Tätigkeit. Dieser Zusammenhang ist regelmäßig bei einer „objektiv nachvollziehbaren zeitlichen und räumlichen Nähe zum Betrieb" gegeben. Ein Arbeitsunfall liegt demzufolge nicht schon vor, wenn lediglich irgendein zeitlicher oder räumlicher Zusammenhang zum Betrieb besteht. Ein Versicherter kann auch während der Arbeitszeit im Betrieb privaten Tätigkeiten (wie z. B. Nahrungsaufnahme, Rauchen, Spazierengehen in der Mittagspause) nachgehen. Diese so genannten „eigenwirtschaftlichen Tätigkeiten" dienen allein privaten und nicht betrieblichen Zwecken und unterliegen regelmäßig nicht dem Schutz der gesetzlichen Unfallversicherung. Außer bei der eigentlichen Arbeitstätigkeit im Betrieb können versicherte Personen aber z. B. auch bei den folgenden Aktivitäten und Unternehmungen den gesetzlichen Unfallversicherungsschutz genießen:

- auf Geschäfts- und Dienstreisen
- beim Betriebssport, wenn der Wettkampfcharakter nicht im Vordergrund steht
- bei vom Unternehmen veranstalteten Betriebsfeiern, Ausflügen und Gemeinschaftsveranstaltungen
- beim Arbeiten an bildschirmgestützten Arbeitsplätzen
- beim Befördern oder Reparieren von Arbeitsgeräten

Die wichtigste Leistung der gesetzlichen Unfallversicherung ist die Verletztenrente. Wenn die Verletzungen, die Versicherte durch einen Arbeitsunfall oder eine Berufskrankheit erlitten haben, die Minderung oder den Verlust ihrer Erwerbsfähigkeit zur Folge haben, so besteht möglicherweise der Anspruch auf Zahlung einer Verletztenrente. Andere mögliche Leistungen sind z. B.: *(Verletztenrente)*

- Verletztengeld
- Heilbehandlung

Wegeunfall

Wegeunfälle sind Unfälle des Versicherten auf dem direkten Weg zwischen Wohnung und Arbeitsstelle. Dieser wird gemäß § 8 Abs. 2 SGB VII einem Arbeitsunfall gleichgestellt. Umwege auf dem Arbeitsweg können zum Erlöschen des Versicherungsschutzes führen. Dies ist nicht der Fall bei folgenden Sachverhalten:

- Arbeitsweg von einer Zweitwohnung aus
- Abholen und Absetzen von mitfahrenden Kollegen bei einer „Fahrgemeinschaft"

- Weg zur Kindertagesstätte oder Tagesmutter
- Abweichungen vom regulären Arbeitsweg in Folge besonderer Verkehrssituationen, z. B. Stau

Für den Zwischenaufenthalt auf dem Arbeitsweg an einem so genannten „dritten Ort" gibt es besondere Regelungen. Hält man sich länger als zwei Stunden an einem solchen Ort auf, ist nur der Weg von diesem Ort zur Arbeit vom Versicherungsschutz der gesetzlichen Krankenversicherung umfasst. Bei weniger als zwei Stunden Aufenthalt an einem dritten Ort bleibt der Versicherungsschutz dann vollständig erhalten, wenn der Versicherte seinen normalen Arbeitsweg benutzt.

Unfallversicherung und Dienstreise

„Betriebs-
dienliche
Tätigkeiten"

Bei Dienstreisen besteht Unfallversicherungsschutz immer dann, wenn die Versicherten den Tätigkeiten nachgehen, die für den Antritt der Reise maßgeblich waren. Es handelt sich dann um „betriebsdienliche Tätigkeiten" unabhängig davon, zu welcher Zeit die Versicherten arbeiten. Nicht versichert sind sie bei Tätigkeiten, die eindeutig der Privatsphäre zuzuordnen sind, wie z. B. Besichtigungen usw., denen man sich beliebig zuwenden kann. Aber auch bei an sich privaten Tätigkeiten, wie z. B. Schlafen, Duschen usw., kann Versicherungsschutz bestehen, wenn die Versicherten einer Gefahr erliegen, der sie notwendigerweise durch den dienstreisebedingten Aufenthalt am fremden Ort ausgesetzt waren.

> **Achtung:**
> Gemäß § 193 des siebten Sozialgesetzbuchs (SGB VII) sind Unternehmen bei Arbeitsunfällen zur Anzeige gegenüber dem Unfallversicherungsträger verpflichtet, wenn Versicherte bei einem Unfall derart verletzt werden, dass diese länger als drei Tage arbeitsunfähig sind oder der Unfall zum Tod des Versicherten führt. Die Anzeige ist binnen drei Tagen nach Kenntnis des Unternehmens von dem Unfall vorzunehmen. Gleiches gilt für Berufskrankheiten.

3.12.4 Die Krankenversicherung des Prokuristen

Private Krankenversicherung

Grundsätzlich kann sich jeder freiberuflich oder selbstständig Tätige ohne Einkommensgrenze privat versichern. Für Angestellte gilt eine festgesetzte Versicherungspflichtgrenze. Diese lag am 01.01.2008 bei 48.150,00 € jährlich und 4.012,50 €.monatlich.[61] Zum Wechsel in die private Krankenversicherung muss der Angestellte allerdings die Versicherungspflichtgrenze in den letzten drei Jahren überstiegen haben. Ist das der Fall, muss der Angestellte einen Antrag bei der gesetzlichen Krankenversicherung auf Befreiung von der Versicherungspflicht stellen.

Versicherungs-pflichtgrenze

Als Vergütungsbestandteil kann der Arbeitgeber einen Zuschuss zur privaten Krankenversicherung gewähren. Üblich ist hierbei, dass der Arbeitgeber 50 % des monatlichen Krankversicherungsbeitrags – aber nicht mehr als die Hälfte der tatsächlichen Kosten – als Zuschuss gewährt.

Im Arbeitsvertrag können Sie eine Vereinbarung zur Zahlung des Krankenversicherungsbeitrags wie folgt formulieren:

Arbeitsvertragliche Vereinbarung zum KV-Beitrag
Der Arbeitgeber übernimmt zusätzlich zu der unter Ziffer ... vereinbarten Vergütung den hälftigen Anteil des monatlichen Beitrags des Arbeitnehmers zur Krankenversicherung, jedoch nicht mehr als 50 % der tatsächlich anfallenden Kosten.

Formulierungs-vorschlag

Gesetzliche Krankenversicherung

Der Angestellte kann oberhalb der Versicherungspflichtgrenze auch freiwillig in der gesetzlichen Krankenversicherung verbleiben.

---

[61] Siehe die Verordnung über maßgebende Rechengrößen in der Sozialversicherung 2008 – Sozialversicherungsrechengrößen-Verordnung 2008, Bundesgesetzblatt I 2007, S. 2797, 2798.

4 Musterverträge, Formulare und Übersichten

In diesem Kapitel finden Sie zahlreiche wichtige Musterverträge, Vereinbarungen, Formulare und Übersichten, die Sie als Geschäftsführer oder Prokurist benötigen. Alle hier abgedruckten Texte können Sie auch direkt von der CD-ROM in Ihre Textverarbeitung übernehmen:

Siehe CD-ROM

4.1 GmbH-Reform – Alle Änderungen in der Übersicht

In der folgenden Tabelle sind alle Neuregelungen zur GmbH-Reform übersichtlich zusammengefasst.

Siehe CD-ROM

Neuregelung	Darum geht es!
Stammkapital der GmbH	Das **Mindeststammkapital** der GmbH beträgt auch weiterhin 25.000 €. Als Stammkapital bezeichnet man die bei Gründung einer GmbH von den Gesellschaftern insgesamt zu erbringenden Einlagen, wobei mindestens 12.500 € sofort einzuzahlen sind.
Unternehmer-gesellschaft (Mini-GmbH)	Um den Bedürfnissen von Existenzgründern, die am Anfang nur sehr wenig Kapital haben und benötigen (z. B. im Dienstleistungsbereich) zu entsprechen, wird die haftungsbeschränkte **Unternehmergesellschaft** eingeführt (§ 5a GmbHG). Es handelt sich dabei nicht um eine neue Rechtsform, sondern um eine GmbH, die mit einem Mindeststammkapital ab 1 € gegründet werden kann. Diese GmbH darf ihre Gewinne aber nicht voll ausschütten. Sie soll auf diese Weise das Mindeststammkapital der normalen GmbH nach und nach ansparen.
Musterprotokoll	Für unkomplizierte Standardgründungen (u. a. Bargründung, höchstens drei Gesellschafter und einem Geschäftsführer) werden Musterprotokolle zur Verfügung gestellt. Das Musterprotokoll wird notariell beurkundet und ist das offizielle Dokument zur Eintragung der GmbH in das Handelsregister.
Genehmigungen	Bei Gesellschaften, deren Unternehmensgegenstand genehmigungspflichtig ist, wird das Eintragungsverfahren vollständig von der verwaltungsrechtlichen Genehmigung abgekoppelt. Das betrifft zum Beispiel Handwerks- und Restaurantbetriebe oder Bauträger, die eine gewerberechtliche Erlaubnis brauchen. GmbHs, Einzelkaufleute und Personenhandelsgesellschaften müssen keine Genehmigungsurkunden mehr beim Registergericht einreichen. Die Konzession muss aber nachträglich nachgewiesen werden.
Einpersonen-GmbH	Bei der Gründung einer Einpersonen-GmbH wird künftig auf die Stellung besonderer Sicherheitsleistungen für die ausstehende Einlage (§ 7 Abs. 2 Satz 3, § 19 Abs. 4 GmbHG) verzichtet. Das Registergericht kann bei der Gründungsprüfung nur dann die Vorlage von Einzahlungsbelegen oder sonstigen Nachweise verlangen, wenn es erhebliche Zweifel hat, ob das Kapital ordnungsgemäß aufgebracht wurde. Bei Sacheinlagen wird die Werthaltigkeitskontrolle durch das Registergericht auf die Frage beschränkt, ob eine nicht unwesentliche Überbewertung vorliegt.

Neuregelung	Darum geht es!
Sitzverlegung ins Ausland	Deutsche GmbHs können ihren Verwaltungssitz frei bestimmen. Dieser kann im Ausland liegen – in der EU, aber auch außerhalb der EU. Das Gesetz macht dazu keine Vorgaben. GmbHs mit Verwaltungssitz im Ausland müssen dem deutschen Registergericht eine inländische Adresse melden, an die rechtsverbindlich Zustellungen vorgenommen werden können.
Erleichterungen bei der Übernahme und Übertragung von GmbH-Geschäftsanteilen	Als Stammkapital bezeichnet man die bei Gründung einer GmbH von den Gesellschaftern insgesamt zu erbringenden Einlagen. Der GmbH-Geschäftsanteil muss auf einen Betrag von **mindestens 1 €** lauten. Vorhandene Geschäftsanteile können damit leicht gestückelt werden.
Verdeckte Sacheinlage	Eine verdeckte Sacheinlage befreit den Gesellschafter nicht von seiner Einlageverpflichtung. Jedoch sind die Verträge über die Sacheinlage und die Rechtshandlungen zu ihrer Ausführung nicht unwirksam. Auf die fortbestehende Geldeinlagepflicht des Gesellschafters wird der Wert des Vermögensgegenstandes im Zeitpunkt der Anmeldung der Gesellschaft zur Eintragung in das Handelsregister oder im Zeitpunkt seiner Überlassung an die Gesellschaft, falls diese später erfolgt, angerechnet.
Gesellschafter-liste	Nach dem Vorbild des Aktienregisters ist nur derjenige Gesellschafter, der in die Gesellschafterliste eingetragen ist. So können Geschäftspartner der GmbH lückenlos und einfach nachvollziehen, wer hinter der Gesellschaft steht. Veräußerer und Erwerber von Gesellschaftsanteilen sind angehalten, die Gesellschafterliste aktuell zu halten. Der eintretende Gesellschafter hat einen Anspruch darauf, in die Liste eingetragen zu werden.
Erwerb eines GmbH-Anteils	Die **Gesellschafterliste** dient als Anknüpfungspunkt für einen gutgläubigen Erwerb von Geschäftsanteilen. Wer einen Geschäftsanteil erwirbt, kann darauf vertrauen, dass die in der Gesellschafterliste verzeichnete Person auch wirklich Gesellschafter ist. Ist eine unrichtige Eintragung in der Gesellschafterliste für mindestens drei Jahre unbeanstandet geblieben, so gilt der Inhalt der Liste dem Erwerber gegenüber als richtig. Entsprechendes gilt für den Fall, dass die Eintragung zwar weniger als drei Jahre unrichtig, die Unrichtigkeit dem wahren Berechtigten aber zuzurechnen ist.

Neuregelung	Darum geht es!
Eigenkapitalersetzende Darlehen der Gesellschafter an die GmbH	Beim Eigenkapitalersatzrecht geht es um die Frage, ob Kredite, die Gesellschafter ihrer GmbH geben, als Darlehen oder als Eigenkapital behandelt werden. Das Eigenkapital steht in der Insolvenz hinter allen anderen Gläubigern zurück. Dazu werden die Rechtsprechungs- und Gesetzesregeln über die kapitalersetzenden Gesellschafterdarlehen (§§ 32a, 32b GmbHG) im Insolvenzrecht neu geordnet; die Rechtsprechungsregeln nach § 30 GmbHG sind aufgehoben. Eine Unterscheidung zwischen kapitalersetzenden und normalen Gesellschafterdarlehen gibt es nicht mehr. Jedes Gesellschafterdarlehen kann also vom Insolvenzverwalter zurück gefordert werden, wenn es ein Jahr vor der Insolvenzeröffnung an den Gesellschafter zurück bezahlt wurde.
Finanzierung durch Cash-Pooling	Cash-Pooling ist ein Instrument zum Liquiditätsausgleich zwischen den Unternehmensteilen im Konzern. Dazu werden Mittel von den Tochtergesellschaften an die Muttergesellschaft zu einem gemeinsamen Cash-Management geleitet. Im Gegenzug erhalten die Tochtergesellschaften Rückzahlungsansprüche gegen die Muttergesellschaft. Danach kann eine Leistung der Gesellschaft an einen Gesellschafter dann nicht als verbotene Auszahlung von Gesellschaftsvermögen gewertet werden, wenn ein reiner Aktivtausch vorliegt, also der Gegenleistungs- oder Rückerstattungsanspruch der Gesellschaft gegen den Gesellschafter die Auszahlung deckt und zudem vollwertig ist. Eine entsprechende Regelung gilt auch im Bereich der Kapitalaufbringung.
Insolvenzantragspflicht gilt auch für Gesellschafter	Die Gesellschafter sind im Falle der Führungslosigkeit der Gesellschaft verpflichtet, bei Zahlungsunfähigkeit und Überschuldung einen Insolvenzantrag zustellen. Hat die Gesellschaft keinen Geschäftsführer mehr, muss jeder Gesellschafter an deren Stelle Insolvenzantrag stellen, es sei denn, er hat vom Insolvenzgrund oder von der Führungslosigkeit keine Kenntnis. Die Insolvenzantragspflicht kann damit durch Abtauchen der Geschäftsführer nicht umgangen werden.
Öffentliche Zustellung	Im Handelsregister muss eine inländische Geschäftsanschrift eingetragen werden. Dies gilt auch für Aktiengesellschaften, Einzelkaufleute, Personenhandelsgesellschaften sowie Zweigniederlassungen (auch von Auslandsgesellschaften). Wenn unter dieser eingetragenen Anschrift eine Zustellung (auch durch Niederlegung) faktisch unmöglich ist, wird die Möglichkeit eingeführt, gegenüber juristischen Personen (also insbesondere der GmbH) eine öffentliche Zustellung im Inland zu bewirken. Dies bedeutet eine ganz erhebliche Deregulierung für die Gläubiger der GmbHs, die mit den Kosten und Problemen der Zustellung (insbesondere auch Auslandszustellungen) zu kämpfen haben.

Neuregelung	Darum geht es!
Geschäftsführer-Pflichten	Geschäftsführer, die Beihilfe zur Ausplünderung der Gesellschaft durch die Gesellschafter leisten und dadurch die Zahlungsunfähigkeit der Gesellschaft herbeiführen, werden dafür in die Haftung genommen. Es gilt das so genannte Zahlungsverbot in § 64 GmbHG. Die bisherigen Ausschlussgründe für Geschäftsführer (§ 6 Abs. 2 Satz 3 GmbHG, § 76 Abs. 3 Satz 3 AktG) werden u. a. um Verurteilungen wegen vorsätzlicher Insolvenzverschleppung, falscher Angaben und unrichtiger Darstellung sowie Verurteilungen auf Grund allgemeiner Straftatbestände mit Unternehmensbezug (§§ 265b, 266 oder § 266a StGB) erweitert. Zum Geschäftsführer kann nicht bestellt werden, wer gegen im Gesetz genannte zentrale Bestimmungen des Wirtschaftsstrafrechts verstoßen hat. Das gilt auch bei Verurteilungen wegen vergleichbarer Straftaten im Ausland.

4.2 Die wichtigsten Fragen zur GmbH-Reform

In dieser Übersicht finden Sie schnell die richtige Antwort auf die wichtigsten Fragen zur GmbH-Reform.

Siehe CD-ROM

Fragen ...	Das gilt nach Inkrafttreten der GmbH-Reform ...
Wie viel Stammkapital braucht eine GmbH?	Das Mindeststammkapital der GmbH bleibt bei wie bisher 25.000 €. Es wird nicht wie geplant auf 10.000 € herabgesetzt. Als Stammkapital bezeichnet man die bei Gründung einer GmbH von den Gesellschaftern insgesamt an die GmbH zu zahlenden Einlagen.
Kann ich eine GmbH auch mit weniger Geld gründen?	Um den Bedürfnissen von Existenzgründern, die am Anfang nur sehr wenig Stammkapital haben und/oder benötigen, zu entsprechen, gibt es mit der haftungsbeschränkten Unternehmergesellschaft eine Einstiegsvariante in die GmbH (§ 5a GmbHG). Es handelt sich dabei nicht um eine neue Rechtsform, sondern um eine GmbH, die ohne bestimmtes Mindeststammkapital (mindestens 1 €) gegründet werden kann. Diese GmbH darf ihre Gewinne aber nicht voll ausschütten. Sie soll auf diese Weise das Mindeststammkapital (25.000 €) nach und nach ansparen.

159

Fragen ...	Das gilt nach Inkrafttreten der GmbH-Reform ...
Wie gründe ich eine GmbH oder eine UG (haftungsbeschränkt)?	Für unkomplizierte Standardgründungen (u. a. Bargründung, höchstens drei Gesellschafter) wird ein Musterprotokoll als Anlage zum GmbHG zur Verfügung gestellt (§ 2 Abs. 1a GmbHG neu). Mit diesem vereinfachten Gründungsverfahren sollen die notarielle Beurkundung des Gesellschaftsvertrags beschleunigt und die Kosten verringert werden. Die vereinfachte Gründung nach dem Musterprotokoll sollte sehr gut überlegt werden, denn nur wirkliche Standardsituationen werden erfasst. Das „wirkliche Leben" ist aber häufig sehr viel facettenreicher. Sie sollten deshalb im Zweifel fachlichen und rechtlichen Rat einholen.
Muss ich Genehmigungen vorlegen (z. B. Eintrag in die Handwerksrolle)?	Bei Gesellschaften, deren Unternehmensgegenstand genehmigungspflichtig ist, wird das Eintragungsverfahren vollständig von der verwaltungsrechtlichen Genehmigung abgekoppelt. Das betrifft zum Beispiel Handwerks- und Restaurantbetriebe oder Bauträger, die eine gewerberechtliche Erlaubnis brauchen. Bislang kann eine solche Gesellschaft nur dann in das Handelsregister eingetragen werden, wenn bereits bei der Anmeldung zur Eintragung die staatliche Genehmigungsurkunde vorliegt (§ 8 Abs. 1 Nr. 6 GmbHG). Nach Inkrafttreten der GmbH-Reform müssen GmbHs wie Einzelkaufleute und Personenhandelsgesellschaften keine Genehmigungsurkunden mehr beim Registergericht einreichen.
Kann ich wie ein Einzelunternehmer auch eine „Einzel"-GmbH gründen?	Ja – und jetzt sogar einfacher als früher. Denn auch die Gründung der Einpersonen-GmbH wird durch die GmbH-Reform vereinfacht. Hier wird auf die Stellung besonderer Sicherheitsleistungen (§ 7 Abs. 2 Satz 3, § 19 Abs. 4 GmbHG) verzichtet. Es wird ausdrücklich klargestellt, dass das Gericht bei der Gründungsprüfung nur dann die Vorlage von Einzahlungsbelegen oder sonstigen Nachweisen verlangen kann, wenn es erhebliche Zweifel hat, ob das Kapital ordnungsgemäß aufgebracht wurde. Bei Sacheinlagen wird die Werthaltigkeitskontrolle durch das Registergericht auf die Frage beschränkt, ob eine nicht unwesentliche Überbewertung vorliegt. Dies entspricht der Rechtslage bei der Aktiengesellschaft. Nur bei entsprechenden Hinweisen kann damit künftig im Rahmen der Gründungsprüfung eine externe Begutachtung veranlasst werden.

Fragen ...	Das gilt nach Inkrafttreten der GmbH-Reform ...
Muss die GmbH in Deutschland ansässig sein?	Bisher war das so – nach der Reform ist das nicht mehr zwingend vorgeschrieben. Durch die Streichung des § 4a Abs. 2 GmbHG können deutsche GmbHs dann einen Verwaltungssitz wählen, der nicht notwendig mit dem Satzungssitz übereinstimmt. Dieser Verwaltungssitz kann auch im Ausland liegen.
Was passiert, wenn Gesellschafter ausscheiden?	Als Stammkapital bezeichnet man die bei Gründung einer GmbH von den Gesellschaftern insgesamt zu erbringenden Einlagen. Bislang muss die Stammeinlage mindestens 100 € betragen und darf nur in Einheiten aufgeteilt werden, die durch 50 teilbar sind. Jetzt muss jeder Geschäftsanteil nur noch auf einen Betrag von mindestens 1 € lauten. Vorhandene Geschäftsanteile können damit leichter gestückelt werden. Geschäftsanteile können damit leichter aufgeteilt, zusammengelegt und einzeln oder zu mehreren an einen Dritten übertragen werden.
Was muss ich beachten, wenn ich Wirtschaftsgüter in die GmbH einlege?	Wichtig ist, dass die eingebrachten Wirtschaftsgüter richtig bewertet sind. D. h.: Das eingebrachte Wirtschaftsgut darf nicht mit einem willkürlichen Wert angesetzt werden. Es muss zu dem Preis angesetzt werden, den das Wirtschaftsgut bei einem Verkauf erlösen würde (ggf. Anfertigung eines Sachgründungsberichts). Bei Sacheinlagen ist eine Kontrolle durch das Registergericht möglich, wenn eine nicht unwesentliche Überbewertung vorliegt. Nur bei entsprechenden Hinweisen kann im Rahmen der Gründungsprüfung zusätzlich eine externe Begutachtung verlangt werden.
Woher weiß ich beim Kauf einer GmbH, wer daran beteiligt ist?	Nach dem Vorbild des Aktienregisters sind nur die Personen (natürliche, juristische) Gesellschafter, der in der so genannten Gesellschafterliste im Handelsregister eingetragen sind. Damit können Sie lückenlos und einfach nachvollziehen, wer hinter der Gesellschaft steht.
Was muss ich beim Kauf eines GmbH-Anteils beachten?	Auch hier gilt: Sie können sich an der aktuellen Gesellschafterliste orientieren. Die rechtliche Bedeutung der Gesellschafterliste wurde erheblich ausgebaut: Sie dient als Anknüpfungspunkt für einen gutgläubigen Erwerb von Geschäftsanteilen. Wer einen Geschäfts-

Fragen ...	Das gilt nach Inkrafttreten der GmbH-Reform ...
	anteil erwirbt, soll künftig darauf vertrauen dürfen, dass die in der Gesellschafterliste verzeichnete Person auch wirklich Gesellschafter ist. Ist eine unrichtige Eintragung in der Gesellschafterliste für mindestens drei Jahre unbeanstandet geblieben, so gilt der Inhalt der Liste dem Erwerber gegenüber als richtig. Entsprechendes gilt für den Fall, dass die Eintragung zwar weniger als drei Jahre unrichtig ist, die Unrichtigkeit aber in den Verantwortungsbereich des wahren Berechtigten fällt. Die Neuregelung führt zu einer erheblichen Erleichterung für die Praxis bei Veräußerung von Anteilen älterer GmbHs.
Kann ich meiner GmbH ein Darlehen geben?	Ja. Aber es gelten neue gesetzliche Bestimmungen für alle Darlehen, die GmbH-Gesellschafter an ihre eigene GmbH geben. Es gibt nach der Reform keine Unterscheidung mehr zwischen Eigenkapital ersetzenden und „normalen" Gesellschafterdarlehen. Rückzahlungen, die innerhalb eines Jahres vor dem Antrag auf Insolvenzeröffnung erfolgten, können angefochten werden (§ 135 InsO neu)
Kann ich bei mehreren Tochter-GmbHs deren Gelder gemeinsam in der Holding verwalten?	Das bei der Konzernfinanzierung international gebräuchliche Cash-Pooling soll gesichert und sowohl für den Bereich der Kapitalaufbringung als auch den Bereich der Kapitalerhaltung auf eine verlässliche Rechtsgrundlage gestellt werden.
	Cash-Pooling ist ein Instrument zum Liquiditätsausgleich zwischen den Unternehmensteilen im Konzern. Dazu werden Mittel von den Tochtergesellschaften an die Muttergesellschaft zu einem gemeinsamen Cash-Management geleitet. Im Gegenzug erhalten die Tochtergesellschaften Rückzahlungsansprüche gegen die Muttergesellschaft.
	Obwohl das Cash-Pooling als Methode der Konzernfinanzierung als ökonomisch sinnvoll erachtet wird, ist auf Grund der neueren Rechtsprechung des BGH zu § 30 GmbHG in der Praxis Rechtsunsicherheit über dessen Zulässigkeit entstanden. Der Entwurf greift die Sorgen der Praxis auf und schlägt eine allgemeine Regelung vor, die über das Cash-Pooling hinausreicht und zur bilanziellen Betrachtung des Gesellschaftsvermögens zurückkehrt:

Fragen ...	Das gilt nach Inkrafttreten der GmbH-Reform ...
	Danach kann eine Leistung der Gesellschaft an einen Gesellschafter nicht als verbotene Auszahlung von Gesellschaftsvermögen gewertet werden, wenn ein reiner Aktivtausch vorliegt, also der Gegenleistungs- oder Rückerstattungsanspruch der Gesellschaft gegen den Gesellschafter die Auszahlung deckt und zudem vollwertig ist. Eine entsprechende Regelung soll auch im Bereich der Kapitalaufbringung gelten.
Was passiert, wenn ich als Geschäftsführer mein Amt niederlege?	Die bisherige Rechtslage bleibt bestehen: Eine Amts- niederlegung „zur Unzeit" (z. B. in der wirtschaftlichen Krise der GmbH) ist nicht zulässig. Kommt es dennoch zur Amtsniederlegung gilt dann nach der neuen Ge- setzeslage Folgendes: Die Gesellschafter werden im Falle der Führungslosigkeit der Gesellschaft verpflich- tet, bei Zahlungsunfähigkeit und Überschuldung einen Insolvenzantrag zu stellen. Hat die Gesellschaft keinen Geschäftsführer mehr, muss jeder Gesellschafter an deren Stelle Insolvenzantrag stellen, es sei denn, er hat vom Insolvenzgrund oder von der Führungslosig- keit keine Kenntnis. Das bedeutet: Gesellschafter müssen sich bei Führungslosigkeit der GmbH um deren wirtschaftliche Situation kümmern und müssen ggf. Insolvenzantrag stellen, wenn sie nicht mit ihrem Privatvermögen haften wollen
Verändert sich mit der GmbH-Reform mein persönliches Risiko als Geschäftsführer	Ja – unter bestimmten Voraussetzungen. Geschäfts- führer, die Beihilfe zur Ausplünderung der Gesellschaft durch die Gesellschafter leisten und dadurch die Zah- lungsunfähigkeit der Gesellschaft herbeiführen, wer- den stärker in die Pflicht genommen. Dazu wurde das so genannte Zahlungsverbot in § 64 GmbHG erweitert. Das bedeutet: Veranlasst der Geschäftsführer Zahlun- gen der GmbH, obwohl die „wirtschaftliche Krise" bereits offensichtlich ist, haftet er dafür mit seinem privaten Vermögen.

4.3 GmbH-Reform – So vermeiden Sie Haftungsfallen

Die folgende Übersicht informiert Sie über Haftungsrisiken, denen Sie in der GmbH ausgesetzt sind. In der linken Spalte sind die Haftungstatbestände aufgelistet, in der rechten Spalte finden Sie praktische Hinweise, wie Sie die jeweilige Haftungsfalle umgehen können.

Siehe CD-ROM

Haftungstatbestand	Vorkehrungen gegen die Haftung
Verdeckte Einlage Rechtsunsicherheiten im Bereich der Kapitalaufbringung werden durch das neue Gesetz beseitigt, indem die so genannte verdeckte Sacheinlage im Gesetz klar geregelt wird. Eine verdeckte Sacheinlage liegt vor, wenn zwar formell eine Bareinlage vereinbart und geleistet wird, die Gesellschaft bei wirtschaftlicher Betrachtung aber einen Sachwert erhalten soll. Nach der GmbH-Reform kann der Gesellschafter künftig auch mit einer verdeckten Sacheinlage seine Verpflichtung gegenüber der Gesellschaft erfüllen. Der Gesellschafter muss aber beweisen, dass der Wert der verdeckten Sacheinlage den Betrag der geschuldeten Bareinlage erreicht hat. Kann er das nicht, muss er die Differenz in bar erbringen.	Wird der Geldbetrag Ihrer Bareinlage sofort oder kurz nach der Einzahlung zur Anschaffung von Wirtschaftsgütern verwendet, müssen Sie aufpassen: Der Wert des angeschafften Wirtschaftsguts muss adäquat sein. D. h., es darf z. B. nicht zu spekulativen Geschäften verwendet werden. **Beispiel:** Sie kaufen von den eingezahlten Mitteln spekulative Wertpapiere, die nach wenigen Tagen massive Kursverluste bringen, die auch nach Jahren nicht mehr aufgeholt werden können. In diesem Fall müssen Sie damit rechnen, dass Sie im Falle einer wirtschaftlichen Krise der GmbH die Ihre Einlage nochmals erbringen müssen.
Erwerb eines GmbH-Anteils Die rechtliche Bedeutung der Gesellschafterliste wird mit der GmbH-Reform erheblich ausgebaut: Die Gesellschafterliste dient als Anknüpfungspunkt für einen gutgläubigen Erwerb von Geschäftsanteilen. Wer einen Geschäftsanteil erwirbt, soll künftig darauf vertrauen dürfen, dass die in der Gesellschafterliste verzeichnete Person auch wirklich Gesellschafter ist.	Der Erwerber eines GmbH-Anteils muss sich darauf verlassen können, dass die Gesellschafterliste beim Handelsregister die tatsächlichen Gesellschafter ausweist. **Tipp:** Sorgen Sie als Geschäftsführer einer GmbH jährlich dafür, dass die Gesellschafterliste Ihrer GmbH überprüft wird und dass sie den tatsächlichen Beteiligungsverhältnissen entspricht. Damit verhindern Sie, dass es zu Manipulationen beim Erwerb von GmbH-Anteilen kommen kann.

Haftungstatbestand	Vorkehrungen gegen die Haftung
Ist eine unrichtige Eintragung in der Gesellschafterliste für mindestens drei Jahre unbeanstandet geblieben, so gilt der Inhalt der Liste dem Erwerber gegenüber als richtig. Entsprechendes gilt für den Fall, dass die Eintragung zwar weniger als drei Jahre unrichtig, die Unrichtigkeit dem wahren Berechtigten aber zuzurechnen ist. Die Regelung schafft mehr Rechtssicherheit und senkt die Transaktionskosten. Bislang geht der Erwerber eines Geschäftsanteils das Risiko ein, dass der Anteil einem anderen als dem Veräußerer gehört. Die Neuregelung führt zu einer erheblichen Erleichterung für die Praxis bei Veräußerung von Anteilen älterer GmbHs.	
Eigenkapitalersetzende Darlehen der Gesellschafter an die GmbH Die sehr komplex gewordene Materie des Eigenkapitalersatzrechts (§§ 30 ff. GmbHG) wird mit der GmbH-Reform erheblich vereinfacht und grundlegend dereguliert. Beim Eigenkapitalersatzrecht geht es um die Frage, ob Kredite, die Gesellschafter ihrer GmbH geben, als Darlehen oder als Eigenkapital behandelt werden. Das Eigenkapital steht in der Insolvenz hinter allen anderen Gläubigern zurück. Grundgedanke der Neuregelung ist, dass die Organe und Gesellschafter der gesunden GmbH einen einfachen und klaren Rechtsrahmen vorfinden sollen. Dazu werden die Rechtsprechungs- und Gesetzesregeln über die kapitalersetzenden Gesellschafterdarlehen (§§ 32a, 32b GmbHG) im Insolvenzrecht neu geordnet; die Rechtsprechungsregeln nach § 30 GmbHG werden aufgehoben. Eine Unterscheidung zwischen kapitalersetzenden und normalen Gesellschafterdarlehen wird es nicht mehr geben.	Die Vereinfachung betrifft die „gesunde" GmbH. Für Gesellschafter-Geschäftsführer bedeutet das: Wenn Sie Ihrer GmbH Darlehen in der wirtschaftlichen Krise der GmbH zur Verfügung stellen oder in der Krise abziehen, können Sie weiterhin nicht davon ausgehen, dass diese Darlehen wie Forderungen Dritter behandelt werden. **Tipp:** Überlassen Sie Darlehen an Ihre GmbH weiterhin mit kurzen Laufzeiten bzw. Kündigungsfristen und üblichen Darlehenskonditionen.

Haftungstatbestand	Vorkehrungen gegen die Haftung
Insolvenzantragspflicht des Gesellschafters Die Gesellschafter sind im Falle der Führungslosigkeit der Gesellschaft verpflichtet, bei Zahlungsunfähigkeit und Überschuldung einen Insolvenzantrag zu stellen. Hat die Gesellschaft keinen Geschäftsführer mehr, muss jeder Gesellschafter an deren Stelle Insolvenzantrag stellen, es sei denn, er hat vom Insolvenzgrund oder von der Führungslosigkeit keine Kenntnis. Die Insolvenzantragspflicht kann durch Abtauchen der Geschäftsführer nicht umgangen werden.	Mitarbeitende Gesellschafter oder Nur-Gesellschafter (, die nicht als Geschäftsführer tätig sind) müssen bei der Amtsniederlegung des Geschäftsführers besonders aufpassen: In diesem Fall sind sie verpflichtet, selbst Insolvenzantrag zu stellen. **Achtung:** Im Falle einer Amtsniederlegung oder faktischen Amtsniederlegung des Geschäftsführers müssen sie sofort mit dem Steuerberater Kontakt aufnehmen und sich einen Überblick über die wirtschaftliche Lage der GmbH verschaffen bzw. ggf. innerhalb von 3 Wochen Insolvenzantrag stellen.

4.4   Muster für einen GmbH-Vertrag

Interessenlage entscheidend

Der hier vorgeschlagene Gesellschaftsvertrag (= Satzung) enthält die typischen Klauseln, die im Rahmen einer Gründung vereinbart werden. Die Bestimmungen sind je nach den Bedürfnissen des Einzelfalles anzupassen, zu streichen oder zu ergänzen. Die vorliegende Satzung betrifft eine personalistisch strukturierte GmbH, bei der mehrere Gesellschafter gleichberechtigt beteiligt sind. Sie ist aber auch für Fälle geeignet, in denen ein Gesellschafter aufgrund seines Kapitalanteils die Stimmenmehrheit und damit die Herrschaft hat.

Besonderheiten bei der Unternehmergesellschaft

Die nachfolgende Mustersatzung ist nicht zu verwechseln mit den vom Gesetzgeber angebotenen Musterprotokollen (siehe Kapitel 4.6 und 4.7). Die Musterprotokolle dienen der Beschleunigung des Gründungsvorgangs und bieten gerade wenig Gestaltungsspielraum. Soll eine Unternehmergesellschaft (haftungsbeschränkt) gegründet werden, kann ebenfalls auf den nachfolgenden Formulierungsvorschlag zurückgegriffen werden. Zu beachten ist jedoch, dass bei § 1, der Firma, unbedingt abweichend vom GmbH-Zusatz entweder die Firmierung lauten müsste *Unternehmergesellschaft (haftungsbeschränkt)* oder *UG (haftungsbeschränkt).*

Gesellschaftsvertrag der Monica Musterfrau GmbH

Siehe CD-ROM

§ 1
Firma und Sitz der Gesellschaft

(1) Die Gesellschaft ist eine Gesellschaft mit beschränkter Haftung   Firma/Sitz
unter der Firma Monica Musterfrau GmbH.

(2) Die Gesellschaft hat ihren Sitz in (Ort).

§ 2
Unternehmensgegenstand

(1) Gegenstand des Unternehmens ist [bitte einsetzen].   Unternehmens-

(2) Die Gesellschaft darf alle damit zusammenhängenden und den   gegenstand
Gesellschaftszweck fördernden Geschäfte tätigen.

(3) Die Gesellschaft ist berechtigt, sich an anderen Unternehmen zu
beteiligen, auch die Geschäftsführung und die persönliche Haftung in Kommanditgesellschaften zu übernehmen und Zweigniederlassungen im In- und Ausland zu errichten.

§ 3
Stammkapital/Stammeinlagen

(1) Das Stammkapital der Gesellschaft beträgt **25.000 €** (fünfund-   Stammkapital
zwanzigtausend €).   Stammeinlagen

(2) Auf das Stammkapital übernehmen:

   a) Frau Monica Musterfrau eine Stammeinlage von 12.500 €

   b) Herr Paul Mustermann eine Stammeinlage von 12.500 €

(3) Die Stammeinlage ist in Geld zu erbringen und zwar **zur Hälfte
sofort.**

§ 4
Vertretung/Geschäftsführung

(1) Die Gesellschaft hat einen oder mehrere Geschäftsführer. Ist nur   Leitung der
ein Geschäftsführer bestellt, so vertritt dieser die Gesellschaft al-   Gesellschaft
lein. Sind mehrere Geschäftsführer bestellt, so wird die Gesellschaft durch die Geschäftsführer gemeinsam oder durch einen
Geschäftsführer in Gemeinschaft mit einem Prokuristen vertreten. Durch Gesellschafterbeschluss kann einzelnen Geschäftsführern die Befugnis zur alleinigen Vertretung sowie die Befreiung
von den Beschränkungen des § 181 BGB erteilt werden.

Mehrere
Geschäftsführer

(2) Hat die Gesellschaft mehrere Geschäftsführer, so sind diese berechtigt, durch eine Geschäftsordnung, die von der Gesellschafterversammlung zu genehmigen ist, eine Ressortaufteilung vorzunehmen [bei Bedarf: Für die Abberufung eines Gesellschafter-Geschäftsführers bedarf es eines wichtigen Grundes].

Zustimmungs-
katalog

(3) Der Geschäftsführer, [bei Bedarf: der nicht gleichzeitig Gesellschafter ist,] bedarf für sämtliche Geschäfte im Innenverhältnis – unbeschadet seiner Vertretungsmacht im Außenverhältnis –, die über den gewöhnlichen Geschäftsbetrieb der Gesellschaft hinausgehen, der Genehmigung der Gesellschafterversammlung [bei Bedarf: gegebenenfalls der Zustimmung des Beirats]. Insbesondere bedürfen folgende Rechtsgeschäfte der Zustimmung der Gesellschafterversammlung [Katalog unbedingt auf den Einzelfall anpassen:]

1. Sämtliche Grundstücksgeschäfte, sowohl Verpflichtungs- als auch Erfüllungsgeschäfte, einschließlich der Belastung, der Veräußerung und des Erwerbs von Grundstücken,

2. Verträge mit einem Volumen, das einen Betrag von [bitte einsetzen] € übersteigt,

3. die Eingehung von Dauerschuldverhältnissen mit einer monatlichen Verpflichtung von mehr als [bitte einsetzen] €,

4. die Anstellung und Entlassung von Arbeitnehmern mit Ausnahme von geringfügig oder kurzfristig beschäftigten Mitarbeitern,

5. die Einräumung von Sonderleistungen gegenüber Arbeitnehmern oder freien Mitarbeitern, durch die diesen Versorgungsleistungen, Tantiemen oder sonstige Ansprüche eingeräumt werden,

6. die Aufnahme von Krediten, die Eingehung von Wechselverbindlichkeiten und Bürgschaftsverpflichtungen,

7. die Gewährung und die Zusage von Krediten sowie die Einräumung von Sicherheiten aus dem Gesellschaftsvermögen für Dritte,

8. die Eröffnung und die Aufgabe von Filialen bzw. Zweigniederlassungen,

9. die Veräußerung und Verpachtung des Unternehmens bzw. des Betriebs oder von Betriebsteilen,

10. die Erteilung und der Widerruf von Prokura und Generalhandlungsvollmacht,

11. der Abschluss, die Aufhebung und die Änderung von Verträgen mit verschwägerten oder verwandten Personen eines Gesellschafters oder eines Geschäftsführers.

§ 5
Gesellschafterversammlung/Beschlüsse

(1) Die Einberufungsfrist für eine Gesellschafterversammlung beträgt zwei Wochen. Die Einberufung erfolgt durch eine Einladung, die mit eingeschriebenem Brief versandt wird. Der Einladung ist eine Tagesordnung beizufügen. Die Einberufungsfrist beginnt mit der Einlieferung der Einschreiben bei der Post. Alternativ ist auch die persönliche Übergabe der Einladung nebst Tagesordnung zulässig, wobei der Gesellschafter (Vertretung ist unzulässig) den Empfang durch Unterschrift zu bestätigen hat. *Einberufungsfrist*

(2) Erscheinen sämtliche Gesellschafter auf der Gesellschafterversammlung, können sie beschließen, unter Verzicht auf alle Formen und Fristen Beschlüsse zu fassen. Die Beschlussfähigkeit ist zu Beginn der Gesellschafterversammlung durch einen Versammlungsleiter festzustellen. *Vollversammlung*

(3) Der Versammlungsleiter wird von der Gesellschafterversammlung zu Beginn der Sitzung bestimmt. Kommt keine Einigung zustande, so ist der älteste Gesellschafter Versammlungsleiter. Der Versammlungsleiter hat über die Gesellschafterversammlung eine Sitzungsniederschrift anzufertigen, in der mindestens der Versammlungsort, das Datum, die Uhrzeit, die Teilnehmer sowie die gestellten Beschlussanträge, der Wortlaut der gefassten Beschlüsse sowie die Abstimmungsergebnisse (Ja-Stimmen, Nein-Stimmen, Enthaltungen und ungültige Stimmen) aufzunehmen sind. Bei den gefassten Beschlüssen ist auf Wunsch des betreffenden Gesellschafters unter Nennung seines Namens anzugeben, wie dieser abgestimmt hat. Jeder Gesellschafter kann beantragen, dass seine in der Gesellschafterversammlung geäußerten Vorschläge oder Bedenken zu einzelnen Gegenständen in die Sitzungsniederschrift aufgenommen werden. Die Sitzungsniederschrift ist vom Versammlungsleiter zu unterschreiben und von diesem – bzw. auf dessen Weisung vom Geschäftsführer – *Versammlungsleitung/Protokoll*

an die Gesellschafter mit einfachem Brief zu übermitteln. Einwendungen gegen die Richtigkeit und Vollständigkeit der Sitzungsniederschrift sind binnen einer Frist von vier Wochen nach Zugang gegenüber dem Versammlungsleiter zu erheben. Der Versammlungsleiter – bzw. auf dessen Weisung der Geschäftsführer – hat den Berichtigungsantrag den anderen Gesellschaftern zur Stellungnahme zu übermitteln. Besteht Uneinigkeit über den gefassten Inhalt, so begründet das Protokoll keine Vermutung für die Vollständigkeit und Richtigkeit des Inhalts. Werden Einwendungen gegen die Richtigkeit des Protokolls nicht fristgemäß erhoben, so liegt hingegen die Vermutung für seine Vollständigkeit und Richtigkeit vor.

Beschluss-fähigkeit (4) Die Gesellschafterversammlung ist beschlussfähig, wenn mehr als 50 % aller Stimmen anwesend sind, auf Stimmverbote oder Stimmenbotschaften kommt es hierbei nicht an. Ist die Gesellschafterversammlung nicht beschlussfähig, so ist unter Einhaltung der in Absatz 1 genannten Formalien mit gleicher Tagesordnung eine erneute Gesellschafterversammlung einzuberufen, die dann unabhängig von der Anzahl der anwesenden Stimmen beschlussfähig ist. Hierauf ist in der Ladung hinzuweisen.

Mehrheitsklausel (5) Die Gesellschafterversammlung entscheidet in ihren Angelegenheiten durch Beschluss. Beschlüsse werden mit der Mehrheit der abgegebenen Stimmen gefasst, sofern der Gesellschaftsvertrag oder das Gesetz nicht etwas anderes bestimmen.

Vertretung/ Stimmen-botschaften (6) Eine rechtsgeschäftliche Vertretung im Stimmrecht ist nicht zulässig. [Oder:] Eine Vertretung im Stimmrecht bedarf einer schriftlichen Vollmacht, wobei eine Telefaxunterschrift oder eine qualifizierte elektronische Signatur, nicht jedoch die Textform ausreichend sind. [Oder bei Bedarf zusätzlich zu Satz 1:] Statthaft ist jedoch eine Stimmbotschaft, d. h. abwesende Gesellschafter können an der Beschlussfassung teilnehmen, indem sie schriftliche Stimmabgaben überreichen lassen. Die schriftlichen Stimmabgaben können durch andere Gesellschafter überreicht werden oder an den Sitz der Gesellschaft gesandt werden. Im letzteren Fall bringt sie der Geschäftsführer ein. Schriftlich im Sinne dieser Vorschrift sind nur unterschriebene Stimmabgaben, wobei eine Telefaxunterschrift oder qualifizierte elektronische Signatur genügt. E-Mails [ohne eine qualifizierte elektronische Signatur], Textform, Telegramm bzw. Telex werden nicht zugelassen. Der Gesellschafter trägt das Risiko des rechtzeitigen Zugangs seiner Stimmenbotschaft. Sendet er seine Stimmabgabe an den Geschäftssitz, so muss diese mindestens einen Arbeitstag vor der Versammlung während der Bürozeiten dort eintreffen. Unzulässig sind Stimmabgaben, die einem Stimmboten einen eigenen Entscheidungsspielraum einräumen. Aus der schriftlichen Stimmabgabe muss sich eindeutig die Entscheidung des Gesellschafters ergeben.)

(7) Die Anwesenheit und Beiziehung von Beratern der Gesellschafter auf Gesellschafterversammlungen ist grundsätzlich nicht gestattet. Die Gesellschafterversammlung kann durch Beschluss die Teilnahme bzw. die Beiziehung eines Beraters unter folgenden kumulativ gegebenen Voraussetzungen zulassen: *Beiziehung von Beratern*

1. Wenn der betreffende Gesellschafter beim einladenden Geschäftsführer die Teilnahme bzw. Beiziehung des Beraters binnen einer Frist von einer Woche nach Zugang der Einladung bzw. der Tagesordnung zur Gesellschafterversammlung beantragt hat;

2. wenn der Gesellschafter Namen und Anschrift des Beraters unter Hinweis auf dessen Status (z. B. Rechtsanwalt/Steuerberater) schriftlich dem Geschäftsführer mitgeteilt hat;

3. wenn der betreffende Gesellschafter die Gründe für die Beiziehung des Beraters dem Geschäftsführer angezeigt hat. Der Geschäftsführer hat die Anmeldung des Antrags auf Beiziehung eines Beraters den übrigen Gesellschaftern unverzüglich mitzuteilen, damit diese unter Wahrung des Gleichbehandlungsgrundsatzes ebenfalls entscheiden können, ob sie ihrerseits einen Berater hinzuziehen möchten. Die Berater, die hinzugezogen werden sollen, bleiben nach Eröffnung der Gesellschafterversammlung zunächst außerhalb des Sitzungssaals, bis die Gesellschafter nach einer Aussprache über die Teilnahme und Hinzuziehung der Berater entschieden haben. Ein Gesellschafter, der aus fachlichen oder persönlichen Gründen, z. B. infolge von Krankheit oder Gebrechlichkeit, eines Beistandes bedarf, oder ein Gesellschafter, gegen den weitreichende statusrechtliche Maßnahmen

wie die Einziehung seines Geschäftsanteils oder die Abberufung seiner Person aus dem Amt des Geschäftsführers beschlossen werden sollen, hat einen Anspruch auf Hinzuziehung eines Beraters unter der Beachtung der vorgenannten Formalien. Berater dürfen nur dann zugelassen werden, wenn sie zur Berufsverschwiegenheit verpflichtet sind oder sich zur Verschwiegenheit durch schriftliche Erklärung gesondert verpflichten.

Förmliche Feststellung

(8) Gesellschafterbeschlüsse sind vom Versammlungsleiter förmlich festzustellen. Dies geschieht, indem der Versammlungsleiter nach jeder Abstimmung den Wortlaut des Beschlusses verliest, das Abstimmungsergebnis mündlich verkündet und dies in die Sitzungsniederschrift aufnimmt. Der Versammlungsleiter ist bei unklarem Abstimmungsergebnis berechtigt, auf eine förmliche Feststellung zu verzichten. Gesellschafterbeschlüsse können nur innerhalb einer Frist von sechs Wochen nach Zugang der Sitzungsniederschrift von dem jeweiligen Gesellschafter angefochten werden.

Schriftliches Verfahren

(9) Beschlüsse im schriftlichen Verfahren gemäß § 48 III GmbHG sind zulässig. Das Einverständnis der Gesellschafter zu der zutreffenden Bestimmung bzw. zu der schriftlichen Abgabe der Stimmen bedarf der Schriftform, wobei eine Telefaxunterschrift oder eine qualifizierte elektronische Signatur, nicht jedoch die Textform ausreichend sind. Die Durchführung des schriftlichen Verfahrens kann von jedem Geschäftsführer vorgenommen werden. Die Vorschriften über die Protokollierung, förmliche Feststellung und Anfechtung, die nach dieser Satzung für in Versammlungen gefasste Beschlüsse gelten entsprechend. Die Beschlussvorlagen sowie die Niederschrift über den förmlich festgestellten Beschluss sind per Einschreiben vom Geschäftsführer an die Gesellschafter zu versenden. Das weitere Verfahren bestimmt der Geschäftsführer im Zweifel nach billigem Ermessen.

§ 6
Einziehung/Ausschluss und Kaduzierung

Mit Einverständnis (1) Die Einziehung eines Geschäftsanteils ist mit notariell beglaubigter schriftlicher Zustimmung des betroffenen Gesellschafters zulässig.

(2) Ohne Zustimmung des betroffenen Gesellschafters ist die Ein- Gegen den Willen
ziehung des Geschäftsanteils sowie der Ausschluss des Gesellschafters zulässig, wenn

a) der Geschäftsanteil von einem Gläubiger des Gesellschafters gepfändet oder sonst wie in diesen vollstreckt wird und die Vollstreckungsmaßnahme nicht innerhalb von zwei Monaten, spätestens bis zur Verwertung des Geschäftsanteils aufgehoben wird;

b) über das Vermögen des Gesellschafters ein Insolvenzverfahren eröffnet oder die Eröffnung eines solchen Verfahrens mangels Masse abgelehnt wird oder der Gesellschafter die Richtigkeit seines Vermögensverzeichnisses an Eides statt versichert hat;

c) in der Person des Gesellschafters ein wichtiger Grund vorliegt (§ 140 HGB).

(3) Steht mehreren Mitberechtigten ein Geschäftsanteil ungeteilt zu, Mehrere
Gesellschafter
so ist die Einziehung gemäß Abs. 2 auch zulässig, wenn die Voraussetzungen nur in der Person eines Mitberechtigten vorliegen.

(4) Die Einziehung oder der Ausschluss wird durch die Geschäfts- Ausschluss/
Einziehung
führung erklärt. Sie bedarf eines ermächtigenden Gesellschafterbeschlusses, der mit einer Mehrheit von drei Vierteln der abgegebenen Stimmen gefasst wird. Dem betroffenen Gesellschafter steht kein Stimmrecht zu. Für den Fall des Ausschlusses bevollmächtigen die Gesellschafter schon jetzt – und zwar jeder für sich als Sonderpflicht auf den Anteil mit Wirkung gegenüber etwaigen (Sonder-)Rechtsnachfolgern – die GmbH unwiderruflich durch Beschluss der Gesellschafterversammlung, namens des auszuschließenden Gesellschafters die Abtretung an einen Mitgesellschafter oder Dritten zu erklären.

(5) Die Einziehung oder der Ausschluss erfolgt gegen Zahlung einer Abfindung
nach § 10 dieses Vertrags zu berechnenden und auszuzahlenden Abfindung. Der Ausschluss wird mit Zugang des Beschlusses der Gesellschafterversammlung beim betroffenen Gesellschafter unbeschadet der Zahlung der Abfindung wirksam. Im Fall der Einziehung ruhen die Rechte aus dem Geschäftsanteil einschließlich des Stimmrechts ab dem Zeitpunkt, in dem der Einziehungsbeschluss dem betroffenen Gesellschafter zugeht.

Verwertung bei Kaduzierung

(6) Für den Fall der Verwertung des Geschäftsanteils im Rahmen des Kaduzierungsverfahrens gemäß § 23 GmbHG können die Gesellschafter beschließen, dass diese auch durch freihändigen Verkauf geschehen kann.

§ 7
Kündigung des Gesellschafters

Kündigung

(1) Jeder Gesellschafter kann das Gesellschaftsverhältnis mit einer Frist von sechs Monaten zum Schluss eines Geschäftjahres kündigen. Die Kündigung hat durch eingeschriebenen Brief zu erfolgen; sie ist an die Gesellschaft zu richten.

Folge der Kündigung

(2) Die Kündigung hat nicht die Auflösung der Gesellschaft, sondern nur das Ausscheiden des kündigenden Gesellschafters zum Ende des betreffenden Geschäftsjahres zur Folge. Von diesem Zeitpunkt an ruhen die Gesellschafterrechte des ausscheidenden Gesellschafters.

Übertragung des Anteils

(3) Der ausscheidende Gesellschafter ist verpflichtet, seinen Geschäftsanteil auf die übrigen Gesellschafter im Verhältnis ihrer Beteiligung oder – nach Wahl der Gesellschaft durch einstimmigen Gesellschafterbeschluss – auf die GmbH oder auf einen von der Gesellschaft zu benennenden Dritten zu übertragen oder die Einziehung durch Mehrheitsbeschluss zu dulden. Die bei der anteiligen Übertragung auf die Gesellschafter entstehenden unteilbaren Spitzenbeträge sind den Gesellschaftern zu Bruchteilen entsprechend ihrer Beteiligung zu übertragen, wobei anschließend ein Ausgleich über eine Kapitalerhöhung zu erfolgen hat. Jeder Gesellschafter kann, soweit Mitgesellschafter eine Übertragung des auf sie entfallenden Anteils ablehnen, die Durchführung des Versteigerungsverfahrens nach § 8 Abs. 2 solange verlangen, wie über den Anteil noch keine Entscheidung getroffen worden ist. Sofern die Gesellschaftsversammlung trotz Kündigung keine Entscheidung (Einziehung/Übertragung des Anteils) binnen sechs Monaten nach dem Schluss des Kalenderjahres trifft, ist die Gesellschaft aufgelöst.

(4) Der ausscheidende Gesellschafter erhält eine Abfindung, die gemäß § 10 dieses Vertrags zu berechnen und auszuzahlen ist.

§ 8
Veräußerung/Belastung von Geschäftsanteilen

(1) Für sämtliche Verfügungen über einen Geschäftsanteil (Übertra- Zustimmung
gungen, Belastungen [z. B. Pfandrechte, Nießbrauch]) ist ein erforderlich
einstimmiger Beschluss der Gesellschafterversammlung erforderlich. Die Zustimmung wird nach Fassung eines einstimmigen
Beschlusses der Gesellschafterversammlung vom Geschäftsführer gegenüber dem Veräußerer namens der Gesellschaft erteilt.
Ein Anspruch auf Zustimmung besteht nicht, da der Veräußerer
das Recht zur Kündigung gegen Abfindung hat.

(2) Bevor der ausscheidewillige Gesellschafter sich verpflichtet, sei- Vorkaufsrecht
nen Geschäftsanteil auf einen Dritten zu übertragen, ist er verpflichtet, seinen Anteil den Mitgesellschaftern anzubieten, indem er diese schriftlich per Einschreiben über die Übertragungs-
absicht informiert. Jeder Gesellschafter hat das Recht, binnen eines Monats nach Einlieferung des Einschreibebriefs vom Geschäftsführer die Einberufung einer Gesellschafterversammlung
zu verlangen, auf der der Geschäftsanteil unter den Gesellschaftern versteigert wird. Das Mindestgebot muss mindestens die
Höhe der nach § 10 errechneten Abfindung betragen, sofern der
ausscheidende Gesellschafter nicht einem niedrigeren Mindestgebot zustimmt. Die Versteigerung wird von einem Notar gelei-
tet, der das Verfahren unter Gleichbehandlung aller Gesellschafter nach eigenem Ermessen bestimmt. Für den Fall des
Zuschlags beurkundet der Notar sowohl das Verpflichtungs- als
auch das Verfügungsgeschäft unter der aufschiebenden Bedingung der Kaufpreiszahlung binnen 21 Tagen nach dem Zu-
schlag. Wird kein Versteigerungsverfahren durchgeführt, steht
jedem Gesellschafter bei einer Veräußerung des Anteils an einen
Dritten ein Vorkaufsrecht zu, und zwar im Verhältnis seiner
Beteiligung. Das Vorkaufsrecht ist innerhalb eines Monats,
nachdem die Anteilsübertragung durch den Gesellschafterbeschluss genehmigt wurde, durch schriftliche Erklärung gegenüber dem bisherigen Gesellschafter auszuüben. Macht ein Gesellschafter davon innerhalb eines Monats keinen Gebrauch,
geht das Recht anteilig auf die verbleibenden Gesellschafter über.
Etwaige unverteilbare Spitzenbeträge stehen den Gesellschaftern

im Verhältnis ihrer Beteiligung zu Bruchteilen zu. Ein Ausgleich hat gegebenenfalls über eine Kapitalerhöhung zu erfolgen. Ergänzend gelten die Bestimmungen des BGB über das Vorkaufsrecht (§§ 463 ff. BGB).

§ 9
Tod eines Gesellschafters

Fortsetzung oder Einziehung

(1) Geht der Geschäftsanteil erbrechtlich kraft Erbfolge auf den oder die Erben bzw. auf einen Vermächtnisnehmer über (im Folgenden nur als Erbe bezeichnet), so ist der Erbe binnen drei Monaten nach Erlangung der Kenntnis von der Gesellschafterstellung verpflichtet, der Gesellschaft den Erwerb anzuzeigen und sich damit einverstanden zu erklären, dass der Geschäftsanteil in einem nach § 8 Abs. 2 durchgeführten Versteigerungsverfahren an einen Mitgesellschafter veräußert wird. Weigert sich der Erbe, das Versteigerungsverfahren durchführen zu lassen oder verläuft die Versteigerung ergebnislos, so ist die Gesellschafterversammlung berechtigt, die Einziehung ohne Zustimmung des Erben gegen Abfindung zu beschließen.

[bei Bedarf] Die Einziehung findet nicht statt, wenn der Erbe Abkömmling oder Ehegatte des verstorbenen Gesellschafters ist. Sofern der Erbengemeinschaft neben Abkömmlingen und Ehegatten auch Dritte angehören, ist die Einziehung nur für den Teil möglich, der den Dritten an den Anteil entsprechend ihrer quotalen Beteiligung an der Erbengemeinschaft zusteht. Die Erbengemeinschaft ist verpflichtet, den Anteil entsprechend zu teilen.

Fristen

(2) Das Versteigerungsverfahren bzw. die Einziehung sind binnen zehn Monaten ab dem Zugang der Anzeige des Erben bei der Gesellschaft bzw. ab sonstiger Kenntniserlangung aller Gesellschafter vollständig durchzuführen. In diesem Zeitraum ruht das Stimmrecht aus dem(n) Geschäftsanteil(en) des verstorbenen Gesellschafters.

Gemeinsamer Vertreter

(3) Steht der Anteil einer Erbengemeinschaft zu, so ist diese verpflichtet, zur Ausübung ihrer Rechte einen gemeinsamen Vertreter zu bestellen. Bis zur Bestellung des gemeinsamen Vertreters ruhen die Stimmrechte aus dem Geschäftsanteil.

§ 10
Abfindung

(1) Im Falle der Einziehung gemäß § 6, der Kündigung nach § 7 und in allen anderen Fällen des Ausscheidens hat die Gesellschaft eine Abfindung zu zahlen. Die Abfindung beträgt in den Fällen des § 6 Abs. 2 a) bis c) 75 % und in allen übrigen Fällen 100 % des nach Maßgabe der folgenden Bestimmungen zu berechnenden anteiligen Unternehmenswertes.

Für jedweden Fall des Ausscheidens

(2) Der Unternehmenswert wird wie folgt ermittelt:

Ermittlung der Abfindung

a) Zunächst ist der gewichtete Durchschnitt der Ergebnisse der Handelsbilanz der letzten drei, beim Ausscheiden abgeschlossenen Geschäftsjahre vor Körperschaftsteuer auf ausschüttungsfähige Erträge zu ermitteln. Außerordentliche oder periodenfremde Aufwendungen und Erträge werden eliminiert. Zur Ermittlung des gewichteten Durchschnitts wird das Ergebnis des letzten abgeschlossenen Geschäftsjahres mit dem Faktor 3, das des davorliegenden Geschäftsjahres mit dem Faktor 2 und das Ergebnis des vor dem letzteren liegenden Geschäftsjahres mit dem Faktor 1 multipliziert. Die Summe dieser drei gewichteten Ergebnisse wird durch 6 dividiert, wodurch man das gewichtete Durchschnittsergebnis erhält.

b) Das gemäß a) berechnete gewichtete Durchschnittsergebnis ist zur Ermittlung des Ertragswerts des Unternehmens mit 5 zu multiplizieren.

c) Bestand die Gesellschaft zum Zeitpunkt des Ausscheidens weniger als drei volle Kalenderjahre, werden lediglich die vorliegenden Ergebnisse, wie unter a) ausgeführt, gewichtet. Bestand die Gesellschaft zum Zeitpunkt des Ausscheidens noch keine vollen zehn Kalenderjahre, so beträgt der unter b) genannte Faktor, mit dem das Durchschnittsergebnis multipliziert wird, 0,5 pro abgelaufenes volles Kalenderjahr.

(3) Der anteilige Unternehmenswert ergibt sich aus dem Verhältnis des Nennbetrags der Geschäftsanteile des ausgeschiedenen Gesellschafters zum Stammkapital.

(4) Die Abfindung ist in drei gleichen Jahresraten zu entrichten. Die erste Rate wird sechs Monate nach dem Ausscheiden fällig. Steht

Zahlungsweise

bis zu diesem Zeitpunkt die Höhe der Abfindung noch nicht fest, so ist als Vorschusszahlung ein Betrag in geschätzter Höhe zu leisten.

Überprüfung der Höhe der Abfindung

(5) Sowohl die Gesellschaft – vertreten durch den Geschäftsführer aufgrund eines ermächtigenden Mehrheitsbeschlusses – als auch der ausscheidende Gesellschafter haben das Recht, die Höhe der Abfindung unter Beachtung der in diesem Vertrag vereinbarten Berechnungsmethode durch einen Wirtschaftsprüfer oder Steuerberater, der von dem für den Sitz der Gesellschaft zuständigen Steuerberaterverband benannt wird, gutachterlich ermitteln zu lassen. Das Gutachten ist für alle Beteiligten bindend, sofern es nicht evident fehlerhaft ist. Die Kosten für das Gutachten tragen die Gesellschaft und der ausscheidende Gesellschafter jeweils zur Hälfte.

§ 11 Geschäftsjahr/Ergebnisverwendung
– bei Bedarf –

(1) Geschäftsjahr ist das Kalenderjahr.

(2) Das Jahresergebnis ist grundsätzlich an die Gesellschafter auszuschütten, falls nicht die Gesellschafterversammlung mit einer Mehrheit von mindestens 75 % der abgegebenen Stimmen etwas anderes beschließt. Für betriebsnotwendige Investitionen binnen der nächsten 36 Monate, gerechnet ab dem Datum des Ergebnisverwendungsbeschlusses, können gezielt Rücklagen gebildet werden, wenn die Gesellschafterversammlung dies mit einfacher Mehrheit der abgegebenen Stimmen unter Beschreibung der Investition mit Angabe einer Frist, bis zu der die Investition vorgenommen werden muss, beschließt. Verstreicht die Frist, ohne dass die Investition getätigt wurde, ist die Rücklage durch Ausschüttung aufzulösen, falls nicht die Gesellschafterversammlung mit einer Mehrheit von mindestens 75 % der abgegebenen Stimmen etwas anderes – gegebenenfalls auch eine andere Investition, die unverzüglich zu tätigen ist – beschließt.

§ 12 Sonderpflichten/Sonderrechte
– bei Bedarf –

(1) Die Gesellschafter Monica Musterfrau und Mario Mustermann schulden grundsätzlich ihre volle Arbeitskraft der Gesellschaft. Sie sind verpflichtet im Rahmen eines Anstellungsverhältnisses gegen Vergütung für die Gesellschaft tätig zu werden. Die Einzelheiten des Anstellungsverhältnisses vereinbart der Gesellschafter mit der Gesellschaft, diese vertreten durch die Gesellschafterversammlung, wobei der Gleichheitsgrundsatz zwischen den Gesellschaftern gewahrt werden muss. Kommt ein Gesellschafter schuldhaft seiner Verpflichtung zur Erbringung der Arbeitsleistung im Dienste der Gesellschaft nicht nach, so ist diese berechtigt, auf Kosten dieses Gesellschafters eine Ersatzkraft zu beschäftigen. Der Vergütungsanspruch des Gesellschafters entfällt ab dem Zeitpunkt der schuldhaften Nichterfüllung, wobei die Ersparnis auf die Kosten der Ersatzkraft anzurechnen ist. Die schuldhafte Nichterfüllung dieser Sonderpflicht über einen Zeitraum von mehr als 6 Wochen bzw. von mehr als 20 Arbeitstagen pro Kalenderjahr berechtigt die Gesellschafterversammlung zum Ausschluss des Gesellschafters oder zur Einziehung seines Geschäftsanteils. *Pflicht zur Mitarbeit*

(2) Die Gesellschafter Monica Musterfrau und Mario Mustermann haben jeweils das Sonderrecht, sich selbst oder einen Dritten zum Geschäftsführer zu bestellen sowie mit sich selbst oder dem betreffenden Geschäftsführer den Abschluss eines angemessenen Anstellungsvertrags zu vereinbaren. Abberufungen, Kündigungen, der Widerruf der Einzelvertretungsbefugnis, der Widerruf der Befreiung vom Verbot des § 181 BGB und Änderungen sind vom Sonderrecht ebenfalls umfasst. Ferner umfasst das Sonderrecht die Erteilung der Befugnis der Alleinvertretung sowie die Befreiung vom Verbot des § 181 BGB. Gesellschafter-Geschäftsführer können nur aus wichtigem Grund abberufen werden. *Bestellung Geschäftsführer*

(3) Jeder Gesellschafter hat das Recht Gesellschafterversammlungen unter Wahrung der gesetzlichen und in diesem Vertrag vorgesehenen Formalien einzuberufen. Dieses Recht umfasst auch die Durchführung von schriftlichen Umlaufverfahren.

§ 13
Wettbewerbsverbot des Gesellschafters
– bei Bedarf –

Konkurrenz-
geschäfte und
Geschäftschancen

(1) Jedem Gesellschafter ist es untersagt, mit der Gesellschaft unmittelbar oder mittelbar auf einem ihrer Tätigkeitsgebiete in Wettbewerb zu treten sowie die Geschäftschancen der Gesellschaft zu nutzen. Im Zweifel wird vermutet, dass es sich um eine Geschäftschance der GmbH handelt. Der betreffende Gesellschafter hat gegebenenfalls den Geschäftsführer aufzufordern, die Mitgesellschafter per Einschreiben über die Nutzung der Geschäftschance zu informieren. Die Mitgesellschafter sind berechtigt, zwei Wochen ab Einlieferungsdatum des Einschreibebriefs Widerspruch gegen eine Verwertung durch den anfragenden Gesellschafter einzulegen. Der Widerspruch ist gegenüber dem Geschäftsführer zu erheben, der daraufhin eine Gesellschafterversammlung einzuberufen hat, die über die Verwertung der Geschäftschance durch Beschluss, bei dem der betroffene Gesellschafter kein Stimmrecht hat, verbindlich entscheidet.

Vertragsstrafe

(2) Für jeden Fall einer vom Gesellschafter zu vertretenden Zuwiderhandlung gegen ein Verbot gemäß Absatz 1 hat der Zuwiderhandelnde eine Vertragsstrafe in Höhe von 10.000 € an die Gesellschaft zu zahlen. Jeder angefangene Kalendermonat einer fortgesetzten Zuwiderhandlung gilt als eine unabhängige und selbstständige Zuwiderhandlung. Die sonstigen Rechte, die sich im Zweifel nach §§ 112, 113 HGB bestimmen, bleiben unberührt. Die Vertragsstrafe wird auf den Schadensersatz angerechnet.

Befreiung

(3) Die Gesellschafterversammlung ist berechtigt, von dem in Absatz 1 enthaltenen Verbot mit satzungsändernder Mehrheit eine Befreiung gegen Zahlung einer angemessenen Vergütung zu erteilen.

§ 14
Beirat
– nur bei Bedarf –

Aufgaben

(1) Die Gesellschaft hat einen Beirat. Der Beirat berät und überwacht die Geschäftsführung. Er kommt in regelmäßigen Ab-

ständen mit der Geschäftsführung zur Wahrnehmung seiner Beratungs- und Überwachungsaufgabe zusammen.

(2) Die Geschäftsführung ist dem Beirat, in entsprechender Anwendung der für den Aufsichtsrat geltenden Bestimmungen, berichtspflichtig (siehe § 90 AktG). Die Geschäftsführung hat den Beirat vorab über jedes Rechtsgeschäft, das sie im Rahmen ihrer Geschäftsführung vornehmen will und das den Betrag von [bitte Betrag einsetzen] € übersteigt, zu informieren. Hierbei hat die Geschäftsführung dem Beirat Gelegenheit zur Stellungnahme zu geben. Dies gilt auch für Maßnahmen, die sich auf folgende Gegenstände beziehen: [nach Bedarf, gegebenenfalls auf den Zustimmungskatalog in § 4 verweisen].

Pflichten der Geschäftsführung

(3) Der Beirat besteht aus drei Mitgliedern. Mitglied können Gesellschafter oder Dritte sein. Ein Mitglied wird von Gesellschafter Mustermann bzw. dessen (Sonder-) Rechtsnachfolger entsandt, die beiden weiteren Mitglieder werden von der Gesellschafterversammlung mit einfacher Mehrheit der abgegebenen Stimmen gewählt. Die Abberufung ist jederzeit durch den Entsendenden bzw. das Wahlorgan durch Beschluss statthaft.

Besetzung

(4) Mitglied des Beirats kann nur eine natürliche, unbeschränkt geschäftsfähige Person sein. Ein Betreuter, der bei Besorgung seiner Vermögensangelegenheiten ganz oder teilweise einem Einwilligungsvorbehalt unterliegt, kann nicht Mitglied des Beirats sein. Mitglied des Beirats können ferner nicht sein: Geschäftsführer und Arbeitnehmer der GmbH, Personen, die bereits mehr als drei anderen Beiräten angehören oder die in mindestens drei Handelsgesellschaften, die gesetzlich einen Aufsichtsrat zu bilden haben, Aufsichtsratsmitglied sind. Dem Beirat dürfen auch nicht gesetzliche Vertreter von Unternehmen angehören, die von der Gesellschaft abhängig sind. Ferner darf Mitglied des Beirats nicht sein, wer gesetzlicher Vertreter einer anderen Handelsgesellschaft ist, wenn deren Aufsichtsrat ein Geschäftsführungsmitglied der Gesellschaft angehört.

Persönliche Voraussetzungen

(5) Die Gesellschafterversammlung entlastet alljährlich die Mitglieder des Beirats entsprechend den Vorschriften, die für den Aufsichtsrat gelten (siehe §§ 119 I Nr. 3, 120 AktG).

Entlastung

Vorsitzender

(6) Der Beirat wählt aus seiner Mitte einen Vorsitzenden. Erklärungen des Beirats, die auf Beschlüssen des Plenums beruhen, werden vom Vorsitzenden abgegeben.

Sitzungen

(7) Die Sitzungen des Beirats werden vom Vorsitzenden unter Einhaltung einer Frist von 14 Tagen schriftlich einberufen. Die Einladung enthält die Angabe der einzelnen Gegenstände der Tagesordnung. In dringenden Fällen oder bei Zustimmung aller Beiratsmitglieder kann die Frist verkürzt werden und auf das Schriftformerfordernis verzichtet werden. Der Beirat regelt sein Verfahren im Übrigen durch eine Geschäftsordnung.

Pflichten des einzelnen Beiratsmitglieds

(8) Die Beiratsmitglieder sind zur pflichtgemäßen Überwachung, Beratung und zur Verschwiegenheit verpflichtet. Die Einzelheiten des Pflichtenmaßstabs und die Rechtsfolgen bei Verletzung ihrer Pflichten richten sich in entsprechender Anwendung nach den Bestimmungen, die für die Aufsichtsratsmitglieder gelten.

Dienst- und Beratungsverträge

(9) Dienstverträge mit Beiratsmitgliedern, durch die ein Arbeitsverhältnis nicht begründet wird, sind nur in entsprechender Anwendung der Voraussetzungen zulässig, die für Aufsichtsratsmitglieder gelten.

Auslagenersatz und Vergütung

(10) Der Auslagenersatz und die Vergütung für die Beiratsmitglieder werden vom Beirat nach billigem Ermessen bestimmt, wobei die Gesellschafterversammlung verbindliche Vorgaben erlassen kann.

§ 15
Bekanntmachungen

Gesellschaftsblatt

Die Bekanntmachungen, die von der Gesellschaft selbst vorgenommen werden müssen, erfolgen nur im elektronischen Bundesanzeiger.

§ 16
Schiedsvereinbarung
– nur bei Bedarf –

Rechtsweg

(1) Über alle Streitigkeiten zwischen der Gesellschaft und den Gesellschaftern oder zwischen den Gesellschaftern aus dem Gesellschaftsverhältnis entscheidet unter Ausschluss des ordentlichen Rechtswegs ein Schiedsgericht, soweit eine Schiedsgerichtsvereinbarung zulässig ist.

(2) Das Schiedsgericht besteht aus zwei Schiedsrichtern und einem Vorsitzenden, sofern die Parteien nicht einstimmig beschließen, den Streit lediglich von einem von der IHK am Sitz der Gesellschaft zu benennenden Schiedsrichter entscheiden zu lassen, der zum Richteramt befähigt sein muss. Ansonsten benennt jede Partei einen Schiedsrichter, diese bestimmen sodann einstimmig den Vorsitzenden, der die Befähigung zum Richteramt haben muss. Erfolgt durch die Parteien die Benennung ihres Schiedsrichters jeweils nicht innerhalb von zwei Wochen seit Aufforderung durch die Gegenseite, so erfolgt die Bestellung auf Antrag einer Partei durch die IHK am Sitz der Gesellschaft. Die IHK bestimmt auch auf Antrag einer Partei den Vorsitzenden des Schiedsgerichts, falls die beiden Schiedsrichter sich nicht auf einen Vorsitzenden einigen können. Das Verfahren bestimmt sich nach den Vorschriften der ZPO, im Übrigen bestimmt das Schiedsgericht sein Verfahren selbst. Die Vergütung wird durch die Gesellschafterversammlung auf der Grundlage eines angemessenen Stundensatzes oder in Anlehnung an das Rechtsanwaltsvergütungsgesetz nach Konstituierung des Schiedsgerichts festgesetzt.

Besetzung

§ 17
Gründungsaufwand

Die Gesellschaft trägt die mit der Gründung verbundenen Kosten der Eintragung und Bekanntmachung (Gründungsaufwand) bis zu einem Betrag von insgesamt 1.500 €. Zum Gründungsaufwand gehören die Registerkosten, die Notar- und Rechtsanwaltskosten sowie die Kosten der markenrechtlichen Prüfung.

Übernahme Gründungskosten

§ 18
Salvatorische Klausel

Sollten Bestimmungen dieses Vertrages oder eine künftige Bestimmung ganz oder teilweise nicht rechtswirksam oder nicht durchführbar sein oder ihre Rechtswirksamkeit oder Durchführbarkeit später verlieren, so soll hierdurch die Gültigkeit der übrigen Bestimmungen des Vertrages nicht berührt werden. Das Gleiche gilt, soweit sich herausstellen sollte, dass der Vertrag eine Regelungslücke enthält. Anstelle der unwirksamen oder undurchführbaren Bestimmungen oder zur Ausfüllung der Lücke soll eine angemessene Regelung gelten, die, soweit rechtlich möglich, dem am nächsten kommt, was die Gesellschafter gewollt haben oder nach dem Sinn und Zweck des Vertrages gewollt hätten, sofern sie bei Abschluss dieses Vertrages oder bei der späteren Aufnahme einer Bestimmung den Punkt bedacht hätten. Dies gilt auch, wenn die Unwirksamkeit einer Bestimmung etwa auf einem in dem Vertrag vorgeschriebenen Maß der Leistung oder Zeit beruht; es soll dann ein dem Gewollten möglichst nahe kommendes, rechtlich zulässiges Maß der Leistung oder Zeit als vereinbart gelten.

4.5 Erläuterungen zum GmbH-Vertrag

Siehe CD-ROM

Im Folgenden wird auf die Paragraphen des Mustervertrags im Einzelnen eingegangen. Dabei beziehen sich die folgenden Abschnitte auf die gleichlautenden Paragraphen aus dem Mustervertrag. Hier erfahren Sie rechtliche Hintergründe, praktische Tipps und Hinweise – kurz: alles, was bei der Ausgestaltung eines Gesellschaftsvertrags für Sie wichtig ist.

Zu § 1: Firma und Sitz der Gesellschaft

Satzung ist
Grundordnung

Die Firma ist der Name, unter dem die GmbH im Rechtsverkehr auftritt. Das GmbH–Gesetz ordnet in § 4 an, dass der Hinweis auf die Rechtsform der GmbH in den Namen aufzunehmen ist. Hierbei genügt die Verwendung der Abkürzung „GmbH" wobei die Schreibweise mit oder ohne Punkte (G.m.b.H.) gewählt werden kann. Möglich ist aber auch, dass der Rechtsformzusatz ausgeschrieben und gegebenenfalls das Wort „Gesellschaft" angehängt wird, wie z. B. durch folgende Firmierung: Dr. Jula Rechtsanwaltsgesellschaft mit beschränkter Haftung.

Besonderheit:
UG

Durch das so genannte MoMiG wurde die Unternehmergesellschaft (haftungsbeschränkt) eingeführt. Die Unternehmergesellschaft ist eine Spezialform der GmbH mit der Besonderheit, dass es sich zwar um eine GmbH handelt, diese aber nicht so genannt werden darf. Vielmehr muss als Rechtsformzusatz geführt werden: *Unternehmergesellschaft (haftungsbeschränkt)* bzw. *UG haftungsbeschränkt.*

Wahl des Firmennamens

Bei der Auswahl des Namens ist besondere Sorgfalt zu walten; die firmenrechtlichen Regelungen im Handelsgesetzbuch sind zu beachten. Das Handelsgesetzbuch lässt seit der Handelsrechtsreform, die am 1. Juli 1998 in Kraft trat, sowohl Sach- als auch Personen- und Fantasiefirmen zu. Bei der Sachfirma leitet sich der Name der Gesellschaft vom Unternehmensgegenstand ab, wie z. B. „Autohaus am Hermannplatz GmbH", wobei hier zur Unterscheidbarkeit ein geographischer Zusatz dient. Bei der Personenfirma geben der oder die Gesellschafter der Gesellschaft ihren Namen, wobei häufig ein Zusatz gewählt wird, der auf den Unternehmensgegenstand hinweist, wie z. B. „Max Müller Bau GmbH". Bei der Fantasiefirma wird der Name frei gewählt, ohne dass ein Rückschluss auf die beteiligten Personen oder den Unternehmensgegenstand möglich ist, wobei auch hier häufig Zusätze bezüglich des Unternehmensgegenstandes oder des Standorts gewählt werden. Eine Fantasiefirma wäre z. B. „Apollo Fitness GmbH".

Grundsatz der Firmenwahrheit

Die Firma muss Kennzeichnungs- und Unterscheidungskraft haben, was unter anderem bedeutet, dass sie wie ein Name wirken muss und unterscheidungskräftig, d. h. von anderen Namen unterscheidbar sein muss. An der nötigen Kennzeichnungskraft fehlt es einer Firma dann, wenn aus ihr nicht auf einen Namen geschlossen werden kann, wie z. B. bei einer Firma die ausschließlich aus Zeichen besteht, die nicht wie Namen wirken, z. B. „!!!-GmbH". Eine solche Firmierung wäre nicht zulässig.

Kennzeichnungs- und Unterscheidungskraft

> **Tipp**
>
> Bevor Sie die GmbH notariell errichten, vergewissern Sie sich unbedingt, ob die Firma rechtlich zulässig ist. Hier empfiehlt sich eine Nachfrage bei der zuständigen Industrie- und Handelskammer, die ohnehin vom Handelsregister die GmbH-Unterlagen erhält und die Zulässigkeit der Firma prüft.

Die Industrie- und Handelskammer kann Ihnen zwar sagen, ob die Firma firmenrechtlich zulässig ist oder ob es bereits identische oder zum Verwechseln ähnliche Firmen gibt. Die IHK kann Ihnen jedoch nicht mitteilen, ob Ihre Firmierung gegebenenfalls in Marken- oder

Namensrechte Dritter eingreift. Hier sollte eine Markenrechtsrecherche veranlasst werden.

Tipp:
Es gibt Dienstleistungsunternehmen, die gegen Gebühr Markenrechtsrecherchen durchführen, z. B.: WiLa Verlag Wilhelm Lampl GmbH, Landsberger Str. 191a, 80687 München.

Ergibt eine Markenrechtsrecherche, dass identische oder ähnliche Marken vorhanden sind, ist es meistens ratsam, den eigenen Namen zu ändern, um kostenintensive Prozesse zu vermeiden. Ansonsten kann es passieren, dass gegebenenfalls nach Jahren Markenrechtsinhaber per einstweiliger Verfügung den Gebrauch des Namens unterbinden. Eine spätere Änderung des Namens verursacht erhebliche Kosten, gerade dann, wenn bereits ein Kundenstamm aufgebaut worden ist, bei dem der Name der GmbH eingeführt ist.

Grundsatz der Firmenwahrheit
Bei dem zu wählenden Namen der Gesellschaft ist insbesondere der Grundsatz der Firmenwahrheit zu respektieren, der anordnet, dass die Firma keine Angaben enthalten darf, die geeignet sind, über geschäftliche Verhältnisse, die für die angesprochenen Verkehrskreise wesentlich sind, irre zu führen (§ 18 II HGB). Nennt sich beispielsweise eine GmbH „Stuttgarter Liegenschaftsgesellschaft mit beschränkter Haftung", hat jedoch diese Gesellschaft tatsächlich nichts mit Grundstücken zu tun, so wäre die Firmierung wegen Verstoßes gegen den Grundsatz der Firmenwahrheit unzulässig.

Sitz der Gesellschaft
Der Sitz der Gesellschaft ist ebenfalls in dem Gesellschaftsvertrag zu verankern, wobei die Angabe der Gemeinde genügt. Der Betrieb, die Verwaltung und/oder die Geschäftsleitung können im Ausland sein, es muss jedoch im Handelsregister stets eine Anschrift im Inland verzeichnet sein, unter der Zustellungen bewirkt werden können. Sitz der Gesellschaft ist damit der Ort im Inland, den die Satzung vorgibt, ohne dass dort eine Tätigkeit stattfinden muss.

Zu § 2: Unternehmensgegenstand

Die Art der beabsichtigten Tätigkeit wird durch den Unternehmensgegenstand festgelegt. Hierbei ist es nicht erforderlich, dass alle geplanten Tätigkeiten im Detail aufgenommen werden. Vielmehr ist es ausreichend, wenn der Schwerpunkt der angestrebten Tätigkeit erkennbar ist.

Art der beabsichtigten Tätigkeit

> **Tipp:**
>
> Bei der Wahl des Unternehmensgegenstandes sollten Sie prüfen, ob möglicherweise Erlaubnispflichten bestehen. Das Deutsche Notarinstitut führt eine Liste der Genehmigungserfordernisse. Näheres erfahren Sie auf der Homepage www.dnoti.de.

Sollen beispielsweise Brillen hergestellt werden, so könnte dies ein Optiker-Handwerk beinhalten, es sei denn, die Produktion erfolgt industriell. Erfolgt sie jedoch handwerksmäßig, so müssen die handwerksrechtlichen Voraussetzungen für diese Tätigkeit vorliegen. Das Handelsregister trägt die Gesellschaft zwar ohne Prüfung, ob Erlaubnispflichten betroffen sind, ein. Die GmbH wird jedoch wieder gelöscht, wenn die Genehmigungen nicht nachgewiesen werden. Neben den handwerksrechtlichen Voraussetzungen bestehen noch zahlreiche andere Erlaubnispflichten, etwa für Gesellschaften, die freiberufliche Tätigkeiten entfalten, wie z. B. für eine Architekten-GmbH, eine Rechtsanwalts-GmbH oder eine Steuerberatungs-GmbH. Auch die Gewerbeordnung enthält mehrere erlaubnispflichtige Tätigkeiten, wie etwa das Betreiben eines Krankenhauses, Bewachungsunternehmens oder die Ausübung von Makler- und Bauträgergeschäften. Bevor die GmbH ins Leben gerufen wird, muss geklärt werden, ob die Gründer die Voraussetzungen erfüllen bzw. herbeiführen können, damit eine Erlaubnis der zuständigen Behörde erteilt wird.

> **Achtung:**
>
> Der Unternehmensgegenstand sollte nicht zu weit gefasst werden, sondern auf das tatsächlich beabsichtigte Geschäft beschränkt bleiben, da ansonsten die Gefahr besteht, dass erlaubnispflichtige Gegenstände berührt werden und eine Eintragung gelöscht wird. Soll die Gesellschaft beispielsweise lediglich nach § 34d der Gewerbeordnung Versicherun-

gen vermitteln, wird jedoch in die Satzung zusätzlich auch der Vertrieb von Investmentzertifikaten aufgenommen, was gemäß § 34c der Gewerbeordnung ebenfalls erlaubnispflichtig wäre, muss das Registergericht die Eintragung löschen, wenn die erforderliche Erlaubnis nicht vorgelegt wird.

Zu § 3: Stammkapital/Stammeinlagen

Mindeststamm-kapital

Die GmbH ist eine Kapitalgesellschaft: Sie muss ein festgefügtes Kapital aufweisen und ihre Machtverhältnisse bestimmen sich nach der Kapitalmehrheit. Das Mindeststammkapital der GmbH beträgt 25.000 € und muss zur Hälfte bei Gründung einbezahlt werden. Darüber hinaus gibt es keinerlei Vorschriften über eine Mindestkapitalausstattung, etwa in Abhängigkeit zu dem beabsichtigten Unternehmensgegenstand. Selbst ein Industrieunternehmen oder eine Fluggesellschaft können sich mit dem Mindeststammkapital von 25.000 € begnügen.

> **Tipp:**
>
> Wenn Sie die Mindesteinzahlungen nicht aufbringen können, prüfen Sie, ob Sie stattdessen eine haftungsbeschränkte Unternehmergesellschaft gründen sollten, bei der kein Mindeststammkapital vorgeschrieben ist.

Stammeinlagen

Das Stammkapital teilt sich in Stammeinlagen bzw. Geschäftsanteilen auf. Jeder Gesellschafter kann bereits bei der Gründung mehrere Geschäftsanteile übernehmen. Jeder Geschäftsanteil muss mindestens 1 € betragen. In die Satzung aufzunehmen ist auch, in welcher Höhe die übernommenen Stammeinlagen eingezahlt werden. Mindestens muss ein Stammkapital von 12.500 € bei der Anmeldung der Gesellschaft im Handelsregister zur freien Verfügung des Geschäftsführers in das Gesellschaftsvermögen geleistet worden sein. Dabei muss auf jede übernommene Stammeinlage mindestens ein Viertel des zugesagten Betrages eingezahlt werden. Sacheinlagen sind stets vollständig zu leisten.

Zu § 4: Vertretung/Geschäftsführung

Wie regeln Sie die Vertretung und Geschäftsführung?

Die Leitung der Gesellschaft obliegt dem bzw. den Geschäftsführer(n). Der Geschäftsführer ist das geschäftsführungs- und vertretungsberechtigte Organ der Gesellschaft. Die Geschäftsführung und die Vertretung werden unter dem Begriff der „Leitung der Gesellschaft" zusammengefasst. Die Geschäftsführung meint im gesellschaftsrechtlichen Sinne die Kompetenzen des Geschäftsführers im Verhältnis zur Gesellschaft, d. h. das „Dürfen" im Innenverhältnis, während die Vertretungsberechtigung das „Können" im Außenverhältnis betrifft.

Leitung der Gesellschaft

Der Geschäftsführer kann im Außenverhältnis die Gesellschaft umfassend vertreten, er darf hiervon im Innenverhältnis jedoch möglicherweise nur im eingeschränkten Rahmen Gebrauch machen. Die Gesellschafterversammlung hat es in der Hand, durch einen Zustimmungskatalog im Anstellungsvertrag (GmbH-Geschäftsführervertrag), in der Satzung oder durch einzelne Beschlüsse zu bestimmen, welche Geschäfte nur mit ihrer Zustimmung getätigt werden sollen. Dennoch kann sich der Geschäftsführer im Außenverhältnis hierüber pflichtwidrig hinwegsetzen, er macht sich jedoch dann gegenüber der GmbH schadensersatzpflichtig, was allerdings voraussetzt, dass der Gesellschaft tatsächlich ein Schaden entstanden ist.

Verhältnis zur Gesellschafterversammlung

Beispiel:

Verkauft der Geschäftsführer ein Grundstück der Gesellschaft an einen Dritten, so ist dieses Grundstücksgeschäft auch dann rechtlich wirksam, wenn der Geschäftsführer im Innenverhältnis das Geschäft nur mit Zustimmung der Gesellschafterversammlung hätte vornehmen dürfen. Die Gesellschafterversammlung kann allerdings wegen eines möglichen Schadens am Gesellschaftsvermögen beschließen, den Geschäftsführer in die Haftung zu nehmen.

Das Gesetz geht von einer Gesamtgeschäftsführung aller Geschäftsführer aus, wobei jedoch in der Praxis Ressorts (Geschäftsbereiche), z. B. durch eine Geschäftsordnung gebildet werden, die den Geschäftsführen zur eigenverantwortlichen Wahrnehmung übertragen werden (Einzelgeschäftsführungsbefugnis).

Geschäftsführung

Vertretung nach außen

Vertretung

Bei der Stellvertretung, d. h. bei der Kompetenz, nach außen rechtsgeschäftlich für die GmbH aufzutreten, ist ebenfalls im Gesetz Gesamtvertretung vorgesehen, wobei jedoch Abweichendes in der Satzung aufgenommen werden kann und auch muss. Nicht erforderlich ist allerdings, dass in der Satzung generell die Alleinvertretungsberechtigung aller bzw. bestimmter Geschäftsführer geregelt sein muss; vielmehr genügt es, wenn eine so genannte Öffnungsklausel aufgenommen wird, in der die Berechtigung der Gesellschafterversammlung eingeräumt wird, einzelnen Geschäftsführern Alleinvertretungsbefugnis zu erteilen Schließlich kann auch eine so genannte unechte Gesamtvertretung geregelt werden, wonach z. B. eine Vertretung der Gesellschaft auch durch einen Prokuristen in Gemeinschaft mit einem Geschäftsführer möglich ist. Die Gesellschaft muss aber stets auch nur durch die Geschäftsführer vertreten werden können. Es ist nicht zulässig, zwingend die Beteiligung eines Prokuristen bzw. anderer rechtsgeschäftlicher Vertreter vorzusehen.

Geschäfte mit sich selbst

Verbot des
§ 181 BGB

Schließlich ist zu regeln, ob der Geschäftsführer von den Beschränkungen des § 181 BGB befreit werden soll. In § 181 BGB ist geregelt, dass es einem Vertreter untersagt ist, mit sich selbst oder gleichzeitig als Vertreter eines Dritten Geschäfte mit der GmbH zu tätigen.

Beispiel:

Verkauft ein Geschäftsführer das Dienstfahrzeug der GmbH, das ihm zur Verfügung gestellt wurde, an sich selbst, indem er sich im Schreibwarengeschäft einen Kaufvertrag über ein Gebrauchtfahrzeug besorgt und die GmbH als Verkäuferin und sich selbst als Käufer einsetzt, um sodann für beide Parteien zu unterschreiben, so liegt ein klarer Verstoß gegen § 181 BGB vor. Gleiches würde gelten, wenn der Geschäftsführer das Fahrzeug nicht für sich, sondern für seinen Sohn erwirbt und für diesen den Kaufvertrag unterzeichnet.

Es liegt auf der Hand, dass bei Geschäften mit sich selbst oder gleichzeitig als Vertreter eines Dritten Interessenkollisionen auftreten können. Deshalb sind solche Geschäfte dem Geschäftsführer grundsätzlich untersagt. Werden sie dennoch vorgenommen, so sind die Geschäfte schwebend unwirksam. Sie werden wirksam, wenn die Gesellschafterversammlung sie genehmigt.

Geschäfte, die gegen das Verbot des § 181 BGB verstoßen, sind jedoch dann von Beginn an wirksam, wenn eine Befreiung des Geschäftsführers von diesem Verbot erfolgt ist, was jedoch nur unter bestimmten Voraussetzungen möglich ist. Einigkeit besteht darüber, dass eine solche Befreiung in der Satzung der zuverlässigste Weg ist, um das Verbot des § 181 BGB auszuschließen. Ob auch ein Gesellschafterbeschluss ohne jegliche Satzungsänderung ausreicht, ist nicht abschließend geklärt. Da eine starke Ansicht zumindest eine Ermächtigungsklausel in der Satzung des Inhalts verlangt, dass die Gesellschafterversammlung die Befreiung vom Verbot des § 181 BGB erteilen können, sollte dieser sichere Weg gewählt werden.

Befreiung vom Verbot

Für die Einpersonen-GmbH, bei der der Alleingesellschafter gleichzeitig Geschäftsführer ist, findet sich in § 35 IV GmbHG eine Sonderbestimmung. Danach gilt in dieser Konstellation grundsätzlich das Verbot des § 181 BGB. Dem einzigen Geschäftsführer und Gesellschafter einer GmbH können vom Verbot erfasste Rechtsgeschäfte von vornherein in der Satzung oder nachträglich durch Satzungsänderung gestattet werden. Auch eine Ermächtigungsklausel in der Satzung, wonach die Befreiung durch Beschluss des Alleingesellschafters erfolgen kann, wird für zulässig erachtet.

Einpersonen-GmbH

Zu § 5: Gesellschafterversammlung/Beschlüsse

Das Gesetz enthält bereits Bestimmungen für die Fassung von Beschlüssen und die Einberufung von Gesellschafterversammlungen. Diese Regelungen sind allerdings unvollständig. Überhaupt nicht geregelt sind die Formalien der Durchführung der Gesellschafterversammlung selbst. Daher sind Regelungen im Gesellschaftsvertrag empfehlenswert.

Ergänzungen in der Satzung

Einberufung und Organisation der Gesellschafterversammlung

Die Geschäftsführer sind für die Einberufung der Gesellschafterversammlung zuständig, wobei jeder allein die Gesellschafterversammlung einberufen könnte. Die Satzung kann Erschwerungen enthalten: so z. B. eine Regelung, nach der die Einberufung nur von Geschäftsführern in vertretungsberechtigter Zahl, etwa von zwei ge-

Einberufung

samtvertretungsberechtigten Geschäftsführern, möglich ist. Darüber hinaus könnte die Satzung auch bestimmte Gründe festlegen, wann eine Einberufung zu erfolgen hat. Das Gesetz sieht vor, dass die Gesellschafterversammlung in jedem Fall dann einzuberufen ist, wenn das Wohl der Gesellschaft dies erfordert. Die Satzung könnte hier eine Konkretisierung vornehmen oder weitere Anlässe festlegen.

Einberufungsfrist

> **Tipp:**
>
> Die im Gesetz verankerte Einberufungsfrist von einer Woche wird als zu kurz empfunden. Empfehlenswert ist, die Frist auf zwei Wochen festzusetzen, wobei als Fristbeginn der Tag der Versendung der Einschreibebriefe vereinbart werden sollte. Anstelle der Versendung per Einschreiben bietet sich auch eine persönliche Übergabe der Einladung unter Gegenzeichnung des Empfangs an. Dies müsste jedoch in die Satzung aufgenommen werden.

Geschäftsführer und Versammlungsleitung

Obwohl die Geschäftsführer für die Einberufung zuständig sind, haben sie selbst kein Teilnahmerecht auf der Gesellschafterversammlung. In der Praxis nehmen sie aber in der Regel an den Versammlungen teil. Da der Geschäftsführer aufgrund seiner Geschäftsführungstätigkeit und der Organisationsaufgaben ohnehin den besten Überblick über die anstehenden Fragen hat, wird er häufig auch einvernehmlich die Versammlungsleitung übernehmen. Ansonsten sollten die Gesellschafter einen Versammlungsleiter wählen, hierbei kann die Satzung eine Bestimmung treffen. Ferner sollten auch die Sitzungsniederschrift sowie die Formalien der Berichtigung in der Satzung geregelt werden.

Förmliche Feststellung

Beschlüsse sollten förmlich festgestellt werden, damit zumindest formal das Ergebnis feststeht. Hält ein Gesellschafter Beschlüsse für unwirksam, kann er Klage erheben.

> **Tipp:**
>
> Sofern Sie der Ansicht sind, dass ein gefasster Gesellschafterbeschluss rechtswidrig ist, müssen Sie sich dagegen zur Wehr setzen. Der hierfür vorgesehene Rechtsschutz ist im Einzelnen sehr kompliziert geregelt. Unter anderem gibt es die Möglichkeit, Anfechtungs- oder Nichtigkeitsklage zu erheben. Welche Klage in Betracht kommt, hängt von dem Fehler ab, der dem Beschluss anhaftet. Anfechtungsklagen sind fristgebunden. Viele Satzungen sehen hier eine Anfechtungsfrist vor, inner-

halb derer Klage erhoben werden muss. Auch wenn die Satzung keine Frist vorschreibt, ist zeitnah die Anfechtungsklage zu erheben, mindestens hat der Gesellschafter hierfür eine Frist von einem Monat zur Verfügung. Anfechtungs- und Nichtigkeitsklagen sind gegen die Gesellschaft zu richten.

In die Satzung können Regelungen über eine Beschlussfähigkeit (siehe § 5 der Mustersatzung) sowie das Teilnahmerecht und die Vertretung im Stimmrecht aufgenommen werden.

Statt einer Vertretung im Stimmrecht, die nach § 47 III GmbHG durch Vollmacht in Textform vorgesehen ist, kann auch lediglich eine Stimmenbotschaft im Gesellschaftsvertrag verankert werden. **Vertretung und Stimmenbotschaft** Die Vertretung führt dazu, dass der Vertreter anstelle des Gesellschafters teilnimmt und sämtliche Rechte desselben ausübt. Das heißt, der Vertreter gibt die Stimmen ab, ohne dass er erkennen lassen muss, welche Weisungen der Gesellschafter gegeben hat. Textform bedeutet gemäß § 126b BGB weniger als Schriftform: Es ist keine Unterschrift unter der Vollmacht erforderlich, es genügt vielmehr eine Nachbildung der Unterschrift bzw. es ist ausreichend, dass das Ende des Textes erkennbar ist. Die Textform kann auch durch eine Erklärung per E-Mail erfüllt werden. Da dieses Medium nicht zuverlässig ist, schließt der hiesige Satzungsentwurf die Textform aus (siehe § 5 der Mustersatzung).

Im Falle der Stimmenbotschaft hat der Stimmenbote keinerlei Ermessensspielraum oder Befugnis, eigene Erklärungen abzugeben. Vielmehr übergibt dieser lediglich die Stimmen des abwesenden Gesellschafters, dem die Beschlussvorlagen mit der Einladung übersandt wurden. Die Mustersatzung enthält in § 5 alternativ die Regelung einer Vertretung oder einer Stimmenbotschaft. Je nach Bedarf im Einzelfall muss eine entsprechende Klausel gewählt werden.

Es gibt durchaus Fälle, in denen die Gesellschafter keinen Wert darauf legen, dass Vertreter an den Gesellschafterversammlungen teilnehmen, insbesondere wenn es sich um Rechtsvertreter handelt, die das Gefüge durcheinanderbringen könnten.

Gleiches gilt für die Beiziehung von Beratern zu Gesellschafterversammlungen. Beiziehung bedeutet, dass *neben* dem Gesellschafter **Beiziehung von Beratern** ein weiterer Berater an der Gesellschafterversammlung teilnimmt, während bei der Vertretung oder Stimmenbotschaft der Gesellschafter selbst nicht anwesend ist, sondern an seiner Stelle der Vertreter bzw. der Bote teilnimmt. Die Beiziehung von Beratern sollte in der Satzung geregelt werden, da ansonsten Unsicherheit besteht, ob und wann Berater zur Gesellschafterversammlung zuzulassen sind. Überwiegend wird angenommen, dass die Teilnahme von Beratern nur dann zuzulassen ist, wenn die Gesellschafterversammlung zustimmt. Ein Anspruch auf Zustimmung besteht dann, wenn die Treuepflicht die Anwesenheit des Beraters gebietet, z. B. weil der Gesellschafter aufgrund persönlicher Gebrechen seine Rechte nicht sachgerecht wahrnehmen kann.

Stimmrecht Grundsätzlich gewährt das Gesetz in § 47 II GmbHG je 1 € des Stammkapitals eine Stimme. Bei einer GmbH mit einem Stammkapital von 25.000 € existieren also 25.000 Stimmen. Beschlüsse werden prinzipiell mit einfacher Mehrheit der abgegebenen Stimmen gefasst. Gezählt werden hierbei nur die Ja-Stimmen. Enthaltungen und ungültige Stimmen haben keinen Einfluss auf das Stimmergebnis. Eine einfache Mehrheit kommt also dadurch zustande, dass mehr Ja- als Nein-Stimmen abgegeben wurden. Stimmen, die nicht abgegeben werden, z. B. weil die Gesellschafter auf der Gesellschafterversammlung nicht anwesend oder vertreten sind, spielen für die Ermittlung des Beschlussergebnisses keine Rolle. Die Satzung kann allerdings festlegen, dass die Mehrheiten abweichend zu berechnen sind, z. B. in Anlehnung an die vorhandenen Stimmen. Auch können größere Mehrheiten, z. B. eine qualifizierte Mehrheit von 75 % der abgegebenen Stimmen vereinbart werden. Satzungsänderungen und wesentliche Entscheidungen wie Umwandlungsbeschlüsse oder Zustimmungsbeschlüsse zu Unternehmensverträgen bedürfen ohnehin qualifizierter Mehrheiten.

Achtung:
Die von der Gesellschafterversammlung zu fassenden Beschlüsse können im Klageweg von Gesellschaftern angegriffen werden. Dabei ist es nicht erforderlich, dass diese Gesellschafter an der Gesellschafterversammlung teilgenommen haben. Da das GmbHG keine Frist zur Erhebung einer Klage enthält, sollte eine solche in die Satzung aufgenommen werden (siehe § 5 der Mustersatzung).

Zu § 6: Einziehung/Ausschluss und Kaduzierung

Wie können Gesellschafter aus der GmbH ausgeschlossen werden?

Beispiel:

Harald Hopfen, Daniel Durst und Boris Bier haben gemeinsam eine Brauerei, in der alle drei als Geschäftsführer fungieren, gekauft und ein Kultbier entwickelt und vermarktet. Hierfür haben sie eine GmbH gegründet und mit dieser eine insolvente Brauerei aus der Insolvenzmasse erworben. Nach ca. drei Jahren ist es ihnen gelungen, ein florierendes Unternehmen auf die Beine zu stellen. Leider gehen die Vorstellungen über die richtige Strategie und die Unternehmensphilosophie auseinander. Auch ist der Arbeitseinsatz recht unterschiedlich. Vor allem Daniel Durst setzt sich nicht für die Belange der Gesellschaft ein und nimmt seine Verpflichtung zur Mitarbeit nicht ernst. Die Trennung aus Sicht der Mitgesellschafter wäre daher wünschenswert. Dies ist allerdings nicht ohne weiteres möglich. Nur bei schweren Pflichtverletzungen kommt ein Ausschluss von Mitgesellschaftern aus der Gesellschaft in Betracht. Zu prüfen ist allerdings, ob eine Abberufung vom Amt des Geschäftsführers als milderes Mittel erfolgen kann. Dann wäre Daniel Durst zwar noch Gesellschafter, jedoch nicht mehr Geschäftsführer der Gesellschaft, so dass er kein Geschäftsführergehalt mehr beanspruchen kann.

Voraussetzungen für den Ausschluss

Entstehen zwischen den Gesellschaftern Spannungen, kann sich die weitere Zusammenarbeit als schwierig erweisen. Gleiches gilt, wenn ein Gesellschafter erhebliche Pflichtverletzungen begeht, z. B. Konkurrenzgeschäfte tätigt, Untreuehandlungen begeht, Missmanagement betreibt, usw. Von Bedeutung für die Gesellschafter ist daher, unter welchen Voraussetzungen sie sich eines unliebsamen Mitgesellschafters entledigen können.

Der „Rauswurf" eines Gesellschafters ist nur unter strengen Voraussetzungen statthaft. Ein Verlust der Gesellschafterstellung kann entweder durch eine Einziehung des Geschäftsanteils oder durch einen Ausschluss des Gesellschafters erreicht werden. Nur wenn der Gesellschaftsvertrag die Einziehung von Geschäftsanteilen oder den Ausschluss von Gesellschaftern vorsieht, sind diese Maßnahmen rechtlich zulässig.

Einziehung oder Ausschluss?

> **Tipp:**
> Nehmen Sie eine so genannte Einziehungs- und/oder Ausschlussklausel in den Gesellschaftsvertrag auf (siehe § 6 der Mustersatzung).

Ausschließungsklage

Rechtslage bei fehlender Regelung

Ist jedoch weder die Einziehung des Geschäftsanteils noch der Ausschluss eines Gesellschafters nach der Satzung möglich, muss die Gesellschaft den Weg der Ausschließungsklage wählen, falls einer der Gesellschafter ausgeschlossen werden soll. Alternativ käme noch eine Klage auf Auflösung der Gesellschaft in Betracht (§ 61 GmbHG).

Verfahren bei Einziehungs- und Ausschlussklausel

Durch eine Einziehungs- bzw. Ausschlussklausel hingegen kehren sich die Rollen um: Die Gesellschaft fasst den Einziehungs- bzw. Ausschließungsbeschluss, und der betroffene Gesellschafter muss sich hiergegen im Wege der Klage wehren. Die Einziehung kann entweder mit Zustimmung des betroffenen Gesellschafters erfolgen, was sicherlich in der Praxis die Ausnahme sein wird, oder zwangsweise gegen seinen Willen geschehen. Die Ausschließung aufgrund einer Ausschließungsklausel erfolgt ebenfalls gegen den Willen des betreffenden Gesellschafters, wobei die Einziehung in § 34 GmbHG im Gegensatz zur Ausschließung gesetzlich geregelt ist.

Die Einziehung (= Amortisation) zielt auf den Geschäftsanteil und vernichtet denselben, während sich der Ausschluss primär gegen die Mitgliedschaft richtet und den Anteil nicht untergehen lässt. Möglich ist die Einziehung nur, wenn die Stammeinlage vollständig einbezahlt ist. Die hier in § 6 der Mustersatzung vorgeschlagene Satzungsklausel enthält sowohl die Möglichkeit des Ausschlusses als auch jene der Einziehung. Der betreffende Gesellschafterbeschluss muss klar gefasst werden. Die Tagesordnung, mit der der Ausschluss bzw. die Einziehung angekündigt wird, muss präzise formuliert sein. Insbesondere müssen die Einziehungsgründe detailliert genannt werden, damit eine Vorbereitung der Gesellschafter erfolgen kann. Da im Falle des Ausschlusses – im Gegensatz zur Einziehung – der Geschäftsanteil nicht vernichtet wird, muss er anschließend auf einen Dritten übergehen. Hierfür bedarf es allerdings einer Abtretung, bei der der ausgeschlossene Gesellschafter grundsätzlich mitwirken müsste. Die in der Mustersatzung vorgeschlagene Klausel ordnet daher an, dass schon jetzt die GmbH bevollmächtigt wird, namens des auszuschließenden Gesellschafters die Abtretung an einen Mitgesellschafter oder an einen Dritten zu erklären. Ob diese Klausel tatsächlich einer Inhaltskontrolle der Gerichte standhält, bleibt abzuwarten. Solange das Abfindungsinteresse des ausschließenden Gesellschafters gewahrt ist, müsste diese Klausel zulässig sein.

Bei der Abfassung des Gesellschaftsvertrags sollte besondere Sorgfalt auf die Verankerung der Einziehungs- bzw. Ausschlussgründe gelegt werden. Die hier in § 6 der Mustersatzung vorgeschlagene Klausel enthält das zu regelnde Minimum. Darüber hinaus sollten insbesondere dann, wenn spezielle Verpflichtungen einzelner Gesellschafter in die Satzung aufgenommen werden, wie etwa ein Wettbewerbsverbot oder die Sonderpflicht zur Mitarbeit, Einziehungsgründe bei Verstößen vereinbart werden. Verletzt beispielsweise der Gesellschafter das Wettbewerbsverbot, so sollte dies ausdrücklich auch als Einziehungs- oder Ausschließungsgrund aufgenommen werden. Insofern sollte man sich nicht darauf verlassen, dass der entsprechende Verstoß einen wichtigen Grund darstellt, der ohnehin zur Einziehung bzw. zum Ausschluss berechtigen würde. *(Einziehungs- und Ausschlussgründe)*

Der Ausschluss bzw. die Einziehung ist nur gegen Abfindung zulässig. Nicht restlos geklärt ist, ob der Ausschluss bzw. die Einziehung bereits vor Zahlung der Abfindung wirksam werden kann. Möglich ist jedoch eine Vereinbarung des Inhalts, dass die Stimmrechte aus dem Geschäftsanteil nach Fassung und Zugang des Beschlusses ruhen. Dies ist sinnvoll, damit der betroffene Gesellschafter keinen Schaden mehr anrichten kann. *(Abfindung)*

Achtung:

Bei der Zahlung der Abfindung muss die Liquidität der Gesellschaft geschützt werden, weshalb eine Ratenzahlung angeordnet werden sollte. Zu beachten ist ferner, dass Abfindungen nur aus dem ungebundenen Vermögen möglich sind: Vermögen, das zur Erhaltung des Stammkapitals erforderlich ist, darf für die Abfindungszahlungen nicht verwendet werden.

Sofern ein Gesellschafter seine auf ihn entfallene Stammeinlage trotz Fälligkeit nicht einzahlt, kommt eine Kaduzierung des Geschäftsan- *(Kaduzierung)* teils in Betracht. Im Rahmen des aufwändigen Kaduzierungsverfahrens ist schließlich gemäß § 23 GmbHG die Verwertung des Geschäftsanteils im Wege der Versteigerung vorgesehen. Da diese kostenintensiv und umständlich ist, sollte die Satzung die Verwertung durch freihändigen Verkauf anordnen (siehe § 6 der Mustersatzung).

Zu § 7: Kündigung des Gesellschafters

Kündigung und Austritt

Das GmbHG sieht eine Kündigung der Gesellschaft durch einen Gesellschafter nicht vor. Es ist aber möglich, eine Kündigung vertraglich zu vereinbaren. Anerkannt ist, dass ein Austritt des Gesellschafters aus wichtigem Grund jederzeit – auch ohne Vereinbarung – möglich sein muss. Dies folgt aus dem mit Wirkung zum 1.1.2002 in das Bürgerliche Gesetzbuch aufgenommenen Rechtsgrundsatz (§ 314 BGB), wonach Dauerschuldverhältnisse jederzeit aus wichtigem Grund, d. h. wenn eine weitere Zusammenarbeit unzumutbar ist, beendet werden können. Die in § 7 der Mustersatzung vorgeschlagene Klausel betrifft die ordentliche Kündigung ohne wichtigen Grund, die eine Alternative zu der Anteilsübertragung durch den ausscheidewilligen Gesellschafter darstellt. Im Gegensatz zur Einziehungs- bzw. Ausschlussklausel geht nunmehr die Initiative vom Gesellschafter aus. Dieser sollte die Möglichkeit haben, gegen Abfindung aus der Gesellschaft auszuscheiden.

Verfahren bei der Kündigung

Die Kündigung muss anschließend entweder im Wege der Einziehung oder durch Übertragung des Anteils auf einen Dritten umgesetzt werden (siehe § 7 der Mustersatzung). Problematisch ist, was gilt, wenn die Gesellschaft sich nicht rührt, d. h. nach der Kündigung und dem Ablauf der Kündigungsfrist keinerlei Anstalten unternimmt, den Anteil einzuziehen oder auf einen Dritten zu übertragen. In einer solchen Konstellation soll der Geschäftsführer die Möglichkeit haben, Auflösungsklage hinsichtlich der gesamten Gesellschaft zu erheben oder aber auf die Einziehung des Geschäftsanteils gegen Abfindung zu klagen.

Zu § 8: Veräußerung/Belastung von Geschäftsanteilen

Nach dem GmbHG sind Geschäftsanteile frei veräußerlich und vererblich. Dies steht jedoch im Widerspruch zum typischen Interesse der Gesellschafter, den Gesellschafterkreis mitbestimmen zu können. Schließlich möchten sich die Mitgesellschafter nicht so ohne weiteres einen ihnen nicht genehmen Gesellschafter vorsetzen lassen. Deshalb wird die Übertragung von Geschäftsanteilen in der Regel an die Zustimmung der Gesellschafterversammlung geknüpft (so genannte Vinkulierung). Davon geht auch der Gestaltungsvorschlag in § 8 der Mustersatzung aus. Ferner sind die Gesellschafter häufig an einem Ankauf des Geschäftsanteils interessiert, den der ausscheidewillige Gesellschafter abgeben will. Daher berücksichtigt der Satzungsvorschlag ein Vorkaufsrecht der Mitgesellschafter im Rahmen eines durchzuführenden Versteigerungsverfahrens.

Zustimmung üblich

Zu § 9: Tod eines Gesellschafters

Nach dem Erbrecht geht der Anteil mit allen Rechten und Pflichten auf den bzw. die Erben über, die somit auch alle Gesellschafterrechte ausüben können. Häufig möchten die Mitgesellschafter jedoch nicht mit den Erben, die sie vielfach nicht kennen bzw. gegebenenfalls nicht schätzen oder die nicht die notwendige Kompetenz mitbringen, die Gesellschaft fortsetzen. Daher wird oft in der Satzung verankert, dass die Gesellschafterversammlung die Möglichkeit hat, den Geschäftsanteil gegen Abfindung einzuziehen. § 10 der Mustersatzung sieht ein Versteigerungsverfahren unter den Mitgesellschaftern vor. Findet weder ein Versteigerungsverfahren noch eine Einziehung statt, so bleibt der Erbe Gesellschafter. Während der Übergangzeit ruht nach dem Gestaltungsvorschlag das Stimmrecht aus den vererbten Geschäftsanteilen.

Widerstreitende Interessen

Tipp:

Große Erbengemeinschaften sollten verpflichtet werden, einen gemeinsamen Vertreter zu bestellen, damit der Koordinierungs- und Verwaltungsaufwand für die Gesellschaft gering bleibt.

Zu § 10: Abfindung

Grundsätze

Die Wahl der richtigen Abfindungsklausel ist eine der schwierigsten Aufgaben der Satzungsgestaltung. Hierauf muss besondere Sorgfalt verwandt werden, denn eine allgemeingültige Abfindungsklausel gibt es nicht. Vielmehr sind die Bedürfnisse des Einzelfalls, auch branchenspezifische Besonderheiten sowie die Zusammensetzung des Gesellschaftsvermögens zu beachten. Die in § 10 der Mustersatzung vorgeschlagene Regelung ist daher nur als Anregung aufzufassen.

Substanz- und Ertragswert

Bei Gesellschaften, die über hohe Substanzwerte, etwa Immobilienvermögen, verfügen, sollte dies bei der Abfindungsklausel im Sinne einer Substanzwertabfindung nach Verkehrswerten berücksichtigt werden. Dagegen ist bei ertragsstarken Unternehmen ohne nennenswertem Anlagevermögen eine am Ertragswert orientierte Abfindung in den Vordergrund zu stellen. In jedem Fall sollte nicht unreflektiert eine Methode aufgenommen werden, deren Berechnung nicht zweifelsfrei anerkannt ist.

Berechnung nach dem Stuttgarter Verfahren

Häufig findet sich der Verweis auf das Stuttgarter Verfahren, das jedoch nicht immer den Wünschen der Gesellschafter entspricht. Vorteil dieses Verfahrens ist jedoch wenigstens eine Berechenbarkeit der Abfindung. Hingegen kann der bloße Verweis auf eine Berechnung nach der Discounted-Cash-Flow-Methode nicht toleriert werden, da diese gesetzlich nicht geregelte Methode Zweifel aufkommen lassen kann, wie im Einzelnen die Berechnung durchzuführen ist. Vielmehr sollte in derartigen Fällen die Berechnungsmethode in die Satzung aufgenommen werden.

> **Tipp:**
>
> Achten Sie unbedingt darauf, dass die Abfindungsklausel Ihren Interessen entspricht bzw. dass die Abfindungsregelung zur Gesellschaft passt. Verfügt die Gesellschaft über hohes Anlagevermögen, beispielsweise ein Betriebsgrundstück, ist eine Abfindung, die diese Substanzwerte berücksichtigt, empfehlenswert. Handelt es sich um eine sehr ertragsstarke Gesellschaft, die hohen Gewinn erwirtschaftet, sollte dieser Ertragswert bei der Abfindung einfließen.

Berechnung nach dem Verkehrswert des Anteils

Häufig begnügen sich die Gesellschafter mit dem Hinweis, dass die Abfindung nach dem Verkehrswert des Anteils zu berechnen ist, welcher von einem Sachverständigen, der von einer dritten kompetenten Stelle zu benennen ist, ermittelt werden muss. Dabei ist allerdings darauf hinzuweisen, dass dadurch immer zusätzlich Sachverständigenkosten ausgelöst werden, ohne dass das Ergebnis die Gesellschafter tatsächlich überzeugen muss. Einschaltung eines Sachverständigen

> **Tipp:**
> Empfehlenswert kann daher unter Berücksichtigung der konkreten Branche die Verankerung einer berechenbaren Abfindungsmethode sein, so dass jeder Gesellschafter unter Zuhilfenahme der entsprechenden Unterlagen aus der Buchhaltung und einem Taschenrechner selbst ermitteln kann, welche Abfindung er erwarten kann bzw. in welcher Höhe die Abfindung das Gesellschaftsvermögen schmälert.

Beispiel:
Bei der Abfindung für einen Gesellschafter, der aus einer Versicherungsmakler-GmbH ausscheidet, ist zu überlegen, wie typischerweise der Wert für ein derartiges Unternehmen berechnet wird. Hierbei geht die Praxis von dem jährlichen Courtagevolumen des Unternehmens aus und multipliziert dieses mit einem individuellen Faktor. In den Faktor können die Kostenstruktur des Unternehmens oder auch gewisse Substanzwerte einfließen.

Auch etwa der Wert von Rechtsanwaltskanzleien wird typischerweise an einem bereinigten Jahresumsatz festgemacht. In bestimmten Bereichen gibt es von Verbänden empfohlene Berechnungsmethoden. Grundsätzlich muss einerseits das Interesse der Gesellschaft an der Erhaltung ihrer Liquidität, andererseits aber auch das Interesse des Gesellschafters, eine adäquate Gegenleistung für den Verlust des Geschäftsanteils zu erhalten, berücksichtigt werden. Der Gestaltungsvorschlag der Mustersatzung ist daher lediglich als Anregung aufzufassen.

Nicht beliebig zulässig ist es, die Abfindungszahlung danach zu steuern, aus welchem Grund der Gesellschafter ausscheidet. Gewisse Spielräume sind indes möglich. Nicht statthaft ist es jedoch, die Abfindung dann bewusst niedriger anzusetzen, wenn das Ausschei- Reduzierung der Abfindung den des Gesellschafters erfolgt, weil der Gesellschafter insolvent ist. In diesem Fall erhält der Insolvenzverwalter des insolventen Gesellschafters für die Insolvenzmasse die Abfindung, die damit den Gläubigern zugute kommt. Deshalb wird es für unzulässig erachtet, wenn durch eine Satzungsklausel die Gläubiger bewusst benachteiligt werden.

Grenzen von Abfindungsklauseln

Ebenfalls zu berücksichtigen ist die Rechtsprechung zur Sittenwidrigkeit oder zur Anpassung von Abfindungsklauseln, deren Anwendung dazu führen würde, dass die an den Gesellschafter zu zahlende Abfindung in einem auffälligen Missverhältnis zum tatsächlichen Wert des Anteils steht. Die Klauseln, die zu einer krassen Benachteiligung des Gesellschafters führen, können wegen Sittenwidrigkeit nichtig sein bzw. müssen gegebenenfalls korrigiert werden.

Zu § 11: Geschäftsjahr/Ergebnisverwendung

Ausschüttung oder Einbehaltung?

Eine Klausel in der Satzung, die die Rechnungslegung bzw. die Ergebnisverwendung betrifft, ist nur dann erforderlich, wenn von gesetzlichen Vorschriften abgewichen werden soll. Eine wichtige Regelung findet sich unter anderem in § 29 GmbHG. Insbesondere aus Sicht des Minderheitsgesellschafters sollten bzw. könnten verbindliche Regelungen über die Ergebnisverwendung in die Satzung aufgenommen werden (siehe § 11 der Mustersatzung). Dadurch kann der Minderheitsgesellschafter erreichen, dass eine Ausschüttung an ihn überhaupt erfolgt. Auf der anderen Seite kann durch Satzungsklauseln, die eine Rücklagenbildung fördern, dafür gesorgt werden, dass Mittel für anstehende Investitionen zurückgelegt werden.

Geschäftsjahr

Das Geschäftsjahr entspricht in der Regel dem Kalenderjahr. Ein abweichendes Geschäftsjahr kann jedoch sinnvoll sein, gerade dann, wenn die Gesellschaft Saisongeschäft betreibt.

Beispiel:

Ein Reiseveranstalter, der Sommerreisen anbietet, die spätestens mit den Herbstferien beendet sind, könnte das Geschäftsjahr vom 01.11. bis 31.10. wählen. Dadurch kann er den Erfolg der jeweils letzten Saison möglicherweise besser mit dem der vorigen Saison vergleichen.

Zu § 12: Sonderpflichten/Sonderrechte

Die Vereinbarung von Sonderrechten bzw. Sonderpflichten richtet sich nach den Interessen des Einzelfalls, insbesondere Minderheitsgesellschafter können sich durch entsprechende Klauseln absichern. So könnte beispielsweise ein Minderheitsgesellschafter, der lediglich über 25 % der Anteile verfügt, mit einem Sonderrecht auf die Geschäftsführung seinen Einfluss auf die Ausübung der Geschäfte sicherstellen. Durch Sonderpflichten lassen sich auch Gesellschafter und ihr Know-how bzw. ihre Arbeitskraft an die Gesellschaft binden. Kommt es der Gesellschaft beispielsweise gerade auf die Mitarbeit des Gründers an, der Software-Entwickler ist, so sollte sich dieser gesellschaftsvertraglich zur Mitarbeit verpflichten. Verstößt er gegen diese Pflicht, könnte entweder die Einziehung seines Geschäftsanteils angeordnet werden und/oder eine Vertragsstrafe vereinbart bzw. eine Kostenerstattung hinsichtlich der Anstellung einer Ersatzkraft geregelt werden. Benötigt die GmbH das Patentrecht bzw. die Urheberrechte, die einem Gesellschafter gehören, so sollte über eine Verpflichtung des Gesellschafters in der Satzung eine langfristige Nutzung durch die GmbH sichergestellt werden.

Bedürfnisse des Einzelfalls maßgeblich

Zu § 13: Wettbewerbsverbot des Gesellschafters

Geschäftsführer unterliegen während ihrer Geschäftsführerstellung auch ohne eine entsprechende Vereinbarung kraft Gesetzes einem Wettbewerbsverbot. Für Gesellschafter gilt dies grundsätzlich nicht, es sei denn aus der Treuepflicht ergibt sich eine derartige Verpflichtung. Dies ist insbesondere bei beherrschenden Gesellschaftern der Fall, die durch ihre beherrschende Stellung die Gesellschaft nach ihren Interessen ausrichten könnten, wobei aufgrund ihrer anderweitigen unternehmerischen Tätigkeit zu befürchten ist, dass hier der Gesellschaft Nachteile zugefügt werden, z. B. indem Chancen oder Aufträge an ihr vorbeigeleitet oder riskante Geschäfte gerade ihr zugeschoben werden. Der Alleingesellschafter einer GmbH unterliegt nach der Rechtsprechung so lange keinem gesetzlichen Wettbewerbsverbot, wie er der GmbH kein Vermögen entzieht, das zur Deckung des Stammkapitals benötigt wird.

Stellung entscheidend

Tipp:

Das Wettbewerbsverbot sollte ausdrücklich in die Satzung aufgenommen werden (siehe § 13 der Mustersatzung), damit keine Streitigkeiten darüber entstehen, ob der betreffende Gesellschafter einem Wettbewerbsverbot unterliegt oder nicht.

Soll für den Gesellschafter kein Wettbewerbsverbot gelten, kann dies sogleich von Anfang an im Gesellschaftsvertrag vereinbart werden. Die anfängliche Befreiung in der Satzung ist ohne Gegenleistung möglich. Bei einer späteren Befreiung vom Wettbewerbsverbot verlangt die Finanzverwaltung eine angemessene Gegenleistung des Gesellschafters. Fehlt es an dieser Gegenleistung, so liegt eine verdeckte Gewinnausschüttung durch die Befreiung vom Wettbewerbsverbot an den betreffenden Gesellschafter vor.

Zu § 14: Beirat/Aufsichtsrat

Eine GmbH muss grundsätzlich keinen Aufsichtsrat bilden. Die Installierung eines Aufsichtsrats kann aber mitbestimmungsrechtlich vorgeschrieben sein. So bei Gesellschaften, die mehr als 500 Arbeitnehmer beschäftigen oder bei der kommunalen GmbH, da die Gemeindeordnungen hier in der Regel anordnen, dass die Überwachung des Managements durch einen Aufsichtsrat zu erfolgen hat. Die hier vorgeschlagene Satzung enthält in § 14 eine Klausel zur Bildung eines Beirats, von der jedoch nur dann Gebrauch gemacht werden soll, wenn tatsächlich ein Bedürfnis für ein derartiges Organ besteht. Dies ist typischerweise dann der Fall, wenn Gesellschafter sich darauf beschränken, Kapital zur Verfügung zu stellen und an der Geschäftsführung selbst nicht mitwirken, jedoch wenigstens über ein Kontrollorgan das Management überwachen möchten. Weitere Gründe für die Installierung eines Beirats, der auch als Verwaltungsrat bezeichnet werden kann, ist die Gewinnung von externem Sachverstand durch entsprechende Beiratsmitglieder oder auch die Repräsentation von Familienstämmen bei einer Familien-GmbH.

> **Achtung:**
> Das Gremium sollte nur dann als Aufsichtsrat bezeichnet werden, wenn es die für einen Aufsichtsrat gesetzlich vorgeschriebenen Kompetenzen wahrnimmt, wozu insbesondere die Kontrolle der Geschäftsführung gehört (siehe § 52 GmbHG).

Zu § 15: Bekanntmachungen

Wichtige Tatsachen, die die GmbH betreffen, z. B. Satzungsänderungen oder Geschäftsführerwechsel, müssen der Öffentlichkeit bekannt gegeben werden. Es ist zu differenzieren zwischen den Bekanntmachungen, die das Handelsregister von Amts wegen vorzunehmen hat, und jenen, die die Gesellschaft selbst veranlassen muss. Letztere bestehen etwa bei mitbestimmungsrechtlich vorgesehenen Aufsichtsratswahlen oder bei der Liquidation der Gesellschaft. So ist bei der Liquidation der Gesellschaft dreimal von der Gesellschaft ein Gläubigeraufruf bekannt zu machen. Die Bekanntmachungen haben mindestens im elektronischen Bundesanzeiger zu erfolgen. Daneben kann die Satzung die Bekanntmachungen in weiteren Medien, etwa einer lokalen Tageszeitung anordnen.

Information der Allgemeinheit

Zu § 16: Schiedsvereinbarung

Wohl überlegt sein muss, ob eine Schiedsvereinbarung in die Satzung aufgenommen wird (siehe § 16 der Mustersatzung). Dies schließt den ordentlichen Rechtsweg aus. Ausschließlich zuständig ist dann das Schiedsgericht. Vorteilhaft ist dabei, dass das Schiedsverfahren normalerweise zügig vonstatten geht. In der Regel gibt es lediglich eine Instanz, wobei aber auch Schiedsverfahren vereinbart werden können, die zwei Instanzen vorsehen. Durch die Verkürzung des Instanzenzuges werden Kosten eingespart. Auf der anderen Seite müssen jedoch die Schiedsrichter bezahlt werden, wodurch die Kostenersparnis in der Regel wieder aufgehoben wird, da diese Kosten höher als die sonst anfallenden Gerichtskosten sind. Insbesondere dann, wenn drei Schiedsrichter vorgesehen sind, entstehen erhebliche Kosten.

Schiedsklausel

Grenzen

Auch sind Schiedssprüche über die Wirksamkeit von Gesellschafter-beschlüssen nach überwiegender Ansicht nicht zulässig. Hierüber dürfen wegen der Rechtssicherheit und der Drittwirkung nur ordentliche Gerichte entscheiden. Schiedsvereinbarungen über die Entscheidung von Anfechtungsklagen, Nichtigkeitsklagen sowie gegebenenfalls weitere Klagen, bei denen die Urteilswirkung gemäß § 248 Aktiengesetz eintreten kann, sind demnach ebenfalls unzulässig.

Zu § 17: Gründungsaufwand

Aufnahme in die Satzung

Die Gründungskosten umfassen mindestens die Gerichtsgebühren, die an das Handelsregister für die Eintragung und Bekanntmachung zu zahlen sind, sowie die Notarkosten. Der Gründungsaufwand sollte in die Satzung aufgenommen werden. Nur dann dürfen diese Beträge aus dem Gesellschaftsvermögen entrichtet werden. Trägt die Gesellschaft dennoch auf eigene Rechnung die Gründungskosten, stellt dies eine verdeckte Gewinnausschüttung an die Gesellschafter dar.

Grenzen

Üblicherweise werden zu den Gründungskosten auch der Aufwand für Markenrechtsrecherchen und beratende Anwälte hinzugezählt, wobei die Abzugsfähigkeit jedoch strittig ist. Kosten eines Unternehmensberaters, etwa für die Erstellung des Gründungskonzeptes oder eines Businessplanes, werden nicht anerkannt. Hier sind allerdings noch nicht alle Einzelheiten geklärt. Nach strenger Ansicht sind die Kosten einzeln in der Satzung aufzuschlüsseln, was jedoch nicht praktiziert wird. Es wird überwiegend für ausreichend erachtet, wenn der Gesamtbetrag bezeichnet wird und die Angabe erfolgt, was im Einzelnen zu den Gründungskosten gehört.

4.6 Musterprotokoll für die Gründung einer Einpersonen-Gesellschaft

Das Gesetz sieht Musterprotokolle für eine Mehrpersonengesellschaft mit bis zu 3 Gesellschaftern sowie für eine Einpersonen-Gesellschaft vor. Sie finden diese Protokolle auch auf der beiliegenden CD-ROM.

Siehe CD-ROM

UR. Nr. …

Heute, den … erschien vor mir, …, Notar/in mit Amtssitz in …, Herr/Frau[62] …

1. Der Erschienene errichtet hiermit nach § 2 Abs. 1a GmbHG eine Gesellschaft mit beschränkter Haftung unter der Firma … mit dem Sitz in …
2. Gegenstand des Unternehmens ist …
3. Das Stammkapital der Gesellschaft beträgt … (i. W. … €) und wird vollständig von Herrn/Frau … übernommen. Die Einlage ist in Geld zu erbringen, und zwar sofort in voller Höhe / zu 50% sofort, im Übrigen sobald die Gesellschafterversammlung ihre Einforderung beschließt.[63]
4. Zum Geschäftsführer der Gesellschaft wird Herr/Frau …, geboren am …, wohnhaft in …. bestellt. Der Geschäftsführer ist von den Beschränkungen des § 181 des Bürgerlichen Gesetzbuches befreit.
5. Die Gesellschaft trägt die mit der Gründung verbundenen Kosten bis zu einem Gesamtbetrag von 300 €, höchstens jedoch bis zum Betrag ihres Stammkapitals. Darüber hinausgehende Kosten trägt der Gesellschafter.

---

[62] Nicht Zutreffendes streichen. Bei juristischen Personen ist die Anrede Herr/Frau wegzulassen.

[63] Nicht Zutreffendes streichen. Bei der Unternehmergesellschaft muss die zweite Alternative gestrichen werden. Hier sind neben der Bezeichnung des Gesellschafters und den Angaben zur notariellen Identitätsfeststellung ggf. der Güterstand und die Zustimmung des Ehegatten sowie Angaben zu einer etwaigen Vertretung zu vermerken.

6. Von dieser Urkunde erhält eine Ausfertigung der Gesellschafter, beglaubigte Ablichtungen die Gesellschaft und das Registergericht (in elektronischer Form) sowie eine einfache Abschrift das Finanzamt – Körperschaftsteuerstelle.
7. Der Erschienene wurde vom Notar/von der Notarin insbesondere auf Folgendes hingewiesen: ...

4.7 Musterprotokoll für die Gründung einer Mehrpersonen-Gesellschaft

Siehe CD-ROM

UR. Nr. ...

Heute, den ... erschienen vor mir, ..., Notar/in mit Amtssitz in ..., Herr/Frau[64] ...
Herr/Frau ...
Herr/Frau ...

1. Die Erschienenen errichten hiermit nach § 2 Abs. 1a GmbHG eine Gesellschaft mit beschränkter Haftung unter der Firma ... mit dem Sitz in ...
2. Gegenstand des Unternehmens ist ...
3. Das Stammkapital der Gesellschaft beträgt ... (i. W. ... €) und wird wie folgt übernommen:

Herr/Frau ... übernimmt einen Geschäftsanteil mit einem Nennbetrag von ... € (i. W. ... €) (Geschäftsanteil Nr. 1),
Herr/Frau ... übernimmt einen Geschäftsanteil mit einem Nennbetrag von ... € (i. W. ... € (Geschäftsanteil Nr. 2),
Herr/Frau ... übernimmt einen Geschäftsanteil mit einem Nennbetrag von ... € (i. W. ... € (Geschäftsanteil Nr. 3).

---

[64] Nicht Zutreffendes streichen. bei juristischen Personen ist die Anrede Herr/Frau wegzulassen. Hier sind neben der Bezeichnung des Gesellschafters und den Angaben zur notariellen Identitätsfeststellung ggf. der Güterstand und die Zustimmung des Ehegatten sowie Angaben zu einer etwaigen Vertretung zu vermerken.

Die Einlagen sind in Geld zu erbringen, und zwar sofort in voller Höhe/zu 50% sofort, im Übrigen sobald die Gesellschafterversammlung ihre Einforderung beschließt.[65]

4. Zum Geschäftsführer der Gesellschaft wird Herr/Frau ..., geboren am ..., wohnhaft in ... bestellt. Der Geschäftsführer ist von den Beschränkungen des § 181 des Bürgerlichen Gesetzbuches befreit.

5. Die Gesellschaft trägt die mit der Gründung verbundenen Kosten bis zu einem Gesamtbetrag von 300 €, höchstens jedoch bis zum Betrag ihres Stammkapitals. Darüber hinausgehende Kosten tragen die Gesellschafter im Verhältnis der Nennbeträge ihrer Geschäftsanteile.

6. Von dieser Urkunde erhält eine Ausfertigung der Gesellschafter, beglaubigte Ablichtungen die Gesellschaft und das Registergericht (in elektronischer Form) sowie eine einfache Abschrift das Finanzamt – Körperschaftsteuerstelle.

7. Der Erschienene wurde vom Notar/von der Notarin insbesondere auf Folgendes hingewiesen: ...

---

[65] Nicht Zutreffendes streichen. Bei der Unternehmergesellschaft muss die zweite Alternative gestrichen werden.

4.8 Anstellungsvertrag Prokurist

Siehe CD-ROM

Zwischen der Firma ....

– nachfolgend „Arbeitgeber" genannt –

und

Herrn/Frau ....

– nachfolgend „Arbeitnehmer" genannt –

wird folgender

Arbeitsvertrag

geschlossen:

§ 1 Tätigkeit

Der Arbeitnehmer wird mit Wirkung vom .... als .... angestellt. Der Aufgabenbereich umfasst ....
Der Arbeitnehmer erhält nach einer Einarbeitungszeit von .... Monaten Prokura. Als Gesamtprokura berechtigt diese Vollmacht den Arbeitnehmer, den Arbeitgeber zusammen mit einem Geschäftsführer oder einem anderen Prokuristen rechtsgeschäftlich zu vertreten. Im Innenverhältnis umfasst die erteilte Bevollmächtigung den übertragenen Aufgabenbereich.
[oder:]
Der Arbeitnehmer erhält nach einer Einarbeitungszeit von .... Monaten Prokura. Die Vollmachterteilung erfolgt durch eine besondere Urkunde.
Die Parteien sind sich darüber einig, dass der Arbeitnehmer leitender Angestellter im Sinne von § 5 Abs. 3 BetrVG, § 14 Abs. 2 KSchG ist.
Der Arbeitnehmer ist verpflichtet, auch andere, ihm zumutbare, seinen Fähigkeiten und Kenntnissen entsprechenden Aufgaben nach Anweisung des Arbeitgebers zu übernehmen.
[oder:]

Der Arbeitgeber behält sich vor, den Arbeitnehmer auch an einem anderen Ort des Unternehmens zu beschäftigen oder ihm eine andere, seiner Vorbildung und seinen Fähigkeiten entsprechende Tätigkeit zu übertragen. Dies unter Berücksichtigung der Belange des Arbeitnehmers.

§ 2 Vergütung

Der Arbeitnehmer erhält eine monatliche Vergütung in Höhe von .... € brutto.

Mit der Zahlung der unter 1. genannten Vergütung sind Über-, Mehr-, Sonn- und Feiertagsarbeit, soweit sie .... Stunden monatlich nicht übersteigen, abgegolten.

Der Arbeitnehmer erhält jährlich eine Tantieme in Höhe von ... % des Jahresumsatzes. Dieser Anspruch wird fällig mit der Erstellung der Jahresbilanz oder zu dem Zeitpunkt, an dem die Jahresbilanz bei regelmäßigem Geschäftsgang hätte erstellt sein können. Scheidet der Arbeitnehmer im Laufe des Geschäftsjahres aus dem Arbeitsverhältnis aus, so steht ihm ein anteiliger Anspruch zu.

Der Arbeitgeber verpflichtet sich, dem Arbeitnehmer ein 13. Monatsgehalt zu zahlen. Dieses wird am .... zur Zahlung fällig. Besteht das Arbeitsverhältnis nicht während des ganzen Kalenderjahres, so wird das 13. Monatsgehalt anteilig gezahlt.

[oder:]

Der Arbeitgeber gewährt dem Arbeitnehmer ein 13. Monatsgehalt. Dieses ist am .... zur Zahlung fällig. Es wird auf die nach § 2 Satz 3 zahlbare Tantieme angerechnet.

Die Gewährung sonstiger Sonderzahlungen erfolgt freiwillig. Auch durch mehrmalige Zahlung wird ein Rechtsanspruch für die Zukunft nicht begründet.

Der Arbeitnehmer verpflichtet sich, über seine Bezüge Stillschweigen zu wahren.

§ 3 Arbeitszeit

Die betriebsübliche Arbeitszeit beträgt ...... Stunden wöchentlich.
Der Arbeitnehmer ist verpflichtet, im Bedarfsfall auf Anordnung des Arbeitgebers Überstunden zu leisten.

§ 4 Wettbewerbsverbot

Der Arbeitgeber ist in folgenden Bereichen tätig ....
Dem Arbeitnehmer ist es untersagt, innerhalb eines Zeitraumes von
zwei Jahren nach Beendigung des Arbeitsverhältnisses ein Arbeitsverhältnis oder freies Mitarbeiterverhältnis zu einem Unternehmen,
das in dem in § 4 Satz 1 genannten Bereich tätig ist, einzugehen, ein
solches Unternehmen zu gründen oder zu erwerben oder sich an
einem solchen Unternehmen mittelbar oder unmittelbar zu beteiligen.
Das Wettbewerbsverbot erstreckt sich räumlich auf folgende Gebiete:
....
Der Arbeitgeber verpflichtet sich, dem Arbeitnehmer für die Dauer
des Wettbewerbsverbots eine Karenzentschädigung zu zahlen, die
für jedes Jahr des Verbots mindestens die Hälfte der von dem Arbeitnehmer zuletzt bezogenen vertragsmäßigen Leistungen erreicht.
Die Karenzentschädigung wird zum Schluss eines jeden Monats zur
Zahlung fällig.
Der Arbeitnehmer muss sich auf die Karenzentschädigung anrechnen lassen, was er durch anderweitige Verwertung seiner Arbeitskraft erwirbt oder zu erwerben böswillig unterlässt, soweit die Entschädigung unter Hinzurechnung dieses Betrages den Betrag der
zuletzt von ihm bezogenen vertragsmäßigen Leistung von mehr als
1/10 übersteigen würde. Ist der Arbeitnehmer durch das Wettbewerbsverbot gezwungen, seinen Wohnsitz zu verlegen, so tritt an die
Stelle des Betrages von 1/10 der Betrag von ¼.

§ 5 Wettbewerbsverbot, Vertragsstrafe

Für jeden Fall der Zuwiderhandlung gegen das Wettbewerbsverbot
ist der Arbeitnehmer verpflichtet, eine Vertragsstrafe von .... €
zu zahlen. Wird der Arbeitnehmer für ein Konkurrenzunternehmen
länger als einen Monat tätig, liegt also ein Dauerverstoß vor, ist die
Vertragsstrafe für jeden angefangenen Monat neu verwirkt, in ihrer
Höhe aber bis auf .... € begrenzt.

§ 6 Dienstfahrzeug

Der Arbeitgeber überlässt dem Arbeitnehmer einen Dienstwagen.
Einzelheiten der Nutzung sind in dem gesondert abzuschließenden
Überlassungsvertrag geregelt.

[oder:]
Dem Arbeitnehmer wird zur dienstlichen oder privaten Nutzung ein Pkw des Typs .... zur Verfügung gestellt.
Der Arbeitnehmer hat den geldwerten Vorteil in Höhe von .... v. H. des Listenpreises zu versteuern.
[oder:]
Der Arbeitgeber stellt dem Arbeitnehmer ein Kraftfahrzeug Marke .... zur Verfügung.
Das Kraftfahrzeug darf grundsätzlich nur für betriebliche oder geschäftliche Zwecke in Zusammenhang mit dem Arbeitsverhältnis genutzt werden. Privatfahrten dürfen nur nach vorheriger Zustimmung des Arbeitgebers durchgeführt werden.

§ 7 Verschwiegenheit, Herausgabe

Der Arbeitnehmer verpflichtet sich, über alle ihm während der Vertragsdauer bekannt gewordenen betrieblichen Vorgänge nach Beendigung des Arbeitsverhältnisses Stillschweigen zu bewahren.
Sämtliche Schriftstücke (auch Abschriften und Durchschläge), die die dienstliche Tätigkeit des Arbeitnehmers betreffen, hat er sorgfältig aufzubewahren und vor Einsichtnahme Unbefugter zu schützen und auf Verlangen des Arbeitgebers jederzeit, spätestens aber bei Beendigung des Arbeitsverhältnisses, herauszugeben.

§ 8 Urlaub

Der Arbeitnehmer hat einen Anspruch auf Jahresurlaub in Höhe von .... Arbeitstagen. Der Zeitpunkt der Inanspruchnahme des Urlaubes wird mit der Geschäftsleitung abgestimmt.

§ 9 Krankheit

Der Arbeitgeber kann von dem Arbeitnehmer im Falle der Arbeitsunfähigkeit die Vorlage einer Arbeitsunfähigkeitsbescheinigung verlangen. Im Übrigen gelten die für die Entgeltfortzahlung im Krankheitsfall bestehenden gesetzlichen Regelungen.

§ 10 Nebentätigkeit

Die Aufnahme einer Nebentätigkeit durch den Arbeitnehmer bedarf der vorherigen schriftlichen Zustimmung durch den Arbeitgeber.

§ 11 Versterben des Arbeitnehmers

Im Falle des Todes des Arbeitnehmers erhält die/der Ehefrau/Ehemann bzw. die/der Lebensgefährtin/Lebensgefährte das letzte monatliche Bruttogehalt (...... €) für die Dauer von ...... Monaten.

§ 12 Beendigung des Arbeitsverhältnisses

Das Arbeitsverhältnis ist bis zum Ablauf des .... für beide Vertragsparteien ordentlich unkündbar. Das Recht, das Arbeitsverhältnis außerordentlich zu kündigen, bleibt hiervon unberührt.

Im Fall des Ausspruches einer ordentlichen Kündigung gilt eine Kündigungsfrist von 6 Monaten zum Ende des Quartals.

[oder:]

Es gelten die gesetzlichen Kündigungsfristen. Eine Verlängerung der Kündigungsfrist bei arbeitgeberseitiger Kündigung aufgrund der Dauer des Arbeitsverhältnisses soll auch für den Ausspruch einer Kündigung durch den Arbeitnehmer gelten.

Der Arbeitgeber behält sich vor, den Arbeitnehmer bei Ausspruch einer Kündigung bis zum Ablauf der Kündigungsfrist unter Anrechnung noch offener Urlaubsansprüche von seiner Verpflichtung zur Erbringung seiner Arbeitsleistung freizustellen.

§ 13 Verfallfristen

Die gegenseitigen Ansprüche aus dem Arbeitsverhältnis sind innerhalb einer Frist von 6 Monaten nach Fälligkeit schriftlich geltend zu machen, ansonsten verfallen sie.

Ort, Datum _____

_____   _____
Arbeitgeber   Arbeitnehmer

4.9 Vereinbarung zur Dienstwagenüberlassung

Dienstwagenvereinbarung

Siehe CD-ROM

zwischen

....

– nachfolgend „Arbeitgeber" genannt –

und

Herrn/Frau ....

– nachfolgend „Arbeitnehmer" genannt –

§ 1 Geltungsbereich/Überlassung

Diese Dienstwagenvereinbarung ergänzt den am .... zwischen den Parteien geschlossenen Arbeitsvertrag [ggf. als Anlage zum Arbeitsvertrag kennzeichnen und Verweisung in Arbeitsvertrag aufnehmen].
Der Arbeitgeber stellt dem Arbeitnehmer ein Leasingfahrzeug/einen eigenen Pkw zu den nachfolgenden Bedingungen zur Verfügung. Sonderausstattung ist in Anlage I zu dieser Vereinbarung festgehalten [Anlage I ggf. beifügen]. Der Arbeitgeber übernimmt die Anschaffung des Dienstwagens sowie die Anmeldung von im Dienstwagen befindlichen Rundfunkgeräten bei der zuständigen Gebührenstelle.

§ 2 Übergabe

Der Dienstwagen wird dem Arbeitnehmer entweder durch den Arbeitgeber oder durch den Händler/Lieferant direkt übergeben. Bei Übergabe des Dienstwagens ist der Zustand des Fahrzeugs in einem gemeinsamen Protokoll festzuhalten und von beiden Parteien gegenzuzeichnen. Wird der Dienstwagen direkt vom Händler/Lieferanten übergeben, so ist der Arbeitnehmer verpflichtet, das Übernahmeprotokoll durch den ausliefernden Mitarbeiter des jeweiligen Händlers/Lieferanten gegenzeichnen zu lassen. Das Übernahmeprotokoll ist umgehend an den Arbeitgeber zu übergeben.

§ 3 Kfz-Schein/Führerschein

Eine Kopie des Kfz-Scheins hat der Arbeitnehmer unmittelbar nach Erhalt des Dienstwagens zu hinterlegen. Dies gilt auch im Falle des Austauschs des Dienstwagens mit einem anderen Dienstwagen.

Bei der erstmaligen Übernahme eines Dienstwagens hat der Arbeitnehmer vor Übernahme bei der Geschäftsführung des Arbeitgebers eine Kopie seines Führerscheins einzureichen. Der Arbeitnehmer ist verpflichtet, jegliche Veränderungen hinsichtlich der Berechtigung zum Führen von Kraftfahrzeugen unverzüglich gegenüber dem Arbeitgeber anzuzeigen, insbesondere eine – auch vorläufige – Entziehung seiner Fahrerlaubnis oder den Ausspruch eines Fahrverbots. Bei Entzug der Fahrerlaubnis oder bei einem Fahrverbot ist der zur Verfügung gestellte Dienstwagen unverzüglich an den Arbeitgeber zurückzugeben.

§ 4 Veränderung des Wohnorts

Der Arbeitnehmer hat Veränderungen seines Wohnorts gegenüber dem Arbeitgeber unverzüglich mit Angabe der neuen Entfernung vom Wohnort zur Arbeitsstätte anzuzeigen.

§ 5 Nutzungsberechtigung/Privatnutzung

Der Arbeitnehmer ist verpflichtet, Dienstfahrten und Dienstreisen mit dem Dienstwagen durchzuführen. Die Nutzung anderer Verkehrsmittel bedarf der vorherigen Zustimmung durch den Arbeitgeber. Der Arbeitnehmer darf den Dienstwagen auch für Privatfahrten nutzen.

Eine Überlassung des Dienstwagens an Dritte ist unzulässig. Hiervon ausgenommen ist die Überlassung an den Ehe-/Lebenspartner oder die Lebensgefährtin/den Lebensgefährten, sofern diese eine gültige Fahrerlaubnis besitzen. Der Arbeitnehmer hat sich vor Überlassung des Dienstwagens an Dritte zu vergewissern, ob diese im Besitz einer gültigen Fahrerlaubnis sind. Der Arbeitnehmer haftet für jeden Schaden, der bei einer Überlassung am Dienstwagen oder im Zusammenhang mit der Nutzung des Dienstwagens durch Dritte entsteht. Dritte dürfen im Dienstwagen nur mitgenommen werden, wenn hierfür ein betriebliches oder geschäftliches Interesse besteht und die Mitnahme durch den Mitarbeiter erfolgt. Bei Mitnahme sonstiger Personen durch den Arbeitnehmer ist die Haftung des Arbeitgebers auszuschließen. Für den Fall, dass der Arbeitnehmer die Haftung nicht ausgeschlossen hat, stellt er den Arbeitgeber hiermit von jeder Haftung frei. Der Arbeitnehmer hat sicherzustellen, dass sein Partner keine Dritten im Dienstwagen mitnimmt.

Die Nutzung des Dienstwagens über die im betreffenden Leasingvertrag vorgegebene Kilometerleistung hinaus ist nicht gestattet.

Die Nutzung des Dienstwagens im Ausland bedarf der vorherigen schriftlichen Zustimmung durch den Arbeitgeber.

Der Dienstwagen darf nicht bei sportlichen Wettbewerben oder als Fahrschul- oder als Mietwagen genutzt werden.

§ 6 Steuern/Versicherungen

Die Kfz-Steuer wird vom Arbeitgeber getragen.

Die Steuer auf den geldwerten Vorteil für die private Nutzung hat der Arbeitnehmer zu tragen.

Der Arbeitgeber versichert den Dienstwagen mit der gesetzlichen Kfz-Haftpflichtversicherung und einer Vollkaskoversicherung mit einer Selbstbeteiligung von höchstens .... €, die eine Teilkaskoversicherung einschließt.

§ 7 Betriebskosten

Der Arbeitgeber trägt sämtliche für den Dienstwagen entstehende Betriebskosten (Kraftstoffe, Öl, Frostschutzmittel und Verschleißteile, wie z. B. Scheibenwischer). Kosten für die Wagenwäsche werden von dem Arbeitgeber in angemessenen Zeitabständen übernommen. Die Übernahme der Betriebskosten durch den Arbeitgeber setzt voraus, dass diese durch den Arbeitnehmer gegenüber dem Arbeitgeber schriftlich unter Vorlage der entsprechenden Belege abgerechnet werden.

§ 8 Pflege und Wartung/Instandhaltung

Der Arbeitnehmer ist verpflichtet, den Dienstwagen in einem gepflegten und verkehrssicheren Zustand (Beleuchtung, Reifendruck und Profiltiefe etc.) zu halten.

Der Arbeitnehmer ist verpflichtet, den Dienstwagen entsprechend den gesetzlichen Intervallen zur Hauptuntersuchung vorzuführen. Die gesetzlichen Bestimmungen betreffend die Durchführung der Abgassonderuntersuchung (ASU) sind von dem Arbeitnehmer einzuhalten.

Sämtliche Wartungs- und Reparaturarbeiten sind unverzüglich – unter Verwendung von Originalersatzteilen – und ausschließlich in Vertragswerkstätten des Herstellers des jeweiligen Dienstwagens durchzuführen. In Notfällen können, falls eine vom Hersteller anerkannte Werkstatt nicht oder nur unter unzumutbaren Schwierigkeiten erreichbar ist, Reparaturen in einem anderen Fahrzeugreparaturbetrieb, der die Gewähr für sorgfältige handwerksmäßige Arbeit bietet, durchgeführt werden.

Außer in Notfällen dürfen Wartungs- und Reparaturarbeiten von über … € sowie Reifenersatz erst nach vorheriger schriftlicher Zustimmung durch den Arbeitgeber in Auftrag gegeben werden. Wartungs- und Reparaturarbeiten von über … € dürfen stets erst nach vorheriger schriftlicher Zustimmung durch den Arbeitgeber in Auftrag gegeben werden.

Der Arbeitnehmer ist verpflichtet, die für seinen Dienstwagen empfohlenen Wartungsintervalle einzuhalten und die entsprechenden Wartungen im Serviceheft seines Dienstwagens eintragen zu lassen. Der Arbeitnehmer hat die ordnungsgemäße Durchführung von Inspektionen bzw. Wartungen und/oder Reparaturen des Dienstwagens selbst zu überwachen und gegebenenfalls in der betreffenden Werkstatt im Namen des Arbeitgebers reklamieren. Für die Zeiten von Inspektionen, Wartungen und/oder Reparaturen des Dienstwagens kann der Arbeitnehmer verlangen, dass der Arbeitgeber ihm auf Kosten und nach Wahl des Arbeitgebers einen Ersatzwagen stellt.

Die mit sämtlichen vorstehend genannten Maßnahmen verbundenen Kosten trägt der Arbeitgeber.

§ 9 Weitere Pflichten des Arbeitnehmers/Haftung

Der Arbeitnehmer ist verpflichtet, die Bestimmungen der Straßenverkehrsordnung einzuhalten. Dem Arbeitnehmer sind Fahrten mit dem Dienstwagen unter Alkohol- oder Drogeneinfluss untersagt. Bei Einnahme von Medikamenten ist die entsprechende Indikation zu beachten.

Vor Antritt einer Fahrt hat der Arbeitnehmer sich davon zu überzeugen, dass der Zustand des Dienstwagens der Straßenverkehrsordnung entspricht (z. B., dass Bremse, Lenkung, Reifen und Beleuchtung voll funktionsfähig sind).

Veränderungen des Zustands des Dienstwagens (mit Ausnahme von Reparaturarbeiten) sowie zusätzliche Einbauten durch den Arbeitnehmer oder von ihm beauftragte Dritte sind ohne vorherige schriftliche Zustimmung durch den Arbeitgeber nicht gestattet.

Der Arbeitnehmer ist verpflichtet, jegliche Unfälle, Diebstahlschäden oder andere Beschädigungen an dem Dienstwagen durch ihm bekannte oder unbekannte Dritte unverzüglich der nächsten Polizeidienststelle sowie dem Arbeitgeber mittels einer vollständigen Schadensmeldung anzuzeigen. Unterlässt der Arbeitnehmer die Anzeige, hat er die entsprechenden Reparatur- und/oder Ersatzbeschaffungskosten bzw. die Kosten der Selbstbeteiligung einer jeweiligen schadendeckenden Versicherung in voller Höhe selbst zu tragen.

Für den Fall eines Unfalls tritt der Arbeitnehmer hiermit alle gegen den Schädiger bestehenden Schadensersatzansprüche im Voraus an den Arbeitgeber ab, soweit der Arbeitgeber wegen der Arbeitsunfähigkeit des Arbeitnehmers verpflichtet ist, an den Arbeitnehmer Zahlungen zu leisten. Der Arbeitgeber nimmt diese Abtretung hiermit an.

§ 10 Vertretungsmacht

Der Arbeitnehmer ist berechtigt, alle den Dienstwagen betreffende Rechte im Interesse des Arbeitgebers gegenüber Dritten geltend zu machen und den Arbeitgeber insoweit zu vertreten. Die Vertretungsmacht umfasst nicht die Bestellung des Dienstwagens selbst. Sie umfasst insbesondere auch nicht die Abgabe von Schuldanerkenntnissen.

§ 11 Rückgabe des Dienstwagens

Der Arbeitnehmer hat den Dienstwagen zu dem mit ihm vereinbarten Zeitpunkt, spätestens jedoch mit Beendigung des Arbeitsverhältnisses oder bei Wagentausch an den Arbeitgeber mitsamt allem Zubehör, aller Tankkarten, Servicekarten sowie der in seinem Besitz befindlichen Fahrzeugpapiere und allen sonstigen ihm im Zusammenhang mit der Nutzung des Dienstwagens übergebenen Gegenstände zurückzugeben.

Bei der Rückgabe des Dienstwagens ist ein Rückgabeprotokoll zu erstellen und von beiden Parteien gegenzuzeichnen. Gibt der Arbeitnehmer den Dienstwagen direkt an die Leasinggesellschaft bzw. den Lieferanten zurück, ist das Rücknahmeprotokoll von dem Arbeitnehmer gegenzuzeichnen. Der Arbeitnehmer ist verpflichtet, dafür zu sorgen, dass der jeweilige rücknehmende Mitarbeiter der Leasinggesellschaft bzw. des Lieferanten das Protokoll gegenzeichnet. Dieses Rücknahmeprotokoll hat der Arbeitnehmer dem Arbeitgeber unverzüglich auszuhändigen.

Für weitere als die in Anlage I bezeichnete und auf eigene Kosten eingebaute Sonderausstattung besteht bei Rückgabe des Dienstwagens kein Erstattungsanspruch des Arbeitnehmers gegen den Arbeitgeber.

Ort, Datum _____

_____   _____

Arbeitgeber   Arbeitnehmer

4.10 Vereinbarung über ein nachvertragliches Wettbewerbsverbot

Vereinbarung

MUSTER
Siehe CD-ROM

Die Arbeitnehmerin/der Arbeitnehmer verpflichtet sich, für die Dauer von … [maximal zwei] Jahren nach Beendigung des Arbeitsverhältnisses für kein Unternehmen tätig zu sein, das hinsichtlich der nachstehend aufgeführten Tätigkeitsgebiete mit der Arbeitgeberin in einem Wettbewerbsverhältnis steht.

Tätigkeitsgebiete im vorgenannten Sinne sind:

1. …

2. …

3. …

Der räumliche Geltungsbereich der Wettbewerbsvereinbarung umfasst ....

Verboten ist jede unselbstständige wie selbstständige Konkurrenztätigkeit. Die Arbeitnehmerin/der Arbeitnehmer wird für die bezeichneten Unternehmen weder unmittelbar noch mittelbar und weder in einem freien Dienstverhältnis noch in einem Arbeitsverhältnis Dienste leisten. Die Arbeitnehmerin/der Arbeitnehmer wird ein solches Konkurrenzunternehmen weder errichten noch erwerben und sich auch nicht an einem solchen maßgeblich finanziell beteiligen.

Für die Einhaltung des Verbots verpflichtet sich die Unternehmerin, der Arbeitnehmerin/dem Arbeitnehmer während dessen Laufzeit eine Entschädigung in Höhe von … [mindestens 50 v. H.] ihrer/seiner letzten vertragsmäßigen Vergütung zu zahlen.

Diese Karenzentschädigung ist in monatlichen Beträgen jeweils am Monatsende zu gewähren. Auf die fällige Entschädigung wird angerechnet, was die Arbeitnehmerin/der Arbeitnehmer während der Laufzeit des Wettbewerbsverbots durch anderweitige Verwertung ihrer/seiner Arbeitskraft erwirbt oder zu erwerben böswillig unterlässt.

Eine Anrechnung findet jedoch nur insoweit statt, als die Entschädigung unter Hinzuziehung dieses Betrages die Summe der zuletzt bezogenen vertragsmäßigen Leistungen um mehr als 10 v. H. übersteigt.

Ist die Arbeitnehmerin/der Arbeitnehmer gezwungen, wegen der Beschränkung der beruflichen Tätigkeit einen Wohnsitzwechsel vorzunehmen, so tritt anstelle der Erhöhung um 10 v. H. eine solche um 25 v. H.

Die Arbeitnehmerin/der Arbeitnehmer verpflichtet sich, während der Laufzeit des Wettbewerbsverbots auf Verlangen der Arbeitgeberin jederzeit in prüfbarer Form Auskunft über die Höhe ihres/seines Erwerbs zu erteilen.

Diese Wettbewerbsvereinbarung tritt nur in Kraft, wenn das Arbeitsverhältnis nicht vor Ablauf der Probezeit gekündigt wird. Die Vereinbarung greift auch ein, wenn die Arbeitnehmerin/der Arbeitnehmer in den Ruhestand eintritt. Die Anrechnung der Karenzentschädigung auf eine von der Arbeitgeberin gewährte Betriebsrente richtet sich nach der jeweils gültigen Versorgungsordnung.

Kündigt die Arbeitgeberin das Arbeitsverhältnis aus wichtigem Grund wegen vertragswidrigen Verhaltens der Arbeitnehmerin/des Arbeitnehmers, so wird das Wettbewerbsverbot unwirksam, sofern die Arbeitgeberin binnen eines Monats nach der Kündigung der Arbeitnehmerin/dem Arbeitnehmer schriftlich mitteilt, dass sie sich nicht an die Vereinbarung gebunden halte (Lossagung).

Kündigt die Arbeitgeberin das Arbeitsverhältnis ordentlich, ohne dass ein erheblicher Anlass in der Person der Arbeitnehmerin/des Arbeitnehmers vorliegt, so wird das Wettbewerbsverbot unwirksam, sofern die Arbeitnehmerin/der Arbeitnehmer binnen eines Monats nach Zugang der Kündigung der Arbeitgeberin schriftlich mitteilt, dass sie/er sich nicht an die Vereinbarung gebunden halte.

Das Wettbewerbsverbot bleibt in diesem Fall aber wirksam, wenn sich die Arbeitgeberin bei der Kündigung bereit erklärt, während der vorgesehenen Laufzeit des Verbots die vollen zuletzt bezogenen vertragsmäßigen Leistungen an die Arbeitnehmerin/den Arbeitnehmer zu zahlen.

Die Arbeitgeberin kann auf das Wettbewerbsverbot bis zur Beendigung des Arbeitsverhältnisses durch schriftliche Erklärung verzichten mit der Folge, dass sie nach Ablauf eines Jahres seit Erklärung des Verzichts von der Verpflichtung zur Zahlung der Entschädigung befreit ist.

Handelt die Arbeitnehmerin/der Arbeitnehmer dem Wettbewerbsverbot zuwider, kann die Arbeitgeberin für jeden Fall der Zuwiderhandlung eine Vertragsstrafe in Höhe von … [z. B. ein Monatsgehalt] beanspruchen, ohne dass es eines Schadensnachweises bedarf.

Bei einer dauernden Verletzung des Verbots wird diese Vertragsstrafe für jeden angefangenen Monat der Verletzung neu verwirkt. Die Geltendmachung weiterer Rechte aus dem Verstoß, insbesondere die Geltendmachung eines weitergehenden Schadens, bleibt hiervon unberührt.

Für die Dauer der Vertragsverletzung entfällt der Anspruch auf Zahlung der Karenzentschädigung. Die sich aus dem Arbeitsvertrag ergebende Geheimhaltungsverpflichtung bleibt von dieser Wettbewerbsvereinbarung unberührt. Im Übrigen gelten die Vorschriften des Handelsgesetzbuches (§§ 74–75 c HGB) entsprechend.

Ort, Datum _____

_____   _____
Arbeitgeber   Arbeitnehmer

4.11 Vereinbarung über die Erteilung von Prokura

Siehe CD-ROM

Vereinbarung

Zwischen Herrn/Frau _____

– alleinige(r) Geschäftsinhaber(in) des im Handelsregister des Amtsgerichts _____eingetragenen Einzelunternehmens unter der Firma .... –

und

Herrn/Frau _____

– Angestellte(r) –

(1) Herr/Frau _____ (Geschäftsinhaber[in]), erteilt Herrn/Frau _____ für das oben genannte Einzelunternehmen Prokura.

(2) Die Prokura ist jederzeit widerruflich. Für die Dauer ihres Bestehens erhält Herr/Frau .... eine monatliche Gehaltszulage von _____ € brutto. Im übrigen verbleibt es bei den im Anstellungsvertrag vom _____ getroffenen Vereinbarungen.

Ort, Datum _____

_____   _____
Geschäftsinhaber   Angestellter

[Zusatzklausel für Grundstücksgeschäfte:]
Der/Die Prokurist(in) darf Grundstücke veräußern und belasten.

[Zusatzklausel für Missbrauchsausschluss:]
Dem/der Angestellten _____ und dem/der Angestellten _____
ist Prokura in der Weise erteilt, dass jeder von ihnen gemeinsam
mit einem anderen Prokuristen vertretungsberechtigt ist.

[Zusatzklausel bei Beschränkung im Innenverhältnis:]
Von der Prokura darf Herr/Frau _____ nur für die in seinem/
ihrem Ressort üblichen Geschäfte Gebrauch machen.

[Zusatzklausel bei Beschränkung von Kreditgeschäften:]
Zur Aufnahme von Krediten über mehr als _____ € im Einzelfall
ist der/die Prokurist(in) nicht berechtigt. Wechselverbindlichkeiten darf er/sie nur gemeinsam mit dem Handlungsbevollmächtigten _____ eingehen.

[Zusatzklausel bei Aufhebung des Selbstkontrahierungsverbots:]
Der Prokurist _____ ist von den Beschränkungen des § 181 BGB
befreit.

Ort, Datum _____

_____   _____
Geschäftsinhaber   Angestellter

225

4.12 Anmeldung einer Prokura-Erteilung

Siehe CD-ROM

An das
Amtsgericht
– Registergericht –

Betr.: **Handelsregisteranmeldung** _____

Zur Eintragung in das Handelsregister melde ich als alleiniger Inhaber des im Handelsregister eingetragenen Einzelunternehmens _____ an:

Ich habe meinem/r Angestellten Herrn/Frau _____ Einzelprokura/Gesamtprokura erteilt. Der/die Prokurist(in) zeichnet die Firma und seine/ihre Namensunterschrift wie folgt:

_____-geschäft

ppa. _____

Ort, Datum _____

_____
Geschäftsinhaber

[Notarieller Beglaubigungsvermerk der Firmenzeichnung und der Unterschrift]

4.13 Prokura für eine Zweigniederlassung

Siehe CD-ROM

An das
Amtsgericht
– Registergericht –

Betr.: **Handelsregisteranmeldung** _____

Zur Eintragung in das Handelsregister melde ich an:
Für meine Niederlassung in _____ die unter der Firma
_____ geführt wird, habe ich den/die Angestellte(n)
_____ zum/zur Prokuristen(in) bestellt.

Der/die Prokurist(in) zeichnet die Firma der Niederlassung und
seine/ihre Unterschrift wie folgt:

_____-geschäft

ppa. _____

Zweigniederlassung _____

Ort, Datum _____

_____
Geschäftsinhaber

[Notarieller Beglaubigungsvermerk der Firmenzeichnung und der
Unterschrift]

4.14 Anmeldung des Erlöschens einer Prokura

Siehe CD-ROM

An das
Amtsgericht
– Registergericht –

Betr.: _____-geschäft _____

Zur Eintragung in das Handelsregister melde ich an:
Die Einzelprokura/Gesamtprokura des Herrn/von Frau _____
ist erloschen.

Ort, Datum _____

_____
Geschäftsinhaber

[Notarieller Beglaubigungsvermerk der Firmenzeichnung und der
Unterschrift]

Stichwortverzeichnis